utb 4928

Eine Arbeitsgemeinschaft der Verlage

W. Bertelsmann Verlag · Bielefeld
Böhlau Verlag · Wien · Köln · Weimar
Verlag Barbara Budrich · Opladen · Toronto
facultas · Wien
Wilhelm Fink · Paderborn
A. Francke Verlag · Tübingen
Haupt Verlag · Bern
Verlag Julius Klinkhardt · Bad Heilbrunn
Mohr Siebeck · Tübingen
Ernst Reinhardt Verlag · München
Ferdinand Schöningh · Paderborn
Eugen Ulmer Verlag · Stuttgart
UVK Verlagsgesellschaft · Konstanz, mit UVK/Lucius · München
Vandenhoeck & Ruprecht · Göttingen
Waxmann · Münster · New York

Klaus Dorn

Jesus Christus

Geschichte – Überlieferung – Glaube

Ferdinand Schöningh

Der Autor:

Geboren am 20.8.1951 in Laufach bei Aschaffenburg, Besuch des Musischen Gymnasiums, Studium der Katholischen Theologie und Physik an der Uni Würzburg und im Theologischen Studienjahr Jerusalem an der Dormition Abbey, Assistent am Lehrstuhl für Biblische Einleitungswissenschaft an der Uni Würzburg, Promotion ebd. Derzeit Hochschuldozent am Katholisch-Theologischen Seminar an der Philipps-Universität Marburg in den Fächern Einleitung AT, Einleitung NT, Exegese NT, Hebräisch. Vortragstätigkeit in der Erwachsenenbildung und in der Weiterbildung, div. Publikationen zu unterschiedlichen Themen aus dem biblischen Bereich.

Umschlagabbildung:

Rose Waddell/123rf.com

Online-Angebote oder elektronische Ausgaben sind erhältlich unter **www.utb-shop.de**

Bibliografische Information der Deutschen Nationalbibliothek

Die Deutsche Nationalbibliothek verzeichnet diese Publikation in der Deutschen Nationalbibliografie; detaillierte bibliografische Daten sind im Internet über http://dnb.d-nb.de abrufbar.

Internet: www.schoeningh.de

Printed in Germany.
Herstellung: Brill Deutschland GmbH, Paderborn
Einbandgestaltung: Atelier Reichert, Stuttgart

UTB-Band-Nr: 4928
ISBN 978-3-8252-4928-1

Für meine Enkel
Nicolas, Benjamin und ...

Inhalt

Mein Buch von Jesus

Im Jahre 1906 verfasste der später als Urwaldarzt bekannte Albert Schweitzer seine „Geschichte der Leben-Jesu-Forschung“. Man betrachtete sein Werk zunächst als Ende dieser Forschungsrichtung, denn, wie Schweitzer zu recht schreibt, bringt jeder Versuch in dieser Richtung letzten Endes nur das Jesusverständnis des jeweiligen Verfassers hervor, seine Vorstellung vom Eschaton, dem Ende der Zeit, seine Vorstellung von Ethik, seine Vorstellung von Jesus. Nur nebenbei bemerkt, gilt dies für jede Art von Literatur, die eine Person, ein Ereignis, eine Epoche oder was auch immer darstellt. Es ist ein Irrglaube zu meinen, irgendjemand würde irgendetwas rein „objektiv“ darstellen können.

Unter „Leben-Jesu-Forschung“ versteht man den Versuch, aus den Evangelien so etwas wie den „wirklichen“ Jesus herauszuarbeiten, den Jesus, wie er „wirklich war“, den „historischen“ oder auch den „geschichtlichen“ Jesus. Nun fällt es ohnedies schon schwer, die Biographie eines Menschen von seinem Ende her, d.h. am Ende seines Lebens oder gar erst nach dem Tod zu verfassen. Dabei bleibt allzu häufig unklar, warum der Betreffende in einer bestimmten Situation so und nicht anders entschieden oder sich verhalten hat, denn fragen kann man ihn ja jetzt nicht mehr. Die ganzen Stimmen seiner Biografie, die dabei mitschwingen, sind einfach nicht zu fassen, auch wenn man die Person noch so gut kennt. Für Spontaneität ist in einer Biografie kaum Platz. Für Jesus fällt ein solches Bemühen ungleich schwerer, nicht nur, weil die Verfasser der Evangelien Jesus persönlich nicht gekannt haben, sondern weil Jesus nur von seiner Auferstehung her überhaupt überlieferungswürdig erscheint. Wäre Jesus „nur“ am Kreuz gestorben – er wäre nur einer von Tausenden, die dieses Schicksal erlitten haben. Erst mit dem Ereignis, das schon die ersten Zeugen als „Auferstehung“ bezeichneten, gewinnt sein Gekommen-Sein, seine Botschaft, sein Handeln Relevanz, nur von daher ist er nicht nur Jesus von Nazareth, sondern er wird zu dem, den seine Anhänger als „Christus“ verehren und bekennen. Und damit resultiert unsere Kenntnis über ihn fast ausschließlich und nur indirekt von seinen Jüngern, seinen Nachfolgern, seinen Fans. Die aber erzählen „nur“ subjektiv von ihm, das, was ihnen wichtig erscheint, wenn man so will, durch ihre rosa Brille. Zur Frage etwa, warum Jesus sein Elternhaus irgendwann mit ca. 30 Jahren plötzlich verlassen hat, um als Wanderprediger aufzutreten, wissen wir absolut nichts. Das interessierte die Zeitgenossen nicht. Man kann nur vermuten, dass der Täufer Johannes, sein Auftreten, seine Botschaft und seine Taufe dabei eine Rolle spielten, denn mit diesem Mann gibt es bei Jesus deutliche Schnittstellen. Zudem sind die Evangelien mit hoher Wahrscheinlichkeit erst nach 70 n. Chr. aufgeschrieben worden, wobei die darin enthaltenen Geschichten über Jesus natürlich wesentlich älter sein dürften. Aber sie sind bis dahin eben nur mündlich überliefert worden.

Den Menschen, die an Jesus glaubten und von ihm erzählten, ist dagegen sehr wichtig, inwieweit es für seine Person, seine Botschaft und sein Handeln Hinweise in ihrer heiligen Schrift – das NT gibt es noch nicht – dem von uns so genannten „Alten Testament" gab und gibt. Daran bemisst sich nämlich, inwieweit Jesus tatsächlich derjenige ist, der am Ende der Zeit erwartet wird, den die alten Schriften bereits angekündigt haben. Unter diesen Voraussetzungen aber ist der Jesus, „wie er wirklich war", sein Denken, sein Glaube, sein Verhältnis zu seiner Religion und zu seinem Volk etc., wenn überhaupt, dann bestenfalls rudimentär zu destillieren, denn, wie gesagt, die Tradenten seiner Botschaft sind daran nicht interessiert. Paulus, der erste der Boten, von dem wir etwas Schriftliches haben, seine Briefe nämlich, überliefert so gut wie nichts vom Leben dieses Jesus. Für ihn ist wesentlich, dass Jesus gekreuzigt wurde und auferstand und damit allen, die an ihn glauben, einen „neuen Weg" zu Gott eröffnet hat. Markus, der älteste Evangelist, erzählt davon, wie und was Jesus gepredigt hat, welche Zeichen er gewirkt hat. Wann das war oder wo interessiert ihn dagegen nicht; der geschichtliche Kontext, in dem das Ganze stattfand, fehlt also. Wer versucht, aus den Orts- und Zeitangaben des Mk ein „Bewegungsprofil" Jesu zu extrahieren, erleidet mit Sicherheit Schiffbruch, da die entsprechenden Angaben weder geographisch noch chronologisch exakt und schon gar nicht in der ursprünglichen zeitlichen Abfolge tradiert sind. Zu allem Überfluss existieren auch Aussagen in den Evangelien, die sich widersprechen und die sich absolut nicht wegharmonisieren lassen. Wer also ein Buch über Jesus schreibt, der muss unweigerlich selektieren, abwägen und gegebenenfalls auch Mutmaßungen anstellen, die aufgrund der Quellenlage zwar durchaus naheliegen, die aber nicht im strengen Sinne „bewiesen" werden können.

Nach dem Buch von Albert Schweitzer wurde es erst einmal ruhig um die Jesus-Forschung, ehe Ernst Käsemann, der Schüler des großen Marburger Exegeten Rudolf Bultmann, diese wieder neu entfachte. Damit korrigierte er gleichzeitig die Position seines berühmten Lehrers. Dies geschah zunächst in einem 1953 gehaltenen und aufsehenerregenden Vortrag zum Thema: „Das Problem des historischen Jesus", in dem er nachwies, dass den Evangelien mittels wissenschaftlicher Methoden durchaus (relativ) gesicherte Aussagen zum historischen Jesus zu entnehmen seien. Freilich sind die Ergebnisse, mengenmäßig, bezogen auf den Überlieferungsstoff des NT, äußerst dürftig. Nicht zuletzt deshalb ist die Frage nach dem historischen Jesus bis zur Stunde nicht zu einem abschließenden Ende gekommen. Neben entsprechenden Versuchen, in dieser Frage weiterzukommen, gibt es nach wie vor Stimmen, welche die Rückfrage nach dem historischen Jesus ein für alle Mal als gescheitert erklären.

Diesem Buch geht es nicht darum, das „Profil" einer historischen Gestalt zu rekonstruieren. Das ist, wie gesagt, nicht möglich. Vielmehr soll versucht werden, sich Jesus anzunähern: In welcher Zeit hat er gelebt? Welchen Menschen ist er begegnet? Welche Botschaft hat er ihnen gebracht? Was haben die Menschen über ihn in welchen mutmaßlichen Kontexten gesagt und geschrieben? Einiges davon lässt sich den Evangelien durchaus entnehmen, mehr oder weniger wahrscheinlich oder sicher. Aber auch: Was bedeutet es, an ihn zu glauben? Gelegentlich wird darauf hingewiesen, welche Fehlformen sich entwickelt haben und zu welchen Fragen heutiger Zeit man nicht behaupten sollte, Jesus habe dies gesagt, getan, oder gar angeordnet. Letztlich ist das Buch aber auch mein Bekenntnis zu diesem Jesus.

Zur Erläuterung: Wo finden sich Aussagen über Jesus?

Von Jesus erzählen eigentlich nur die Schriften des Neuen Testaments. Sonstige mehr oder weniger zeitgenössische Schriften bieten lediglich Informationen, die vom Vorhandensein christlicher Gemeinden oder Zeugen ausgehen. Das aber bedeutet, dass die Zeit Jesu bereits zugrunde gelegt wird. Lediglich das Testimonium Flavianum, das Zeugnis des Josephus Flavius, eines angesehenen Jüdisch-Römischen Historikers bietet in wenige Sätzen eine kurze Charakterisierung Jesu. Früher insgesamt als christliche Interpolation, d.h. Einschub betrachtet, geht man heute davon aus, dass Josephus tatsächlich etwas über Jesus geschrieben hat, wie im übrigen auch über Johannes. Diese Aussagen des Josephus wurden aber von christlichen Tradenten ausgebaut und ergänzt. Näheres dazu ist weiter unten zu lesen. Hier also beschränke ich mich erst einmal auf das Neue Testament. Dabei sind verschiedene Arten von Texten zu berücksichtigen:

Die Evangelien erzählen von Jesus, jedes Evangelium in einer eigenen Sprache und Intention. Die Briefe können als Missions- und Gemeindeschreiben bezeichnet werden. Sie sind an konkrete Gemeinden oder an eine ganze Region gerichtet und wollen einerseits Christen gewinnen, andererseits aber auch vorhandene Gemeinden stärken oder offene Fragen klären.

Die Offenbarung am Schluss des neuen Testaments bietet einen Blick in die endzeitliche Zukunft und die Rolle, die der Auferstandene, aber auch die Christen, in dieser Zeit spielen.

Im folgenden sollen die verschiedenen Bücher in ihrer Reihenfolge kurz vorgestellt und die üblichen Abkürzungen genannt werden.

Diese Reihenfolge ist nun in den westlichen Kirchen weitgehend identisch, auch wenn Martin Luther den Jakobusbrief wegen zu viel „Werkgerechtigkeit" als „stroherne Epistel" an den Schluss des NT gestellt hatte.

Die Zugehörigkeit der Offb zum NT war keinesfalls unumstritten. Die Ostkirche tat sich mit der Aufnahme der Offb schwer, Luther hatte eben Probleme mit Jak, einige Kirchen des Ostens tradierten zeitweise noch andere Schriften, wie das koptische Thomasevangelium, dieses freilich außerhalb des Kanons. Im Westen war es der Clemensbrief, genannt nach einem frühen Papst, der aus dem 1. Jh stammt und hohe Dignität genoss.

Die Bücher in ihrer Reihenfolge

Mt Mk Lk Joh	Das NT beginnt mit den 4 Evangelien in der Reihenfolge Matthäus (Mt), Markus (Mk), Lukas (Lk) und Johannes (Joh). Jedes dieser Evangelien hat seinen ganz eigenen Charakter, seine eigene Theologie und Christologie, ist in unterschiedlichem Stil an unterschiedliche Gemeinde (Judenchristen/Heidenchristen) geschrieben. Natürlich ist jeder der Evangelisten auch unterschiedlich schriftstellerisch begabt und mehr oder weniger mit der griechischen Sprache vertraut. Nach verbreiteter wissenschaftlicher Meinung ist keiner der Evangelist selbst ein Augenzeuge des Wirkens Jesu. Die frühe Kirche versucht natürlich die Evangelien mit Personen in Zusammenhang zu bringen, die Jesus oder doch zumindest den frühen Aposteln sehr nahe standen. Grundsätzlich aber sind die Schriften anonym ab etwa 70 n.Chr., also in der zweiten oder gar dritten Generation nach Tod und Auferstehung Jesu entstanden.
Apg	Die nächste Schrift in der Abfolge ist die so genannte Apostelgeschichte (Apg). Verfasser dieser Schrift ist der gleiche Mann, der das Lukasevangelium geschrieben hat. Stil, Theologie und Aussageabsicht dieser Schrift verraten dies. Der Titel „Apostelgeschichte“ ist freilich irreführend. Es wird keineswegs die Geschichte der Apostel vorgestellt. Im Gegenteil: der größte Teil der Schrift befasst sich mit der Person des Paulus und seinem Wirken und Paulus wird gerade von „Lukas“ der Titel „Apostel“ aberkannt, weil er nicht die Anforderungen an einen Apostel erfüllt: Nach Lukas ist dies die Begleitung Jesu während seines Auftretens und die Osteroffenbarung. Paulus kann nur das Zweite, die Erscheinung des Auferstandenen vorweisen und ist somit kein Apostel. Von den meisten Aposteln, von denen wir den Namen kennen, erfahren wir hingegen absolut nichts. Ein neuer Mann kommt allerdings hinzu: Jakobus, der Herrenbruder. Was es mit diesem Mann auf sich hat, wird unten im Kontext der Apostelgeschichte noch eingehender diskutiert. In der Apostelgeschichte geht es also vorwiegend um Paulus und um die Ausbreitung des Christentums in die – v.a. hellenistische – Welt.

Röm 1+2 Kor Gal Eph Phil Kol 1+2 Thess	Auf die Apostelgeschichte folgen die Paulusbriefe. Um sich deren Reihenfolge einprägen zu können, wurden verschiedene Merksätze erfunden. Ich habe mir den folgenden gemerkt: ***Röm**ische **Kor**inthen **galt**en **viel** bei den **kol**ossalen **Thess**alonichern.* (=Römische Korinthen galten viel bei den kolossalen Thessalonichern) Daraus ergibt sich die nebenstehende Reihenfolge.
1+2 Tim Tit Phlm	Zum einen sind freilich nicht alle diese Briefe auch tatsächlich von Paulus verfasst, wie man heute weiß, zum anderen fehlt mit dem Philemonbrief ein echter Pauline. Dieser folgt aber erst auf die so genannten „**Pastoralbriefe**“, wie die Briefe an Timotheus und an Titus bezeichnet werden.
Heb Jak 1+2 Petr 1-3 Joh Jud	Es folgen die **Katholischen Briefe**, als da sind Hebräer, Jakobus, 1+2 Petrus, 1-3 Johannes, Judas. Katholisch werden diese Briefe genannt, weil sie nicht an konkrete Gemeinden gerichtet sind, sondern allgemein an die ganze Kirche. Katholisch ist hier in seinem ursprünglichen Wortsinn zu verstehen: allgemein.
Offb	Als letzte Schrift des NT, deren Aufnahme in den Kanon lange Zeit umstritten war, ist die Offenbarung (Offb) zu nennen. Sie wird auch als Offenbarung des Johannes oder auch als Johannesapokalypse bezeichnet. Hier wird nun tatsächlich der Name des Autors genannt. Er heißt Johannes und schreibt an verschiedene christliche Gemeinden in Kleinasien. Es ist schon lange bekannt, dass der Verfasser dieser Schrift nicht mit dem Verfasser des Evangeliums oder der Briefe identische sein kann. Selbst die frühchristliche Tradition nennt zwei verschiedene Männer namens Johannes.

Diese 27 Schriften des NT wurden spätestens mit dem 39. Osterfestbrief des Athanasius (367) von fast allen damaligen Christen als gültiger Teil des Bibelkanons anerkannt. Sie gehören in fast allen christlichen Konfessionen bis heute unumstritten dazu.

Soweit nicht anders angegeben, entstammen die Bibelzitate der Elberfelder Übersetzung aus Bibleworks 8.

1. Geboren – wann und wo?

Jesus wurde irgendwann um das Jahr 4 vor Christus geboren. Übereinstimmend sagen die Evangelien, Herodes der Große († 4 v. Chr.) sei der Herrscher jener Zeit gewesen.

Die Geburt Jesu wird von Mt mit einem Stern in Verbindung gebracht. Häufig wird in bildlichen Darstellungen ein Komet mit Schweif abgebildet, aber das sagt der Text nicht. Wir wissen nichts über die Größe dieses Sterns und nichts über sein Aussehen. Das Mt-Evangelium sagt nur, dass der Stern wahrgenommen wurde und – wie auch immer – vor den Magoi, den Weisen aus dem Morgenland, aus dem Osten herzog, bis er über einem Haus in Bethlehem, dem Wohn- und Geburtshaus der jungen Familie, stehen blieb. Gerade der letztgenannte Aspekt verdeutlicht, dass es hier nicht um die Beschreibung eines naturwissenschaftlichen Phänomens geht: Angenommen, der Stern sei wirklich über Bethlehem zum Stillstand gekommen – woher wissen die Magoi dann, in welches Haus sie zu gehen haben? Der Stern über Bethlehem steht über *ganz* Bethlehem, er steht genauso gut aber auch noch über dem nahe gelegenen Bergschloss des Herodes, dem Herodion, er steht über Hebron und genau genommen sogar noch über Jerusalem, das nur wenige Kilometer von Bethlehem entfernt ist. Ein Stern, der gar ein besonderes Haus markiert haben soll, ist überhaupt nicht vorstellbar, es sei denn, er habe nur wenige Meter über dem Haus gestanden. Mit einem punktgenauen Laserstrahl ist für die damalige Zeit noch nicht zu rechnen. Dabei wissen wir auch, dass ein Stern nur deshalb von uns als unbeweglicher Stern wahrgenommen werden kann, wenn er ziemlich genau über dem Pol und damit über der Erdachse steht. Das gilt für den Nordpol genauso wie für den Südpol, wobei freilich ein dem Nordpolarstern entsprechender Stern im Süden fehlt. Bethlehem aber liegt keinesfalls nördlich von Jerusalem, woher die Magoi kommen.

Immerhin lässt sich eine besondere Sternenkonstellation für das Jahr 7/6 v. Chr. belegen und zwar als eine besondere Konjunktion von Jupiter, Saturn und Mars. Sie wird u.a. auf Keilschrifttafeln erwähnt, die mutmaßlich in Babylon gefunden wurden, das zu dieser Zeit freilich schon längst nicht mehr „babylonisch" war. Der exakte Fundort ist nicht mehr zu ermitteln, wie mir der Kurator für Keilschriften im Britischen Museum in London, Jon Taylor i.J. 2006 auf Anfrage per E-Mail mitteilte:

> *„Unfortunately we do not know exactly where the three tablets you mention [Babylonian cuneiform tables BM 34659, 34614 and 35429 = Babylonische Keilschriftentafeln Britisches Musem Nr...] were found, but Babylon is the most likely place of origin."*

Freilich werden neben diesen und anderen besonderen Konjunktionen auch stellare Ereignisse in Erwägung gezogen, wie etwa das Erscheinen eines Meteoriten oder einer Supernova.

Auf der Basis von Num 24,17ff und evtl. vor dem Hintergrund der Erzählung, der über Armenien herrschende Partherkönig Trdat/Tiridat I. sei 66 n. Chr. mit seinen Magoi nach Rom gezogen, um Nero mit Gaben zu dessen Thronbesteigung zu ehren – er fiel vor ihm nieder und nahm einen anderen Rückweg – entsteht die mt Magiergeschichte. Man wusste zu dieser Zeit davon, dass die „Chaldäer" (Babylonier) ehedem Astronomie betrieben und hat deshalb „Magoi aus dem Osten" das Kind aufsuchen lassen.

Abb. 1: Giotto di Bondone: Die Anbetung der Könige, Fresko in der Cappella degli Scrovegni, 1304–1306

Da der Gedanke in der Antike weit verbreitet ist, die Geburt eines bedeutenden Menschen gehe mit irgendwelchen Zeichen bzw. Ereignissen einher, durfte dieses Thema bei der Geburt Jesu selbstverständlich nicht fehlen, ungeachtet der historischen Ereignisse. D.h.: Es gab zwar historische Ansatzpunkte für die mt Geburtsgeschichte – ein stellares Ereignis, das Wissen um chaldäische Magoi, evtl. die Nerogeschichte sowie vergleichbare Ereignisse aus anderen Religionen – aber die konkrete Ausgestaltung der mt Kindheitsgeschichte geht auf die evangelische Tradition zurück. Die zu vermittelnde Botschaft bei Mt lautet: Ganz Jerusalem erschrickt angesichts der Geburt des Retters [woher weiß man das?].

Die Magoi aus dem Osten aber, von Hause aus Heiden, sehen und deuten die Zeichen seiner Geburt und beugen ihre Knie vor dem neuen „König der Juden", der zum universalen König werden wird. Mt bereitet damit zusammen mit dem auf Abraham, den „Stammvater" aller glaubenden Menschen zurückgehenden Stammbaum Jesu, die nachösterliche Heidenmission vor. Er sieht bereits in der Geburtsgeschichte die negative Reaktion von König und Volk Israel auf den neuen König, die mit seiner Kreuzigung enden sollte. Das Evangelium selbst freilich endet mit dem Aufruf zur universalen Mission.

Ob Jesus in Nazareth oder in Bethlehem geboren ist, bleibt ungeklärt. Für Bethlehem spricht, dass sowohl Mt wie auch Lk den Gedanken der davidischen Abkunft, der mit Bethlehem verknüpft ist, zwar beinhalten, ihn aber in ihren Evangelien nicht besonders thematisieren (vgl. Mich 5,1). Die entsprechenden Angaben müssen demnach zumindest älter als Mt und Lk sein. Als weiteres Argument pro Bethlehem kann angeführt werden, dass zumindest z.Z. des Zweiten Jüdisch-Römischen Krieges (132-135 n. Chr.) der Aufstandsführer, Bar Kosesba/ Bar Kochba, der vom damals bedeutenden Rabbi Akiba als Messias ausgewiesen wird, keine davidische oder bethlehemitische Herkunft nachweisen muss bzw. ihm keine solche zugeschrieben wird. Wenn also keine davidische Herkunft erforderlich ist, um Messias zu sein, besteht auch kein Grund, Jesus eine solche – entgegen der Historie – zuzuschreiben. Zudem behauptet der älteste Literat des Neuen Testaments, der Apostel Paulus, Jesus entstamme „dem Fleische nach" der Davidsdynastie (Röm 1,3f).

Gegen Bethlehem kann ins Feld geführt werden, dass Mt und Lk völlig verschiedene Gründe für die Geburt in Bethlehem nennen: Laut Mt wohnen Josef und seine Familie da. Erst nach der Flucht nach Ägypten im Kontext der herodianischen Verfolgung und des (historisch nicht nachweisbaren) Kindermordes durch Herodes den Großen lässt sich Josef nicht wieder in Bethlehem nieder, sondern zieht nach Nazareth um, da er Angst vor dem in Judäa herrschenden Herodessohn Archelaos hat. Dass auch Galiläa, wozu Nazareth gehört, von einem Herodianer regiert wird (Herodes Antipas), macht ihm hingegen merkwürdigerweise kein Kopfzerbrechen.

Für Lk sieht die Sache anders aus. Hier müssen Maria und Josef wegen einer Steuerschätzung der Römer nach Bethlehem reisen, in die Heimatstadt Josefs, der aus dem Geschlecht Davids stammt. Derartige Steuerschätzungen sind historisch zwar gesichert; es lässt sich auch nachweisen, dass ein Mann mit seiner Familie in die Stadt seiner Väter reisen musste, um sich in die Steuerlisten eintragen zu lassen. Das Problem, das sich hier auftut, besteht aber darin, dass ein solcher Zensus unter Quirinius erst im Jahre 6 nach (!) Chr. erfolgte. Man versucht das Problem beispielsweise damit zu lösen, dass es schon eine frühere (erste) Steuerschätzung gegeben habe, auf die eine spätere, zweite, eben im Jahre 6 n. Chr. gefolgt sei. Angesichts des Status des Herodes (des Großen), der abgesehen von der Außenpolitik autonom als römischer Klientelkönig herrschte und die Steuerhoheit besaß, ist diese Angabe jedoch nicht ohne Probleme. Deshalb gilt das für Mt Gesagte auch für Lk: Wie Mt eine Sternenkonstellation mit Jesus in Verbindung bringt, so Lk eine Steuerschätzung aufgrund derer er Josef und Maria aus Nazareth nach Bethlehem wandern lässt. Die Behauptung, „Jesus war nie in Bethlehem" – so der Titel eines Buches von Martin Koschorke – dürfte nicht so leicht zu entkräften sein.

Kurz zum Kindermord: Wie schon erwähnt, gibt es keinen Nachweis für diese Gräueltat. Der herodeskritische jüdische Geschichtsschreiber Josephus Flavius hätte sich die Gelegenheit sicher nicht entgehen lassen, mit einer Erzählung davon Herodes noch weiter anzuschwärzen. Er tut es nicht, weil ihm nichts davon bekannt ist. Und dennoch enthält die ntl. Nachricht einen wahren Kern und zeigt damit auf, wie mit „biblischer Wahrheit" umzugehen ist: Herodes lässt nämlich sehr wohl Kinder töten, seine Landeskinder einerseits und seine leiblichen andererseits, und zwar reihenweise. Letztere stehen unter ständigem Generalverdacht, ihn beseitigen zu wollen. Bezüglich der Landeskinder sei nur an den Befehl des Herodes erinnert, bei seinem Tod die Kinder der jüdischen Notabeln zu ermorden, damit die Trauer der Juden bei seinem Begräbnis auch echt sei. Seine Schwester Salome verhindert das Massaker. In dieser Weise findet sich in den ntl. Schriften – und nicht nur dort – sehr viel „Wahrheit“, die sich aber nicht immer direkt mit der Historie deckt.

Zusammenfassung

Die Kindheits- bzw. eher Geburtsgeschichten von Jesus, die sich nur bei Mt und Lk finden, sind derart voneinander verschieden, dass keine gemeinsame „Ur“-Geschichte anzunehmen ist. Die Erzählungen sind zudem eher als christologische, denn als historische Erzählungen auszuweisen.

Mt ist daran gelegen, bereits die nachösterliche Heidenmission durch den Besuch der (heidnischen) Sterndeuter aus dem Osten in seiner Geburtsgeschichte aufscheinen zu lassen, Lk hat die Absicht, die Bedeutung des Kindes als geisterfüllten Retter darzustellen, der dem angeblichen Retter und „Herrn“, Kaiser Augustus, gegenübergestellt wird. Anknüpfungen an die Mosegeschichte in Gestalt des Motivs vom gefährdeten und geretteten Retterkindes bei Mt und der Darstellung Jesu als den Johannes (und später auch Elias) überbietenden Propheten bei Lk sind weitere Akzente in den beiden Geburtsgeschichten.

2. Woher stammen die volkstümlichen Aussagen zu den Kindheitsgeschichten – und sind sie denn wahr?

Die Details aus den Geburtsgeschichten, die sich bei Mt und Lk finden bzw. über diese hinausgehen und sich in der Volksfrömmigkeit niederschlagen, sind leicht herzuleiten. Die Geschenke der Magoi sind Jes 60,6 zu entnehmen, ebenso die volkstümliche Behauptung, die Magoi seien Könige gewesen (Ps 68,30). Sogar ihre Herkunft bestimmt man aus Ps 72,10.

> *Jes 60,6 Eine Menge Kamele wird dich bedecken, junge Kamele von Midian und Efa. Sie alle werden aus Saba kommen. Gold und Weihrauch tragen sie, und sie werden das Lob des HERRN fröhlich verkündigen.*
> *Ps 68,30 Könige werden dir Geschenke bringen*
> *Ps 72,10 Die Könige von Tarsis und den Inseln sollen Geschenke bringen, es sollen Tribute entrichten die Könige von Scheba und Saba.**

(*Saba identifiziert man heute mit einer Stadt aus dem Jemen, auch mit der Hauptstadt Sanaa, obwohl die sprachliche Herleitung von Saba aus Sanaa kaum zutreffen dürfte.)

Die Dreizahl der „Könige" leitet man aus der Anzahl der Geschenke ab: Gold, Weihrauch und Myrrhe, und ebenso den Zweck der Geschenke: Gold für den König, Weihrauch für den Gott und Myrrhe im Kontext der Passion als Trank Jesu, so Mk:

> 15,23: *Und sie gaben ihm Wein, mit Myrrhen vermischt, zu trinken; er aber nahm es nicht,*

oder als Gewürz im Kontext der Salbung des Leichnams Jesu vgl.

> Joh 19,39: *Es kam aber auch Nikodemus, der zuerst bei Nacht zu Jesus gekommen war, und brachte eine Mischung von Myrrhe und Aloe, ungefähr hundert Pfund.*

Die angeblichen Gebeine der Dreikönige aus dem von Barbarossa im Jahre 1162 eroberten Mailand nach Köln zu schaffen und dort als Reliquien aufzubewahren, war zu dieser Zeit zwar auch ein religiöses Ereignis ersten Ranges, für Barbarossa aber primär ein Politikum. Ließ sich doch mit Verweis auf diese drei heiligen „Könige" die Rechtmäßigkeit und Gottgefälligkeit des deutschen Kaisertums bestätigen, und dies unabhängig von einer Installation oder Kaiserkrönung durch den Papst.

Überblickt man die Kindheitsgeschichte des Mt, so enthält sie viel „Wahrheit", wenngleich nicht in der von uns heutzutage geforderten Weise. Mit Jesus ist ein neuer Stern aufgegangen – wie man dies umgangssprachlich bis heute zu sagen pflegt. Die Weisen aus dem Osten, die im Gegensatz zu Herodes und Jerusalem stehen, spannen einen Bogen zur nachösterlichen Mission in alle Welt, wie sie am Ende des Mt-Evangeliums vom Auferstandenen an die Boten in Auftrag gegeben wird. Die Ablehnung Jerusalems und seines Machthabers findet ihren Bezug in der Forderung an Pilatus, diesen Jesus in Jerusalem zu kreuzigen. Nichts ist dem Zufall überlassen! Die Kindheitsgeschichten erzählen eine Vielzahl von Botschaften, von Anklängen an das AT bis zu zeitgeschichtlichen Erzählungen. Sie sind eben „Heils-Geschichten". Und selbst die daran anknüpfende Frömmigkeitsüberlieferung enthält durchaus „Wahres": Wenn Jesus angeblich von *drei* „Königen" besucht wird, dann bedeutet dies, dass die gesamte damals bekannte Welt vertreten ist: Europäer, Asiaten und Afrikaner. Deshalb muss einer der Sternsinger jedes Jahr einen dunkelhäutigen Afrikaner spielen.

Abb. 2: Schrein der drei Könige in Köln

Nicht viel anders verhält es sich bei Lk: Aus der Notiz, Jesus sei in eine Krippe gelegt worden, weil in der Herberge kein Platz mehr war, sowie aus der Verkündigung an die Hirten, schloss man auf die Geburt in einem Stall. Die Tatsache, dass die Hirten vom Felde kommend nach Bethlehem hineingehen, Jesus also nicht in einem Stall auf dem Feld geboren wird, übersieht man ebenso großzügig wie die Möglichkeit, dass Jesus in einer Karawanserei im Erdgeschoß bei den Transporttieren geboren wurde, weil im ersten Stock, in den Unterkunftsräumen für die Menschen, kein Platz mehr war. Und schon stehen auch Ochs und Esel parat, die bei Lk noch nicht genannt werden, wohl aber in

> Jes 1,3: *Ein Rind kennt seinen Besitzer und ein Esel die Krippe seines Herrn. Israel aber hat keine Erkenntnis, mein Volk hat keine Einsicht.*

Gerne wurden die beiden Tiere auch allegorisch gedeutet, z.B. als Repräsentanten von Judentum (Ochse) und Heidentum (Esel).

Im Evangelium selbst gibt es keine Herbergsuche und keine geldgierigen Wirte, die dem armen Josef die Unterkunft verweigern. Und dennoch wird auch in dieser volkstümlichen Vorstellung etwas Richtiges gesehen, denn Lk bietet in seiner Geburtsgeschichte, wenngleich sehr vorsichtig, eine polarisierende Gegenüberstellung des Retters Jesus zu Kaiser Augustus, der sich als „Retter", griechisch Soter, und als „Herr" und „Vater des Vaterlandes" bezeichnen ließ. Demgegenüber wird der „wahre" Retter und Herr nicht im Palast, sondern unter ärmlichen Verhältnissen in Bethlehem geboren. Die Vorstellung, Jesus (auch in der Gestalt des Menschensohnes) sei der Retter der Menschen, wird durch das Lk-Evangelium durchgehalten.

Die Weigerung der Wirte, nicht zahlungsfähige Arme in ihrer Unterkunft aufzunehmen, ist eine bis heute aktuelle Erfahrung und höchst modern. Dabei geht es heutzutage nicht mehr alleine um Hoteleigner, sondern mehr oder weniger um jeden, der ein Haus, eine Wohnung mit mehreren Zimmern besitzt.

Die besonders für Katholiken interessante und spannende Frage ist die nach dem Vater Jesu. Die späteren Spekulationen oder Schmähschriften, die Jesus zu einem Mamser, einem Bastard machen, den Maria in einer ehebrecherischen oder außerehelichen Beziehung von einem Legionär namens Pandera empfangen habe – daraus sei dann Parthenos, d.h. die Jungfrau geworden – sollen nicht weiter verfolgt werden (vgl. Schäfer, Jesus im Talmud). Das ist und bleibt einfach nur Polemik, die nicht weiter belegt werden kann. Es stellt sich aber dennoch die Frage nach der Jungfrauengeburt, und dabei gibt es ein Problem. Wie schon zum Stern von Bethlehem finden sich auch hierzu außerhalb der Bibel verschiedene Geschichten über Religionsgründer, große Staatsmänner oder Kaiser, die auf überaus wundersame Weise empfangen und/oder geboren werden. Diesbezüglich ist Jesus keine Ausnahme – im Gegenteil: Jesus hätte vermutlich kein „Großer" der Geschichte werden können, wenn keine außergewöhnliche oder wunderbare Empfängnis und/oder Geburt nachzuweisen wäre. Nun dürfte es aber schwerfallen, all diese Erzählungen über andere Persönlichkeiten als reine Legenden ohne historischen Hintergrund zu bezeichnen, im Gegensatz zu den Erzählungen über Jesus natürlich. Selbstverständlich kann man das als überzeugter Christ so halten, aber die Frage nach den Überlegungen, auch anderen Großen der Geschichte Vergleichbares zu- oder absprechen zu müssen, nagt an dieser Überzeugung. Dies gilt umso mehr, wenn gerade diese Erzählung nicht mehr so verstanden wird, wie sie zu verstehen ist, nämlich nicht als Aussage über die Mutter, sondern als Ansage der herausragenden Bedeutung des Kindes: *Sein* Stern ist aufgegangen! Selbstverständlich kann keine Frau durch einen Sonnenstrahl geschwängert werden und auch eine Schwangerschaft weit über neun Monate hinaus ist kaum zu glauben. Die Göttin Athene wurde geboren, indem man ihrem Vater Zeus den Kopf spaltete. Ein Gott überlebt das natürlich! Darüber hinaus nähert sich Zeus in Gestalt von Goldregen, von Feuer, als Stier, Schwan oder Schlange verschiedenen weiblichen Wesen, um mit ihnen Kinder zu zeugen – oder auch um seine erotischen Triebe zu befriedigen. Er war in dieser Hinsicht recht umtriebig. Die gezeugten Kinder gehören zumindest zu den Halbgöttern, die am Ende ihrer Tage nicht in den Hades müssen, sondern in die Götterwelt des Olymp aufsteigen. Betrachtet man nun die Erzählung über die Verheißung des Engels Gabriel an Maria näher, so wird in dieser Geschichte deutlich, dass nicht die Jungfrauengeburt, sondern das Kind im Focus steht. Wie Mt durch Zitat deutlich macht, wird die Jungfräulichkeit Mariens aus Jes 7,14 geschlossen:

> *Darum wird der Herr selbst euch ein Zeichen geben: Siehe, die Jungfrau wird schwanger werden und einen Sohn gebären und wird seinen Namen Immanuel nennen.*

Mt zitiert mit hoher Wahrscheinlichkeit aus der LXX, der griechischen Übersetzung der Bibel, die in der Zeit des Frühjudentums im Diasporajudentum verbreitet war. Es handelt sich also um eine jüdische Übersetzung. Im Vergleich zum hebräischen Text fällt allerdings ein Detail auf: Im hebräischen Text ist gar nicht von einer *Jung*frau, einer *Betulah*, die Rede, sondern der Text spricht von einer *Almah*, einer *jungen* Frau. Somit ist die übliche Übersetzung von Jes 7,14 ins Griechische nicht korrekt. Das ändert zwar nichts am Text des NT, aber die Berufung auf das AT kann somit nicht mehr aufrechterhalten werden, es sei denn, man stellt die (griechische) Übersetzung über den (hebräischen) Originaltext. Was bleibt also von der jungfräulichen Empfängnis und Geburt? Es bleibt die im Kontext der Verkündigung an Maria außerordentliche Bedeutsamkeit Jesu, die im Lichte von Ostern, von der Auferstehung her, bis in die Kindheitsgeschichte zurückstrahlt. Es bedarf nicht des Postulats einer (biologischen) Jungfräulichkeit Mariens, um Jesus als den vor aller Zeit existierenden und in die Welt gekommenen Logos zu verkünden, wie das Johannesevangelium in seinem hymnischen Prolog zu Beginn des Evangeliums aussagt (vgl. Ratzinger, Einführung in das Christentum 252).

Dies alles aber ergibt sich nur aus einem oberflächlichen Blick auf die Texte. Der tiefer liegende, christologische Sinn geht weit darüber hinaus: Es wird hier ausgesagt, dass Jesus ganz Geschenk Gottes ist, dass er ohne Zutun des Menschen in die Welt kommt. Damit nehmen die Kindheitsgeschichten des Mt und des Lk nicht nur ihre je eigene christologische Ausrichtung vorweg, sondern auch schon die ganze Botschaft Jesu (s.u.): Gott geht ohne Vorbedingungen und ohne menschliche „Leistung" auf den Menschen zu und nimmt ihn an, so wie er ist (vgl. das Gleichnis vom barmherzigen Vater). Deshalb geschieht auch die Zeugung Jesu ohne menschliches Zutun. Allein auf der biologischen Jungfrauengeburt als zentrale Aussage zu beharren um damit eine Aussage über Maria zu treffen, macht deutlich, dass der Text nicht ausreichend reflektiert wurde, zumal der Eindruck entstehen kann, dass dem Status der Jungfräulichkeit per se ein höherer Wert zukomme als Sexualität, Ehe und Familie. Diese Vorstellung aber ist zumindest dem AT völlig fremd. Im NT favorisiert Paulus zwar die Ehelosigkeit, auch die eigene, aber dies ist im Hinblick auf die stündlich zu erwartende Parusie, die Wiederkehr des Herrn, nur zu verständlich. Ein Blick in die beiden Schöpfungserzählungen, insbesondere in die zweite, sollte genügen, um hier die Dinge geradezurücken: Mann und Frau sind aufeinander verwiesen. Erst durch die Schöpfung der Frau gelangt die Schöpfung zu ihrem Ziel und der ursprüngliche „Mensch" wird zu Mann und Frau. Im semitischen Denken steht die Ehe der (selten geübten) Ehelosigkeit in der Bewertung in keiner Weise nach – eher ist das Gegenteil der Fall.

Von Jungfrauengeburt spricht der Evangelist Johannes nicht, wohl aber von der allein göttlichen Herkunft des Logos, der nicht aus dem Willen des Menschen/des Fleisches, sondern aus Gott geboren ist (Joh 1,13).

Nun wird man vielleicht erwidern, dass der Prophet in Jes 7,14 doch immerhin die Geburt eines außergewöhnlichen Kindes angekündigt habe, dessen Name

Immanuel sei. Diese Ankündigung habe sich zumindest in Jesus erfüllt, wie dies besonders von Mt hervorgehoben wird. Doch auch dies trifft die Sache so nicht ganz: Maria bekommt den Namen ihres Kindes als „Jesus" geoffenbart. Es heißt nicht Immanuel und gleichzeitig Jesus, wie Mt großzügig behauptet. Viel wichtiger ist ein zweiter Gedanke: Der Prophet Jesaja teilte ca. um 733 v. Chr. seinem König mit, dass eine junge Frau einen Sohn mit dem Namen Immanuel gebären werde. Diese Geburt soll ein Zeichen dafür sein, dass Gott dem damaligen König Ahas und seinem Volk gegen seine Feinde beistehen werde, obwohl Ahas beschlossen hat, eher auf diplomatische Verhandlungen mit der Großmacht Assyrien zu setzen, anstatt sich auf Gott zu verlassen. Welche Wirkung, welchen Zeugnischarakter soll dann aber die prophetisch verkündete Geburt eines Kindes haben, das – sofern man die Prophetie ausschließlich auf Jesus bezieht – etwa 730 Jahre später geboren wird? Ein solches Kind stellt für niemanden aus der Zeit des Ahas ein Zeichen dar und kann damit auch die Bedeutung der jesajanischen Prophetie nicht verifizieren. D.h.: Der Jesusbezug der Prophetie des Jesaja ist eine Zweit- oder Neudeutung, eine – wenn man so will – Neuauflage der Prophetie, eine so genannte „relecture". Dies gilt im Übrigen für sehr viele Schriftzitate, die auf Jesus bezogen werden. Es handelt sich dabei keineswegs um eine Fehldeutung der Prophetie, sondern um deren Vergegenwärtigung, um die Hereinnahme der Prophetie in die aktuelle Zeit der ntl. Verfasser, eine Aktualisierung der Schrift, wie sie jeder gute Pfarrer am Sonntag in seiner Predigt vornimmt.

Zusammenfassung

Alles, was wir über Jesus im NT erfahren, wird retrospektiv erzählt und berichtet, von Ostern her. Dies gilt besonders für die Kindheitsgeschichte, die kaum oder nur wenige „historische" Informationen beinhaltet. Gleichwohl ist es nicht so, dass es sich dabei um reine Phantasie handelt. Um die Zeit Jesu gab es tatsächlich eine auch naturwissenschaftlich nachweisbare besondere Sternenkonstellation, so dass man zu Recht sagen kann: Ein neuer Stern ist erschienen. Der Kindermord zu Bethlehem lässt sich historisch nicht nachweisen; gleichwohl ermordet Herodes seine eigenen wie auch seine Landeskinder. Die Kindheitsgeschichten verkünden also durchaus „Wahrheiten". Beide Erzählungen greifen dazu auch auf atl. Aussagen zurück, auf die mehr oder weniger direkt hingewiesen wird.

3. Was können wir über die „Familie" Jesu sagen?

Hatte Jesus Geschwister oder war er Einzelkind? Diese Frage muss unabhängig von der Problematik der „Jungfrauengeburt" und des Dogmas auf der Basis der ntl. Texte gestellt werden. Um die Antwort vorweg zu nehmen, ist zu sagen: Wir wissen es nicht! Die Texte geben keine eindeutigen Informationen. Zwar ist mehrfach und in verschiedenen Zusammenhängen von den „Brüdern" Jesu oder sogar von „Brüdern und Schwestern" die Rede (Mt 12; Mk 3; Lk 8; Joh 7), aber in einer Sprache wie dem Hebräischen, in der keine eigenen Bezeichnungen für Neffe, Nichte oder Tante existieren, werden die Verwandtschaftsverhältnisse nicht eingehender bestimmt. Joab, der Neffe (oder Cousin?) Davids etwa, wird stets als „Sohn der Zeruja" bezeichnet, wobei Zeruja (neben Abigajil) als die Schwester Davids gilt (1Chr 2,16). Ob Zufall oder Verwechslung – David ehelicht auch eine Frau mit Namen Abigajil (= (Mein) Vater freut sich). Merkwürdiger Weise erfahren wir nichts über den Ehemann der Zeruja. Nur gelegentlich kommt die Bezeichnung „ben dod", d.h. Sohn des Onkels als Bezeichnung eines Cousins vor, bis zum heutigen Tag. Dies wird in der Umgangssprache mancher Menschen deutlich. Bei einem Ausspruch wie „Ich hole meine Brüder" ist anzunehmen, dass die ganze Familie auf der Bildfläche erscheinen wird, ggf. auch incl. der Schwestern, der Tanten und Cousinen. Selbst die Tatsache, dass Brüder Jesu namentlich genannt werden (vgl. Mt 13,55) führt diesbezüglich nicht weiter, lässt aber immerhin den Schluss zu, dass die Sippe Jesu offensichtlich gut jüdisch, wenn nicht sogar fromm war: Bei den in Mt 13,55 genannten Namen Jakobus, Josef, Simon, Judas handelt es sich durchweg um atl. gut verbürgte Personen. Zur Frage der Jungfrauenschaft Mariens behelfen sich Legenden an dieser Stelle damit, Josef sei ein Greis gewesen, als er Maria auf Druck des Hohepriesters bei sich aufnehmen musste. Die tatsächlich vorhandenen Geschwister Jesu stamm-

Abb. 3: Andrea del Sarto: Die Heilige Familie mit Joseph, Maria und dem Jesuskind, um 1528, Galleria Nazionale d'Arte Antica in Rom

ten aus einer ersten Ehe des Josef, dessen Ehefrau zwischenzeitlich verstorben war. Entsprechend wird Josef in der Kunst zumeist auch als alter Mann dargestellt. Völlig an den Haaren herbeigezogen ist die Überlegung freilich nicht: Frauen/Mädchen pflegte man sehr jung, bald nach der ersten Menstruation zu verheiraten, womit man auch relativ sicher von der Jungfräulichkeit der Braut ausgehen konnte. Männer hingegen waren in der Regel deutlich älter, wenngleich nicht unbedingt um Jahrzehnte älter als die Frau. Historisch zutreffend gilt auch – bis ins vorletzte Jahrhundert – dass viele Frauen schon sehr jung starben, häufig genug im Kindbett bei der Geburt des erstgeborenen Kindes. Die Mehrfachehe eines Mannes war deshalb weit verbreitet. Das alles mag als Hintergrund entsprechender Überlegungen zum Verhältnis von Maria und Josef erhellend sein, eine tragfähige Grundlage stellen derartige Spekulationen dennoch nicht dar.

Nur Lk bietet die Erzählung vom zwölfjährigen Jesus im Tempel:

Auch diese Erzählung enthält „Wahrheit“ und „Historie“ vergleichbar der Notiz vom Kindermord zu Bethlehem. Historisch korrekt ist, dass sich Jesus deutlich mehr als nur einmal (so die Synoptiker) im Tempel aufhielt. Im Johannesevangelium, in dem die Zeit des öffentlichen Wirkens Jesu deutlich länger währt als bei den Synoptikern Mt, Mk und Lk, geht Jesus mehrfach „hinauf“ nach Jerusalem und zum Tempel, um dort die Wallfahrtsfeste mitzufeiern. Daraus kann vermutet werden, dass Jesus schon als Kind mit seinen Eltern nach Jerusalem gezogen ist und die Möglichkeit, dass er dort auch schon einmal verlorenging, ist groß, denn besonders zum Pascha platzte die Stadt vor Wallfahrern aus allen Nähten. Sich bei Verlust der Eltern an den Tempel zu begeben, mag durchaus auch noch angehen, doch dass „die Lehrer“ am Tempel sich Zeit nahmen, mit einem Jungen über Fragen der Religion zu diskutieren, ist schon weniger nachvollziehbar. Es geht Lk nicht darum, einen frühreifen Jesus in den Fokus zu rücken, sondern zu zeigen, dass Jesus bereits mit zwölf Jahren, also deutlich *vor* der Feier der religiösen Mündigkeit, der Bar Mitzwa am 13. Geburtstag, in der Lage ist, sich mit der jüdischen Tradition auseinanderzusetzen bzw. mit dem „Willen seines Vaters“. Überhaupt zeigt Lk Jesus nicht als Analphabeten und ungebildeten Handwerker, sondern er kann zumindest lesen, wie aus der Toralesung am Sabbat in der Synagoge in Nazareth (Lk 4,16ff) zu ersehen ist. Das ist jetzt kein „Wunder“, sondern Lk sagt nicht mehr und nicht weniger, als dass dieser Jesus Jude ist, fest in seiner Tradition gegründet, und dies von frühester Jugend an.

Eine erste Betrachtung verdient in diesem Kontext die Aussage über das Verhältnis zu seinem angeblichen Verwandten Johannes: Die Eltern des Johannes, Zacharias und Elisabet, sind beide priesterlicher Abkunft. Von Zacharias heißt es, dass er der Priesterklasse Abija angehört, von seiner Frau Elisabet wird lediglich erwähnt, dass sie aus dem (Priester-)Geschlecht Aarons stammt. Alttestamentlich findet sich der Name Abija erstmals in 1Sam 8,2 als Name des zweitgeborenen Sohnes von Samuel. Die beiden Söhne fungieren als Richter in Beerscheba, der größten Stadt im Negev, der Wüste südlich des Stammes Juda. Beide Söhne erweisen sich jedoch als bestechlich, so dass das Volk von Samuel die Einsetzung eines Königs verlangt. Über das Schicksal der beiden erfahren wir sonst nichts mehr. Der Name taucht ein zweites Mal auf, der Sohn des Nordreichkönigs Jerobeam heißt so. Er ist krank und stirbt gemäß der Ankündigung des Propheten Ahija. Es soll hier in Erinnerung gerufen werden, dass das Reich Davids und Salomos, beide Könige über das Zwölfstämmevolk Israel, unter dem Sohn des Salomo mit Namen Rehabeam zerfällt: Der größere Teil mit zehn Stämmen bildet das Nordreich „Israel“, die Stämme Juda und Benjamin bilden das Südreich.

Ein dritter Träger dieses Namens ist schließlich der Enkel Salomos, der nach seinem Vater Rehabeam König von Juda wird und eines friedlichen Todes stirbt.

In den Chronikbüchern begegnet uns der Name weitaus häufiger, auch als Name einer Frau (1Chr 2,24; 2Chr 29,1). Im Gegensatz zum Samuelbuch finden sich seine beiden Söhne aber nicht mehr als korrupte Richter, sondern gehören auf Weisung Davids mit ihren Söhnen zum Tempelpersonal. Dies gilt auch für 1Chr 24,10. Von König Abija heißt es, er habe als der rechtmäßige Davidide einen glorreichen Sieg über den König des Nordreiches, über Jerobeam errungen. Die Königsbücher wissen davon freilich nichts, so dass es sich hier offensichtlich um Propaganda der Chronikbücher handelt.

Dass es einen Priesterzweig gab, der sich auf einen Mann namens Abija beruft, wird durch Listen aus dem Buch Nehemia bestätigt (Neh 10,8; 12,4.17). Damit ist die Priesterdynastie, die sich auf einen Priester Abija zur Zeit Davids wie auch aus der nachexilischen Zeit berufen kann, gesichert.

Die Abkunft von Elisabet wird hingegen nicht weiter spezifiziert. Ihr Verhältnis zu Maria wird nur als „Verwandte“ ('Ελισάβετ ἡ συγγενής: [Elisabet hæ syngenæs] Angehörige, Verwandte) angegeben, auch dies ohne weitere Präzisierung. Traditionelle Aussagen, die Elisabet als „Base“ Marias bezeichnen (d.h. Tante, Schwester des Vaters oder der Mutter, aber auch Cousine), sind neutestamentlich nicht zu belegen. Es handelt sich dabei um Interpretationen der Bibelübersetzer, die u.a. mit Verweis auf das hohe Alter der Elisabet annehmen, sie sei nicht die Cousine, sondern eben die Tante Marias gewesen. Sofern eine derartig enge verwandtschaftliche Beziehung bestehen würde, wäre es nicht auszuschließen, dass auch Maria priesterlicher Abstammung wäre, aber – wie gesagt – das alles sind unbeweisbare Vermutungen.

Das Kind, das Elisabet im hohen Alter – jenseits der Menopause – zur Welt bringt, gilt unabhängig vom genaueren Verwandtschaftsverhältnis zwischen Maria und Elisabet, natürlich auch als Verwandter Jesu – welchen Grades ist unbekannt und spielt für die Darstellung des Täufers ansonsten auch keine Rolle. Er wird – entgegen der Historie – von den späteren christlichen Schriftstellern als „Vorläufer Jesu“ aufgebaut. Dass er das nicht war und sich selbst als den endzeitlichen Propheten sah – oder von seinen Jüngern so gesehen wurde – wird gleich noch ausführlich erörtert.

Zusammenfassung

Die „Familienverhältnisse“ Jesu interessieren die Evangelisten als solche nicht. Der Stammbaum Jesu wird nicht unter genealogischem Interesse überliefert, sondern führt bei Mt von Abraham zu Jesus, bei Lk geht er auf Gott zurück und weist Jesus als Gottes Sohn aus. Selbst der beiden Evangelisten gemeinsame Zeitabschnitt der Vorväter Jesu stimmt nur bedingt überein und ist daher als Genealogie wertlos.

Das unmittelbare familiäre Umfeld Jesu ist auch kaum zu erhellen. Es werden Brüder und Schwestern Jesu genannt, bei denen es sich freilich um nahe Verwandte handeln kann. Die verwandtschaftliche Beziehung zu Johannes dem Täufer steht ebenfalls auf schwachen Füßen und wird nur bei Lk behauptet. Es heißt dort weiter, Jesus sei sechs Monate Jünger als Johannes gewesen. Diese sechs Monate werden freilich nur deshalb genannt, weil Maria somit erkennen kann, dass ihre Verwandte Elisabeth tatsächlich schwanger ist, als sie sie besucht. Die Schwangerschaft Elisabeths soll nach der Aussage des Verkündigungsengels Maria ja als Zeichen dienen, dass sich die Verheißung des Engels an Maria an ihr auch erfüllen werde.

4. Was erzählen die sogenannten Kindheitsevangelien?

Nach diesem Ereignis, dem Gang des zwölfjährigen Jesus in den Tempel, schweigen die Quellen bis zu seinem öffentlichen Auftreten. Offensichtlich wurde dies schon bald als Problem empfunden – ebenso wie die fehlenden Informationen über die weitere Kindheit Jesu. Es ist nur zu menschlich, dass man über diesen Mann, über den sich die Informationen zu seinem Tod hin immer weiter verdichten, mehr wissen wollte – und schon bald wird Abhilfe gefunden.

»Sei brav, bade jetzt!«
Claude Bonneau Humarot, Frankreich. © by A. L. I.

Abb. 4: Zeichnung von Claude Bonneau Humarot

Wunderbare – im doppelten Sinn des Wortes – Geschichten werden über ihn „entdeckt", näherhin erfunden und schriftlich niedergelegt, wie etwa die diversen Kindheitsevangelien, die unter dem Namen einer der Zwölf Jünger Jesu oder dem Namen eines „Herrenbruders" daherkommen, z.B. das Kindheitsevangelium des Thomas, das Protoevangelium des Jakobus und andere, verfasst ab dem 2. Jahrhundert. Sie enthalten fantastische Geschichten über Jesus und seine schon von frühester Kindheit vorhandenen Wunderkräfte. Das Petrusevangelium dagegen ist eine Schrift, die die Passion Jesu und seine Auferstehung mit Erzählungen und „Wissen" anreichert. Unter anderem gewinnt man den Eindruck, der Verfasser sei ein Augenzeuge der Auferstehung gewesen. Diese Evangelien spielen heute zu Recht keine Rolle mehr, sind sie doch offensichtlich in allererster Linie das Produkt einer blühenden (Volks-)Phantasie. Verboten waren sie nie. Derartige Schriften behaupten gerne von sich, sie seien auf Anraten des Verfassers für eine gewisse Zeit versteckt gewesen und deshalb, obwohl angeblich schon früh entstanden, erst jetzt, d.h. relativ verspätet, in Umlauf gebracht worden. Es ist deshalb von den „apokryphen", den „verborgenen Schriften" die Rede, die unter dem Pseudonym eines Apostels und damit als pseudepigraphe Schrift verfasst wurde. Mit diesem „Trick" des Pseudonyms, einer letzten Endes falschen Verfasserangabe, versuchte(n) der (oder die) Verfasser oder auch die späteren Tradenten für seine/ihre Schrift kanonisches Ansehen und damit weite Verbreitung zu gewinnen. Sowohl die Jesus-Roman-Literatur als auch die Filmindustrie mit ihren zahllosen Jesusfilmen greifen gerne auf diese Legenden als „Füllstoffe" zurück. Freilich finden sich auch in der bildlichen Darstellung der Kindheitsgeschichte Jesu in Kirchen Auszüge aus dieser legendarischen Literatur. Als Beispiel seien die Fresken und Mosaiken des Choraklosters in Istanbul zu nennen, auf denen die Jugendzeit der Maria dargestellt ist: Maria wird als Priestertochter von Joachim und Anna schon als Kind an den Tempel von Jerusalem gebracht und wächst dort unter Tempeljungfrauen auf, für die es freilich am Tempel von Jerusalem historisch keine Belege gibt. Sie vertreibt sich die Zeit mit Handarbeiten, wie sich das gehört, und spinnt und webt mit am Tempelvorhang. Mit dem Beginn der Menstruation, die eine Verunreinigung des Tempels zur Folge hätte, wird Maria aus dem Tempeldienst entlassen. Man sucht einen Ehemann für sie und kommt auf Josef, Priester, Davidide und Witwer im vorgerückten Alter. Josef will nicht, denn er hat zu Hause eine Schar von halberwachsenen Söhnen und ihm schwant Unheil, sollte ein so junges Mädchen in sein Haus ziehen. Wie in solchen Fällen nicht ungewöhnlich, beschließt man, dass ein Gottesurteil entscheiden solle. Die in Frage kommenden Kandidaten inklusive Josef müssen ihre Wanderstäbe im Tempel ablegen.

Abb. 5: Der Hohepriester verehelicht Josef und Maria, Vermählungsbrunnen am Hohen Markt in Wien, Innere Stadt

Am nächsten Tag zeigt allein der Stock von Josef frische Triebe an seiner Spitze. Das Urteil ist eindeutig und Josef muss Maria mit sich nehmen. Häufig wird in der Kunst die durch den Hohepriester vorgenommene Eheschließung bzw. das Verlöbnis von Maria und Josef am Tempel von Jerusalem dargestellt. Dass es derartige Eheschließungen durch den Hohepriester gar nicht gab, der Tempel von Jerusalem kein Ort war, an dem das Ehesakrament gespendet wurde, tut dabei nichts zur Sache. In der Kunst werden ja auch ohne Probleme die römischen Soldaten unter dem Kreuz in der Uniform der Landsknechte des Spätmittelalters dargestellt, die Juden mit gelbem Fleck an der Kleidung oder mit Judenhut, wie dies ebenfalls erst ab dem Mittelalter üblich war.

Josef nimmt Maria also mit nach Hause. Als er von einer Reise zurückkehrt, muss er feststellen, dass Maria schwanger ist. Die Befragung seiner Söhne führt jedoch zu nichts. Keiner will es gewesen sein und auch Maria besteht darauf, keinen Verkehr gehabt zu haben. Josef muss also den Hohepriester einschalten, um den Fall zu klären. Nachdem Maria bei ihrer Aussage bleibt und behauptet, Jungfrau zu sein, wird eine Hebamme zitiert, die Maria untersuchen muss. Sie stellt voll Erstaunen fest, dass Maria trotz Schwangerschaft Jungfrau ist. Nun weiß der Hohepriester auch keinen Rat mehr und schickt Josef mit seiner schwangeren Jungfrau wieder nach Hause – so eine Legende über die jungfräuliche Empfängnis Mariens, die somit auch biologisch festgestellt wird. Quellen dieser Fassung sind das Protoevangelium des Jakobus (2. Jahrhundert) und das vermutlich darauf zurückgehende Pseudo-Matthäusevangelium (um 600). Eine Variante liefert auch die „legenda Aurea" aus der Zeit um 1260. Es handelt sich dabei um eine Sammlung von Legenden und volkstümlichen Erzählungen über Heilige und biblische Personen.

Abb. 6: Geißelung Jesu. Die beiden Soldaten sind durch ihre Hüte als Juden ausgewiesen. Darstellung aus dem 14. Jahrhundert, Marienkirche Lemgo

Abb. 7: Ein Jude mit spitzem Hut drückt Christus mit einer Stange die Dornenkrone auf den Kopf

Es ist unschwer zu erkennen, dass derartige zweifelhafte Erzählungen nichts im Neuen Testament verloren haben, nicht wegen der relativ späten Abfassung und auch nicht wegen des Pseudonyms, sondern aufgrund des Inhalts, der nichts mit den im Vergleich nüchternen und theologisch-christologischen Texten des NT zu tun hat.

Wir müssen uns also mit den Fehlstellen begnügen und damit zufrieden geben, dass die eigentliche Überlieferung über Jesu Botschaft und Wirken, wie bei Mk, erst mit dem öffentlichen Auftreten Jesu beginnt, und dieses wiederum setzt mit der Taufe im Jordan ein.

Es ist freilich auch noch von anderen Verwandten Jesu die Rede. Es wurde schon darauf hingewiesen, dass einige „Brüder" Jesu namentlich genannt werden. Nur ein einziger von ihnen „macht Karriere": Es handelt sich um Jakobus, den so genannten Herrenbruder, der in der nachösterlichen Kirche eine zentrale Stellung einnimmt und neben Petrus und Johannes, dem Sohn des Zebedäus (und Bruder des anderen Jüngers namens Jakobus) zu den drei „Säulen" (Gal 2,9) in Jerusalem gehört. Er wird auch als Jakobus, der Gerechte (EvThom 12, vgl. auch Euseb, Historia Ecclesiastica [EH = Kirchengeschichte] II 1,3), bezeichnet und scheint bis zu seinem Martyrium in Jerusalem die Stellung gehalten zu haben. Es gibt nur Indizien wie etwa Gal 2,12 oder Apg 15, dass Jakobus eine mehr oder weniger strenge judenchristliche Tradition vertrat. Von seinem Tod ist in außerchristlichen Zeugnissen die Rede: Er sei auf Betreiben des Hohepriesters im Jahre 62 n. Chr., in einer Zeit, als der Stuhl des Prokurators vakant war, durch Lynchjustiz ums Leben gekommen. Es ist die Rede davon, dass er zunächst von der Zinne des Tempels gestoßen wurde. Weil er den Fall überlebte – dies ist bei einer Höhe von ca. 20 m nicht auszuschließen, aber doch unwahrscheinlich – wurde er anschließend gesteinigt und zu guter Letzt mit dem Handwerkszeug eines Tuchwalkers (Walkerholz) erschlagen. Der Hohepriester wurde im Übrigen vom nachfolgenden Prokurator dafür zur Verantwortung gezogen (Quellen: Flavius Josephus: Antiquitates Judaicae XX, 9,1 [197–203]; Euseb, EH II, 23).

Mehrere Punkte sind hier, abgesehen von den überlieferten drei verschiedenen Todesarten, auffällig: Zum einen erzählt das Johannesevangelium, dass auch die Brüder Jesu nicht an ihn geglaubt hätten (7,5). Zum Zweiten wird jedoch in 1Kor 15 konstatiert, dass Jakobus, der Herrenbruder, eine Begegnung mit dem Auferstandenen gehabt habe. D.h. Jakobus könnte sich nach Ostern infolge einer Erscheinung der Jesusbewegung angeschlossen haben. Zum dritten ist festzustellen, dass die Familienangehörigen bzw. nähere oder weitere Verwandtschaft Jesu nach Ostern gerade nicht federführend in der Jesusbewegung geworden sind, mit Ausnahme des Jakobus. Dies ist besonders erwähnenswert, weil in der damaligen Zeit und Kultur der Familie bzw. Sippe in vielen Belangen entscheidender Einfluss zukam. Dies ist hier aber gerade nicht der Fall.

Nachzuweisen ist dies an einer weiteren außerbiblischen Stelle, wiederum überliefert von Eusebius (EH III,20). Es ist hier die Rede von Verwandten Jesu gegen Ende des ersten Jahrhunderts, die vor Gericht gestellt werden:

‚Noch lebten aus der Verwandtschaft des Herrn die Enkel des Judas, der ein leiblicher Bruder des Herrn gewesen sein soll. Diese wurden als Nachkommen Davids gerichtlich angezeigt. Ein Evokatus führte sie vor Kaiser Domitian. Denn gleich Herodes fürchtete sich dieser vor der Ankunft Christi. Domitian fragte jene, ob sie von David abstammen. Sie bestätigten es. Sodann fragte er sie nach dem Umfange ihrer Besitzungen und nach der Größe ihres Vermögens. Sie antworteten, sie besäßen beide zusammen nur 9000 Denare, und davon gehöre jedem die Hälfte. Aber auch dieses Vermögen bestünde — so fügten sie bei — nicht in Geld, sondern im Werte eines Feldes von nur 39 Morgen, die sie mit eigener Hand bewirtschafteten, um davon die Steuern zu zahlen und ihren Lebensbedarf zu decken. Hierauf zeigten sie ihm ihre Hände und bewiesen durch die Härte ihrer Haut und durch die Schwielen, welche sie infolge ihrer angestrengten Arbeit an ihren Händen trugen, daß sie Handarbeiter waren. Als man sie über Christus und über die Art, den Ort und die Zeit seines Reiches fragte, antworteten sie, dasselbe sei nicht von dieser Welt und dieser Erde, es sei vielmehr ein himmlisches und englisches Reich, das erst am Ende der Welt kommen werde, wenn Christus in Herrlichkeit erscheinen wird, um die Lebenden und die Toten zu richten und jedem nach seiner Gesinnung zu vergelten. Daraufhin verurteilte sie Domitian nicht, sondern verachtete sie als gemeine Leute. Er setzte sie in Freiheit und befahl, die Verfolgung der Kirche einzustellen. Sie aber erhielten nach der Freilassung, da sie Bekenner und Verwandte des Herrn waren, führende Stellungen in der Kirche. Nachdem Frieden geworden war, lebten sie noch bis Trajan.‘ So berichtet Hegesippus. (http://www.unifr.ch/bkv/kapitel49-19.htm)

Von diesen „führenden Stellungen in der Kirche“ wird allerdings nirgends berichtet, so dass man festhalten kann, dass die Sippe Jesu, seine Verwandtschaft, keine Spuren in der Geschichte der frühen Kirche hinterlässt, denn auch die judenchristliche Tendenz des Jakobus, des Herrenbruders, wird schon sehr bald durch die Realität überholt: Es gibt fast nur noch Heidenchristen; die judenchristlichen Gemeinden gehen im Lauf der Zeit unter.

Zusammenfassung

In der außerkanonischen Literatur, die sehr weit verbreitet gewesen sein dürfte, geht man davon aus, dass Josef als Witwer im vorgerückten Alter eine zweite Ehe mit Maria einging bzw. dazu genötigt wurde. Bei den „Brüdern und Schwestern“ handelt es sich nach dieser Diktion folglich um Kinder aus Josefs erster Ehe mit einer uns unbekannten Frau.

Wider Erwarten und entgegen der bis heute zu beobachtenden Gepflogenheiten im vorderen Orient, denen zufolge die Sippe eine große Rolle spielt, findet sich (fast) niemand aus Jesu Familie nach Ostern in einer gehobenen Position. Lediglich Jakobus, der öfter als „Herrenbruder“ bezeichnet wird, steigt zum Leiter der Jerusalemer Gemeinde auf und scheint mehr oder weniger gleichberechtigt neben Petrus zu stehen. Er fällt der Lynchjustiz zum Opfer. Nach ihm spielen die Verwandten Jesu keine Rolle mehr, die Zwölf freilich genauso wenig.

5. Wie stellt sich das Verhältnis von Jesus zu Johannes dem Täufer dar?

Lk zufolge ist Johannes der Täufer ein Verwandter Jesu, der sechs Monate älter ist als Jesus.

In der Geburtsankündigung an seinen Vater heißt es, dass er geboren wird um das Volk auf das Kommen des Herrn, also Gottes, vorzubereiten:

> *Lk 1,17 Und er wird vor ihm hergehen in dem Geist und der Kraft des Elia, um der Väter Herzen zu bekehren zu den Kindern und Ungehorsame zur Gesinnung von Gerechten,* um ***dem Herrn*** *ein zugerüstetes Volk zu bereiten.*

Auch mit dem Satz: „Er wird *vor ihm* hergehen" ist mit dem „ihm" keinesfalls Jesus gemeint, denn von Jesus ist in dieser Ankündigung durch den Engel überhaupt nicht die Rede. Die „Rolle", die Johannes als „Vorläufer" Jesu in der christlichen Überlieferung spielt (z.B. im Joh-Ev), wird ihm offensichtlich erst von den frühen Christen zugewiesen. Johannes selbst sah sich nicht als der Vorläufer Jesu, allen entsprechenden Aussagen der ersten drei Evangelien zum Trotz. Dies spiegelt sich beispielsweise in der Kindheitsgeschichte des Lk wider, wo der Geburtsankündigung Jesu die des Johannes gegenübergestellt wird. Wenn von Johannes gesagt wird, er werde im *Geist und der Kraft des Elija* auftreten, so heißt es von Jesus, dass er (sogar) aus heiligem Geist *gezeugt* wird:

> *Lk 1,35 Und der Engel antwortete und sprach zu ihr: Der Heilige Geist wird über dich kommen, und Kraft des Höchsten wird dich überschatten; darum wird auch das Heilige, das geboren werden wird, Sohn Gottes genannt werden.*

Trotzdem bleibt es dabei: Johannes geht *dem Herrn* voran, nicht Jesus.

Nachdem die frühchristliche Überlieferung Johannes zum Vorläufer Jesu „degradiert" hat, ja mehr noch, Jesus erst auftreten lässt, als Johannes von Herodes aus dem Verkehr gezogen wurde, kann man davon ausgehen, dass es offensichtlich auch andere Überlieferungen gab. Sie stammen möglicherweise aus dem Kreis der Johannesschüler, die ihren Lehrer nicht in der Rolle des Vorläufers Jesu gesehen haben, sondern, wie im Mt-Evangelium angedeutet, als den großen endzeitlichen Propheten, der im Judentum bis zum heutigen Tag – etwa im Rahmen des Pascha – erwartet wird: Als wiedergekehrten Elija.

Johannes tritt nach den Zeugnissen am Jordan auf und taufte dort – eine einmalige Buß- oder Umkehrtaufe angesichts des bevorstehenden Endes. Wie dieser Johannes auf die „Idee" zu einer solchen Taufe kam, kann nicht beantwortet werden. Es gibt dazu im Judentum kein Vorbild. Die sog. Mikwe, das jüdische Ritualbad, das sowohl Frauen als auch Männer im Falle der kultischen Unreinheit aufsuchen, kommt jedenfalls nicht in Betracht. Die Mikwe beseitigt die (rituelle/

kultische) Unreinheit, dient aber nicht als Element der Sündenvergebung und ist nicht einmalig. Das Tauchbad kann und muss immer wieder besucht werden. Es sieht daher so aus, als wenn Johannes mit seiner Taufe etwas Neues eingeführt habe. Nur ganz nebenbei, weil dies in diversen Jesusromanen immer wieder behauptet wird, sei gesagt: Mit den Essenern oder den Bewohnern von Qumran mit ihren angeblich *täglichen* rituellen Reinigungen hat Johannes nicht das Geringste zu tun: Johannes tauft nur *einmal*. Auch das Auftreten des Johannes in der Wüste lässt keine Beziehung zu der Siedlung am Toten Meer zu, einer Gegend, die in der damaligen Zeit mit hoher Wahrscheinlichkeit längst nicht so „wüst" war wie heute. Das Leben des Johannes in der Wüste wird zudem aus einem atl. Zitat gewonnen:

> *Mk 1,3 „Stimme eines Rufenden in der Wüste: Bereitet den Weg des Herrn, macht seine Pfade gerade!" 4 Johannes trat auf und taufte in der Wüste und predigte die Taufe der Buße zur Vergebung der Sünden (vgl. Mt 3,3).*

Der Text bezieht sich auf Jes:

> *Jes 40,3 Eine Stimme ruft: In der Wüste bahnt den Weg des HERRN! Ebnet in der Steppe eine Straße für unseren Gott!*

Die hebräische Jes-Vorlage enthält somit eine kleine, aber gewichtige Variante: Die Stimme des Rufers kommt nicht aus der Wüste. Vielmehr geht es darum, in der Wüste einen Weg für den Herrn (oder das Volk Israel) zu bahnen, dort eine Straße anzulegen (vgl. Jes 40,4; 43,19; 57,14; 62,10).Dies ist dem hebräischen Text trotz fehlender Satzzeichen ziemlich eindeutig zu entnehmen, denn es handelt sich um einen parallelismus membrorum. Dies ist eine Satzstruktur, die sich v.a. in poetischer Literatur, d.h. besonders in den Psalmen findet: Die Aussage der ersten Zeile wird in der zweiten inhaltlich ähnlich, jedoch in einer im Wortlaut veränderter Form wiederholt:

> *In der Wüste bahnt den Weg J"s,*
> *Ebnet in der Steppe eine Straße für unseren Gott.*

Durch den Platzwechsel des Verbs (in der Wüste bahnt…Ebnet in der Steppe…) kommt sogar eine chiastische Struktur zum Vorschein, eine X – Stellung der Satzglieder, die nach dem griechischen Buchstaben X (Chi) als Chiasmus bezeichnet wird. Zieht man nun den Text „in der Wüste" zum Vorsatz „eine Stimme ruft", so wird die ganze Figur zerstört.

Das NT macht keinen Hehl daraus, dass Johannes eine ganze Reihe Jünger hatte – die Zahl ist nicht bekannt. Und es verschweigt auch nicht, dass sich Jesus von Johannes taufen ließ, auch wenn sich alle vier Evangelien damit schwertun. Am ehesten wird die Taufe Jesu noch bei Mk, dem ältesten Evangelium, so überliefert, dass die Erzählung dem historischen Geschehen nahekommen dürfte. Bei Mt wehrt sich Johannes und möchte Jesus nicht taufen, weil Jesus höherrangig als er selbst sei. Eigentlich müsste er, Johannes, von Jesus getauft werden, meint er – und nicht umgekehrt. Lk erzählt von der Taufe Jesus lediglich in einem Nebensatz: Das Volk ließ sich taufen – übrigens Jesus auch. So kann man den Vers Lk 3,21 verstehen. Dabei steht bei allen dreien freilich nicht die Taufe an sich, sondern die Geistoffenbarung nach (nicht während!) der Taufe im Zentrum des Geschehens. In der Kunst wird dies zumeist anders dargestellt, wobei zu berücksichtigen ist, dass dabei häufig comicartig verschiedene Szenen für das analphabete Kirchenvolk in einem Bild zusammengestellt werden.

Abb. 8: Leonardo da Vinci: Die Taufe Christi, Galleria degli Uffizi, Florenz

Im Joh-Evangelium schließlich ist im Anschluss an den Prolog zwar von der Taufe des Johannes durchaus noch die Rede – aber dass Jesus getauft worden sei, findet sich dort überhaupt nicht mehr, wohl aber die Geistausgießung auf Jesus (Joh 1,32f). Es ist offensichtlich so, dass die Taufe Jesu durch Johannes mit fortschreitender Überlieferung kleingeredet wird, ehe sie dann im jüngsten Evangelium – des Johannes – überhaupt nicht mehr erwähnt wird. Vor dem Hintergrund des einführenden Prologs in Joh 1 scheint eine Aussage einer Taufe Jesu durch Johannes so gut wie ausgeschlossen.

Über die Synoptiker hinausgehend erzählt das Joh-Ev aber in befremdlicher Weise davon, dass *auch Jesus* getauft habe:

> *Joh 3,22 Danach kamen Jesus und seine Jünger in das Land Judäa, und dort verweilte er mit ihnen* ***und taufte****.*
> *Vgl. Joh 4,1 Als nun der Herr erkannte, daß die Pharisäer gehört hatten, daß* ***Jesus mehr Jünger mache und taufe*** *als Johannes 2 – obgleich Jesus selbst nicht taufte, sondern seine Jünger –*

Dabei steht der Vers Joh 4,2 zu Recht in Gedankenstrichen, denn er hört sich gerade auch nach 3,22 wie eine nachträgliche Entschuldigung an. Gleichwohl steht er in den ältesten griechischen Texten des Neuen Testamens. Der Vers muss demnach schon sehr früh ergänzt worden sein. Warum und worauf hin sollten die Jünger Jesu überhaupt getauft haben? Sie tauften weder auf den Namen des Johannes noch auf den Namen Jesu! Was sollten sie damit beabsichtigen, welcher Weisung Jesu sollten sie folgen, es sei denn es handelt sich dabei um ehemalige Johannesjünger, die merkwürdigerweise die Taufe des Johannes fortsetzten? Dass solche zu Jesus „übergelaufen" seien, erzählt das Joh-Ev durchaus, aber dann bleibt immer noch die Frage, ob Jesu tatsächlich selbst getauft hat. Beide Aussagen, sowohl die Taufe durch Jesus selbst (3,22) wie auch durch seine Jünger (4,1), fehlen in den drei anderen Evangelien. Das kann bedeuten, dass das Joh-Ev keine Ahnung davon hat, ob Jesus in Wirklichkeit jemals getauft hat oder dass Jesus diese Praxis seines Lehrers Johannes des Täufers durchaus aufgegriffen, irgendwann aber einmal aufgegeben hat. Ich bin nicht nur in dieser Frage, sondern auch an anderen divergenten Stellen der Auffassung, dass das Joh-Ev historisch zutreffender erzählt als die drei anderen Evangelien, d.h. Jesus hat getauft. Er hat sich nicht nur von Johannes taufen lassen sondern war einer seiner Jünger, der sich irgendwann aus uns unbekannten Gründen von seinem Lehrer getrennt hat. Die Unterschiede in der Botschaft zwischen Johannes und Jesus mögen von den christlichen Tradenten verschärft worden sein – grundsätzlich aber sind sie vorhanden: Johannes predigt die Notwendigkeit der Umkehr angesichts des bevorstehenden Endes. Vielleicht ist er durchaus – wie Jesus – der Auffassung, dass dieses Ende nahe bevorsteht und die Geschichte in irgendeiner Weise, ob mit oder ohne Gottes Zorngericht, mit dem Anbruch des Reiches Gottes endet. Und dennoch ist die Botschaft Jesu insgesamt eine andere. Davon wird unten noch eingehender die Rede sein.

Trotz der nur im Johannesevangelium bezeugten Tauftätigkeit Jesu ist davon auszugehen, dass die Informationen, Jesu habe selbst getauft, zutreffen. Gerade angesichts der Tatsache, dass dieses Evangelium die Taufe Jesu durch Johannes aus christologischen Gründen *nicht* überliefert, hätte Joh eine solche Aussage sicher liebend gerne ausgelassen, wenn sie nicht auf historisch sicherem Grund stünde.

Freilich lässt sich schon hier einiges über die Gesellschaft zur Zeit des Täufers (und Jesu) ablesen. Wenn bei Lk behauptet wird, dass das „ganze Volk" (3,21; 7,29) sich taufen ließ, dürfte das übertrieben sein. Gleichwohl traut man der Taufe des Johannes eine wie auch immer geartete heilschaffende Wirkung zu – und sie scheint in der Gesellschaft unterschiedlich aufgenommen worden zu sein, wie aus Mk 11,30f-32 und den Parralellerzählungen bei Mt und Lk hervorgeht. Jesus fragt die Mitglieder der jüdischen Obrigkeit, die von ihm wissen wollen, in welcher Vollmacht er selbst auftrete:

> *War die Taufe des Johannes vom Himmel oder von Menschen? Antwortet mir! 31 Und sie überlegten miteinander und sprachen: Wenn wir sagen: vom Himmel, so wird er sagen: Warum habt ihr ihm denn nicht geglaubt? 32 Sollen wir aber sagen: von Menschen? Sie fürchteten das Volk. Denn alle meinten, daß Johannes wirklich ein Prophet sei.*

Es steht zu vermuten, dass die Menschen jener Zeit höchst verunsichert waren. Johannes und Jesus waren ja nicht die einzigen Wanderprediger dieser Zeit und es gab, so Josephus Flavius, immer wieder Gestalten, die sich als „Messias", als endzeitlicher Elias, als wiedergekehrter Mose u.a. verstanden und ausgaben und dabei darauf bauen konnten, eine Gefolgschaft zu gewinnen. Einige dieser Gestalten sind auch im NT genannt (Apg 5,36; 21,38). Die Erwartung eines Endes brachte die ganze Geschichte in unheilvolle Schwingungen und sowohl die Tempelaristokratie der Juden wie auch die herodianische und die sich anschließende römische Staatsgewalt achteten sehr darauf, was sich jeweils zusammenzubrauen schien. Jeder, der auch nur die Spur eines Verdachts auf Umsturz in sich trug, wurde gewaltsam beseitigt. Dabei machte man kaum einen Unterschied zwischen einem religiösen und einem politischen Aufruhr, besser gesagt: diesen Unterschied gab es gar nicht. Die rechte (im Sinne von richtige) Gottesverehrung garantierte die Sicherheit von Staat und Volk. Daran war zum einen dem Hohepriester, zum anderen aber auch dem politisch Verantwortlichen gelegen. Um diese Gottesverehrung zu gewährleisten, bedurfte es nicht nur der Priester, sondern auch des Tempels sowie des theologischen Überbaus eines entsprechenden Gottesbildes: Es war notwendig, an einen Gott zu glauben, der den Gerechten mit seiner Gnade und Zuwendung belohnt und den Frevler bestraft (Ps 1; 32.10; 62,3) – hatte man doch erfahren, wohin es führt, wenn das Volk in dauerndem Vergehen verhaftet bleibt: Das Ergebnis war das Gericht in Form des Exils. Neben dieser theologischen Sichtweise gab es zwar durchaus auch andere, die von einer bleibenden Zuwendung Gottes zu seinem Volk ausging, aber die erstgenannte existierte eben auch, wie nicht nur die Bücher von Josua bis 2Könige zeigen, sondern auch die beiden Bücher der Chronik. Daraus folgt, dass sich alle darum bemühen mussten, sich vor den Taten der Ungerechten zu hüten bzw. den Status der Ungerechtigkeit wieder loszuwerden. Um dies zu bewerkstelligen gab es den Opferdienst am Tempel, und ein Blick ins AT zeigt, welch vielfältiges Sortiment an Opfern zur Verfügung stand: Sünd- und Schuldopfer, Versöhnungs- Heils- und Dankopfer, Reinigungsopfer, Erstlingsopfer u.a., die man auch nach Darbringungsart noch differenzieren kann (Speiseopfer, Trankopfer, Schlacht- und Brandopfer, Rauch- und Feueropfer u.a.). Sollte etwa die einfache Taufe des Johannes im Jordan genügen, um seine Schuld loszuwerden? Was geschähe dann mit dem Tempel und seinem ganzen Betrieb, was mit der Priesteraristokratie, welche die Bevölkerung „im Griff" behielt? Johannes hat mit seiner Botschaft scheinbar nicht nur die Axt an die Wurzeln (Mt 3,10; Lk 3,9), sondern auch die Lunte ans Pulverfass gelegt. Er musste also verschwinden. Entgegen der Darstellung der Evangelien, in denen Johannes aufgrund eines leichtfertigen Schwurs des Herodes an eine Frau hingerichtet wird (Mk 6 parr), berichtet Josephus davon, dass es Johannes gelang, das Volk zu mobilisieren und er damit zu einem potentiellen Aufrührer wurde.

Manche Juden waren übrigens der Ansicht, der Untergang der Streitmacht des Herodes Antipas sei nur dem Zorne Gottes zuzuschreiben, der für die Tötung Johannes' des Täufers die gerechte Strafe gefordert habe [Herodes führte Krieg gegen die Nabatäer, weil deren König es sich nicht bieten ließ, dass Herodes sich von seiner Frau, der Tochter des Nabatäers, einfach trennte und sie wieder nach Hause schickte; s. u.]:

> *Den letzteren nämlich hatte Herodes hinrichten lassen, obwohl er ein edler Mann war, der die Juden anhielt, nach Vollkommenheit zu streben, indem er sie ermahn-*

te, Gerechtigkeit gegeneinander und Frömmigkeit gegen Gott zu üben und so zur Taufe zu kommen. Dann werde, verkündigte er, die Taufe Gott angenehm sein, weil sie dieselbe nur zur Heiligung des Leibes, nicht aber zur Sühne für ihre Sünden anwendeten; die Seele nämlich sei dann ja schon vorher durch ein gerechtes Leben entsündigt. Da nun infolge der wunderbaren Anziehungskraft solcher Reden eine gewaltige Menschenmenge zu Johannes strömte, fürchtete Herodes, das Ansehen des Mannes, dessen Rat allgemein befolgt zu werden schien, möchte das Volk zum Aufruhr treiben, und hielt es daher für besser, ihn rechtzeitig aus dem Wege zu räumen, als beim Eintritt einer Wendung der Dinge in Gefahr zu geraten und dann, wenn es zu spät sein [sic], Reue empfinden zu müssen. Auf diesen Verdacht hin ließ also Herodes den Johannes in Ketten legen, in die Festung Machaerus bringen, die ich oben erwähnte, und dort hinrichten. Sein Tod aber war, wie gesagt, nach der Überzeugung der Juden die Ursache, weshalb des Herodes Heer aufgerieben worden war, da Gott in seinem Zorn diese Strafe über den Tetrarchen verhängt habe. Flavius Josephus: Antiquitates Judaicae XVIII 5,2 §116-119 (http://www.uni-siegen.de/phil/kaththeo/antiketexte/ausser/2.html?lang=de; 10.10.2016)

Es wird sich zeigen, dass sich die Botschaft Jesu von der des Johannes unterscheidet, letzten Endes aber in eine ähnliche Stoßrichtung geht.

Zusammenfassung

Johannes, der Täufer, wie er genannt wird, ist allseits bekannt als der Vorläufer Jesu, der Prophet, der Jesus vorausgeht, mit Beginn der eigenständigen Predigt Jesu jedoch in den Hintergrund tritt bzw. von Herodes hingerichtet wird. Vor Beginn des öffentlichen Auftretens Jesu lässt sich auch dieser von Johannes mit der Taufe der Umkehr taufen. Es ist kaum verwunderlich, dass sich die Evangelien schwer damit tun, dass sich Jesus von seinem Vorläufer taufen lässt. Nur im ältesten Evangelium, dem des Mk, wird dieses Ereignis noch relativ unbefangen erzählt. Bei Mt kommt es zu einem Disput zwischen Johannes und Jesus, weil sich Johannes seiner „Unterlegenheit" gegenüber Jesus sehr wohl bewusst ist. Bei Lk wird die Taufe Jesu nur in einem Nebensatz genannt; im Vordergrund steht die Geistesgabe. Bei Johannes schließen sich einige Johannesjünger Jesus, an und taufen offensichtlich weiterhin. Es heißt hier sogar, Jesus habe selbst getauft.

Demgegenüber hat sich Johannes wahrscheinlich nicht als Vorläufer Jesu sondern als der endzeitliche Prophet, vielleicht als Elias verstanden. Die Verknüpfung mit Jesus ist das Werk der frühchristlichen Überlieferung. Er stirbt vermutlich um 35 n. Chr. und damit einige Jahre nach Jesus.

6. Was sagt das NT zum Beginn der öffentlichen Wirksamkeit Jesu?

Die ersten drei Evangelien erzählen, Jesus habe sich unmittelbar nach der Taufe durch Johannes „in die Wüste“ begeben. Ob er da in den Jordangraben zum Toten Meer zog, in das Bergland von Juda oder in den Sinai ging, sagen die Texte nicht. Darum geht es auch gar nicht, denn schon vom Alten Testament her wird „die Wüste“ als Ort der besonderen Gottesunmittelbarkeit gesehen. Während die ersten fünf Bücher des AT, Pentateuch oder auch fünf Bücher Mose genannt, davon erzählen, dass der arme Mose seine rechte Last mit dem „störrischen und widerspenstigen Volk“ hatte, weil die dort zur Verfügung stehenden Nahrungsmittel nicht gefielen, das Wasser nicht reichte, Mose zu lange auf dem Gottesberg blieb und überhaupt das Volk aus Ägypten herausgeführt hatte, sieht der Prophet Hosea in der Wüste den Ort der Bewährung. Er führt aus, dass Gott sein Volk noch einmal in die Wüste führen würde, denn dort gab es keine anderen Götter, zu denen man abfallen konnte. Aus der Wüste würde Gott sich seinem Volk erneut verbinden und es in sein verheißenes Land führen. Für ihn ist die Wüste daher nicht nur ein Ort der Prüfung, sondern auch ein Ort des Heils und der Gottesnähe. Auch der Prophet Elija wird in die Wüste geführt, um dort Gott zu begegnen. Und so ist es auch gar nicht erstaunlich, dass Messiasaspiranten zur Zeit Jesu „das Volk“ von der Wüste her erneut ins Land führen wollen, wie bei Hosea angekündigt.

Von Jesus heißt es nun, „der Geist“ habe ihn 40 Tage in die Wüste geführt (Lk 4,1), und nachdem dies nach der Taufe geschieht, muss es wohl der Heilige Geist sein, den Jesus unmittelbar zuvor empfangen hat. Die Tatsache, dass Lk in der Geburts- und Kindheitsgeschichte erzählt, Jesus sei aus dem Geist geboren – man sollte meinen, dass er dauerhaft über ihn verfügt – stellt für Lk offensichtlich kein Problem dar. Die Zeit in der Wüste verbringt Jesus mit Fasten. Nach dieser Zeit, so sagt zumindest Lk ausdrücklich – wird er vom Teufel, dem Diabolos, versucht, der ihm drei sehr verlockende Angebote macht: Jesus könne doch aus den Steinen vor ihm Brot machen, um seinen Hunger zu stillen. Er könne aber auch Herr über alle Reiche der Erde werden, so das Angebot des Versuchers, der behauptet, er sei Herr über die Welt und sei in der Lage, die

Abb. 9: Wüste im Wadi Rum, Jordanien, mit einer Orobanche, einem parasitären Sommerwurz-Gewächs

Herrschaft an jeden beliebigen Menschen zu übergeben. Das dritte Angebot zielt darauf ab, über die himmlischen Kräfte zu regieren und sie bei Bedarf heranzuziehen. Jesus lehnt alle drei Angebote ab und macht damit dem Leser deutlich, dass seine Botschaft und seine Herrschaft auf andere Dinge zielen als auf die „weltlichen" Offerten des Teufels.

Als Jesus dann laut Lk 19,40 in Jerusalem einzieht und die Menschen ihn mit freudigen Zurufen empfangen, fordern die Pharisäer von ihm, er solle die Menge zum Schweigen bringen. Es ist kaum ein Zufall, wenn Jesus in dieser Situation sagt: Wenn diese schweigen, werden die Steine schreien. Ebenso wenig Zufall ist es, wenn Lk in 9,26 schreibt:

> *Denn wer sich meiner und meiner Worte schämt, dessen wird der Sohn des Menschen sich schämen, wenn er kommen wird in seiner Herrlichkeit und der des Vaters und der heiligen Engel.*

Natürlich stehen dem erhöhten Jesus, dem Menschensohn, die Engel zu, aber nicht um ein weltliches Reich hier aufzubauen. Wenn Lk behauptet, der Satan habe Macht über die Reiche der Welt, kann darin eine grundsätzliche Kritik an den Mächtigen gesehen werden, die sich in der Geburtsgeschichte konkret gegen Augustus richtet:

> *vgl. auch Apg 4,25f: ...der du durch den Heiligen Geist durch den Mund unseres Vaters, deines Knechtes David, gesagt hast: „Warum tobten die Nationen und sannen Eitles die Völker? Die Könige der Erde standen auf und die Fürsten versammelten sich gegen den Herrn und seinen Gesalbten.*

Wie hat man sich eigentlich die Versuchung Jesu am Ende der 40 Tage vorzustellen, die angesichts der Bedeutung der 40 im AT und NT kaum wörtlich zu nehmen sind? Kommt da der Teufel mal kurz auf einen Sprung bei Jesus vorbei, um ihm die drei Angebote vorzulegen? Kommt er als Person, Mann oder Frau, als Drache oder Schlange, mit Hörnern, Schwanz und Bocksfuß, oder gar als Jäger, wie in so manchen deutschen Märchen? Der Text sagt uns – selbstverständlich – nichts dazu und so sollten wir uns auch nichts ausmalen.

Die Versuchungen sind derart dargestellt, dass dem Leser des Textes gesagt wird: Selbstverständlich wäre Jesus dazu in der Lage, die Angebote des Teufels anzunehmen bzw. durchzuführen. Er würde sich aber dadurch mit ihm auf eine Stufe begeben bzw. sich sogar unterwerfen, indem er dessen Versuchungen nachgibt.

Es ist dabei anzumerken, dass zumindest für Lk kein Bedeutungsunterschied zwischen Satan und Teufel besteht (Böcher, Teufel III, 118).

Zusammenfassung

Das öffentliche Auftreten Jesu beginnt mit bzw. im Anschluss an die Taufe Jesu im Jordan. Es ist dies die Umkehrtaufe des Johannes. Daher ist davon auszugehen, dass Jesus zumindest mit der Botschaft des Täufers sympathisierte, ja vielleicht ursprünglich selbst Johannesanhänger war. Im Anschluss an die Taufe, so Mk, Mt und Lk, hält sich Jesus 40 Tage in der Wüste, dem Ort der Gottesnähe auf. Erst im Anschluss daran beginnt Jesus damit, in der Öffentlichkeit seine Botschaft von der unmittelbar im Anbruch befindlichen Königsherrschaft Gottes zu predigen, die im Gegensatz zu Johannes nicht mit einem Strafgericht einsetzt, sondern die Liebe Gottes zu (jedem) Menschen erkennen lässt. Insbesondere bei Lk wird deutlich, dass die Macht des Satans in der Zeit Jesu zumindest zeitweise gebrochen wird.

Schlange, Tod und Teufel – ein Exkurs

Teufel und Satan sind ursprünglich keineswegs ein- und dasselbe. Der Satan als personifiziertes himmlisches Wesen – sofern derartige Wesen überhaupt „Person" sein können – ist ein recht junges „Produkt" der Glaubensüberlieferung und findet sich in Num 22,22; Ijob Kap 1 und 2; Sach 3,1-7 und 1Chr 21,1, also in Büchern der nachexilischen Zeit. Zweimal kommt er dabei ausdrücklich in der Funktion des himmlischen „Generalstaatsanwaltes", also des Anklägers, vor.

In Ijob tritt der Satan zusammen mit den „Göttersöhnen" auf und es kommt zu einem Dialog zwischen Gott und dem Satan. Gott preist die Frömmigkeit des Ijob vor dem Satan. Dieser gibt zur Antwort, dass ein Mensch gut fromm sein kann, wenn es ihm so gut geht wie Ijob. *2,5 Strecke jedoch nur einmal deine Hand aus und taste sein Gebein und sein Fleisch an, ob er dir nicht ins Angesicht flucht!* Der Satan erhält daraufhin von Gott die Erlaubnis, Ijob zu prüfen, ihn mit Armut, Leid und Krankheit zu überziehen, um seine Frömmigkeit zu testen. Um es kurz zu machen: Ijob besteht den Test, er wendet sich nicht gegen Gott und wird daraufhin von Gott gesegnet. Als himmlischer Ankläger findet sich der Satan auch in Sach 3,1-2:

> *Und er ließ mich den Hohenpriester Joschua sehen, der vor dem Engel des HERRN stand; und der Satan stand zu seiner Rechten, um ihn anzuklagen. 2 Und der HERR sprach zum Satan: Der HERR wird dich bedrohen, Satan! Ja, der HERR, der Jerusalem erwählt hat, bedroht dich! Ist dieser nicht ein Holzscheit, das aus dem Feuer herausgerissen ist? 3 Und Joschua war mit schmutzigen Kleidern bekleidet und stand vor dem Engel...*

Die weitere Geschichte aus Sach soll hier nicht weiter erörtert werden, aber Ijob und Sach ist gemeinsam, dass der Satan offensichtlich vor dem himmlischen Thronrat steht und bestimmte Menschen verklagt. In 1Chr 21,1 tritt der Satan weniger als Ankläger, sondern eher als der Versucher auf. Er ist es, der David dazu aufhetzt, sein Volk zu zählen und damit Schuld auf sich zu laden und dies gegen den Rat Joabs, des Verwandten und obersten Generals von David. Offensichtlich diente die Volkszählung militärischen Zwecken: Es sollte vermutlich die Anzahl der wehrfähigen Männer festgestellt werden. In der entsprechenden Stelle in 2Sam 24,1, der im Vergleich zu den Chronikbüchern älteren Schrift, ist es dagegen der Zorn Gottes, der David dazu verleitet, das Volk zu zählen. Nun mag man sich die Frage stellen, was an diesem Vorhaben widergöttlich sein könnte. Zwei Gründe müssen genannt werden: Zum einen tangiert eine Zählung die Verheißung Gottes an Abraham, er werde Abrahams Nachkommen so zahlreich machen wie die Sterne am Himmel und der Sand am Ufer des Meeres. Dies durch Zählung zu überprüfen kann als fehlendes Vertrauen in Gottes Verheißung aufgefasst werden. Ein zweiter Grund kann darin gesehen werden, dass gemäß 1Sam 8 das Volk einen (menschlichen) König über sich setzen will und die Königsherrschaft Gottes damit ablehnt. Wenn jedoch Gott der (wahre) König über Israel ist, kommt es nur ihm zu, die Anzahl seiner Untertanen zu wissen. David maßt sich durch die Zählung einen Rang an, der ihm nicht zukommt.

Die Etymologie, also die Herkunft des Wortes „Satan“, ist umstritten. Es könnte eine semitische Sprachwurzel zugrunde liegen, aber dies ist nicht restlos zu klären. Die Funktion als Chefankläger findet sich im persischen Großreich: Die persischen Großkönige ließen ihr Gebiet von Satrapen, von „Kleinkönigen“ bzw. Statthaltern oder Gouverneuren, verwalten, die dem König rechenschaftspflichtig waren. Die Überprüfung der Satrapien oblag einem Vertrauten des Königs, der ggf. die Statthalter vor dem König verklagte.

Wie es zur Einführung des Satans als *eigene* Gestalt kommt, kann nur vermutet werden. Es ist zu beobachten, dass im AT, zumindest stellenweise, Gott im Kontext negativer Ereignisse „entlastet“ werden soll. Während in 2Sam 8 Gott selbst König David dazu veranlasst, die Volkszählung vorzunehmen, wird in dem jüngeren Buch 1Chr der Satan zur eigentlichen Ursache von Davids Vergehen.

Auch beim Exodus ist es zunächst Gott selbst, der an den mit Blut markierten Häusern der Israeliten vorbeigeht und diese nicht heimsucht (Ex 12,12f.29). In Ex 12,23 jedoch heißt es:

> *Und der HERR wird durch das Land gehen, um die Ägypter zu schlagen. Sieht er dann das Blut an der Oberschwelle und an den beiden Türpfosten, wird der HERR an der Tür vorübergehen und wird **dem Verderber** nicht erlauben, in eure Häuser zu kommen, euch zu schlagen.*

An dieser Stelle wird zwischen dem „Herrn“ und einem nicht näher spezifizierten „Verderber“ unterschieden, welcher der eigentliche Totschläger der ägyptischen Erstgeborenen ist. Es gibt also ganz offensichtlich die Tendenz, Gott von Verantwortung freizusprechen und diese auf irgendwelche Gestalten abzuwälzen: In Ijob ist es, wie gesehen, der Satan, der Ijob ins Unglück stürzt – freilich mit ausdrücklicher Billigung Gottes, der den Satan jederzeit unter Kontrolle hat. Im Laufe der Zeit wird der Satan nicht nur zum Widersacher des Menschen, sondern auch zum Gegner Gottes. Satan synonym zu der Gestalt des Teufels, des diabolos zu verwenden, dürfte in der LXX, der Septuaginta seinen Grund haben, die „Satan“ fast durchgängig mit „diabolos“ übersetzt.

Einige Faktoren sollen hier noch einmal eigens betont werden:
- Der Satan ist nicht ursprünglich der Widersacher Gottes.
- Er spielt im AT keine besondere Rolle und kommt nur wenige Male vor.
- Obwohl der Satan Gott gegenübersteht, verbleibt – wie bei Ijob – die Verantwortung für das negative Geschehen bei Gott, der dem Satan ausdrücklich die Erlaubnis gibt, Ijob zu testen.
- Die Identifikation des Satans mit dem Diabolos wird vermutlich durch die Septuaginta vermittelt.

Man muss also festhalten, dass die Gestalt des Satan nicht dazu dienen kann, Gott von der letzten Verantwortung freizusprechen, es sei denn, man legt die Idee des Dualismus zugrunde: Gott und Satan sind grundsätzlich gleich stark und ringen im Einzelfall um die Vorherrschaft: Mal gewinnt der Satan, dann geht die Geschichte böse aus, mal gewinnt Gott und dies wirkt sich positiv aus. Ein solches Gottesbild ist freilich weder ein Jüdisches noch ein Christliches.

Die weitere Entwicklung der Gestalt des Satans wie auch des dann synonym verwendeten Teufels geschieht in der Zeit des Frühjudentums und wird über das NT ins christliche Denken aufgenommen. Erst hier werden in Offb 12,9 Satan, Teufel und „die alte Schlange" synonym gesetzt und damit die Schlange im Garten Eden (vgl. 2Kor 11,3) zum Teufel gemacht. Etwa ab der Renaissance erscheint die Schlange mit einem menschlichen Gesicht oder mit einem Teufelskopf.

Abb. 10: Michelangelo: Sündenfall und Vertreibung aus dem Paradies, Fresko in der Sixtinischen Kapelle

Besonders ausführlich wird die „Entstehung" des Satans u.a. in jenem Teil des äthiopischen Henochbuches erzählt, der als angelogisches Buch oder Buch der Wächter (äthHen 1-36) bezeichnet wird. Dort wird davon erzählt, dass sich Engel Menschenfrauen nahmen (vgl. Gen 6,2) und mit ihnen Kinder zeugten. Zudem bringen sie den Menschen auch noch eine ganze Reihe von Künsten und Fähigkeiten bei, wie z.B. den Frauen den Gebrauch von Schminkutensilien (s.u.). Als Strafe für diese Vergehen werden sie aus dem Himmel verstoßen.

In unterschiedlichen Traditionen werden freilich auch noch andere Gründe genannt, weswegen ein Teil der Engel bestraft wird. Da ist davon die Rede, dass eine Gruppe von Engeln, ausgestattet mit freiem Willen, wie Gott sein wollte und es deshalb im Himmel zu einem Kampf zwischen diesen Engeln auf der einen Seite und dem Erzengel Michael (Michael = Wer [ist] wie El/Gott) und seinen Streitkräften auf der anderen Seite kommt. Wieder ein anderer Grund, der für den Engelssturz genannt wird, ist die Forderung Gottes an die Engel, die von ihm erschaffenen Menschen zu verehren (Merk, Leben Adams und Evas). Ein Teil der Engel weigert sich, dieser Forderung nachzukommen, weil sie selbst Geist seien, die Menschen dagegen „nur" oder „auch" Fleisch/Materie. Der Geist aber, so ist daraus zu folgern, ist höherwertig als das Fleisch.

Die umfangreichste kanonische christliche Schrift, die sich mit dem Satan/Teufel beschäftigt, ist die Offenbarung des Johannes, in welcher der Teufel als Drache beschrieben wird, der wiederum anderen phantastischen Tieren (römisches Reich und deren Götter bzw. die Priester derselben) Macht und Leben verleiht.

Ein eigenes Problem im Kontext der Frage nach der Herkunft und Darstellung des Satans stellt die Schlange dar. Blicken wir in die Genesis, so finden wir grundsätzlich einige – sagen wir einmal außergewöhnliche – Aussagen:

- Zwei gänzlich verschiedene Schöpfungserzählungen
- einen Turm, der bis in den Himmel reicht
- eine Flut, die sämtliche Berge der Erde unter Wasser setzt und nicht zuletzt
- eine Frucht, die klug machen soll
- eine sprechende Schlange.

Dabei wissen wir doch alle: Sprechende Schlangen gibt es nicht. Aber wer weiß – vielleicht konnten im Paradies ursprünglich auch einmal die Tiere sprechen. Eine Fabel ist die Geschichte um Eva, Adam und die verbotene Frucht allerdings auch nicht so recht, denn in der Fabel können Tiere zwar sprechen und verhalten sich bisweilen auch wie Menschen, aber für eine Fabel fehlt der lehrhafte Charakter der Erzählung. Wie dem auch sei: Die Wirkungsgeschichte dieser Erzählung ist gewaltig. Damit wurde neben der untergeordneten Stellung der Frau gegenüber dem Mann auch die Bein- und Fußlosigkeit der Schlange begründet. Das Christentum hat das durchaus auch so gesehen, wie 1Tim 2,14 zeigt:

> *Und nicht Adam wurde verführt, sondern die Frau [noch nicht einmal ihr Name wird genannt!] ließ sich verführen und fiel in Übertretung.*

Auch die Schlange kommt bei dieser Angelegenheit schlecht weg, und darüber sollte man einmal etwas nachdenken und dazu die Fragen stellen:

Warum spricht man überhaupt vom Sündenfall? Wäre der Mensch ein Mensch, ohne zwischen Gut und Böse unterscheiden zu können? Das Leben wäre leichter, gewiss, es gäbe keine falsche Entscheidung und damit auch keine Gewissensbisse; es gäbe keine Entscheidungen, in denen man zwischen Pest und Cholera wählen müsste, aber: Der Mensch wäre auch unfrei! Man kann sicher die Frage stellen: Wollte Gott tatsächlich einen unfreien Menschen? Gerade die Katholiken legen doch – nicht nur, aber auch im Kontext von Sünde und Verantwortung – einen Akzent auf die Freiheit des Menschen! Der Vorteil wäre gewesen: Wir wären für immer in der Geborgenheit Gottes.

Auf ein kleines Paradoxon der Erzählung möchte ich noch hinweisen:

Schon vor dem Genuss der Frucht hat der Mensch die Wahl: Er unterscheidet bereits zwischen der Möglichkeit zu essen oder es sein zu lassen. Er hat schon die Möglichkeit zwischen Gut (dem Gehorsam gegenüber Gott) und Böse (der Übertretung) zu unterscheiden. Wäre dies anders, dann könnte man nicht von einem Vergehen sprechen, denn dieses setzt ja klare Erkenntnis und Wahlfreiheit voraus. Und ein zweites: Es wird zumindest in der Erzählung nicht restlos deutlich, ob sich der Mensch darüber im Klaren war, *wozu* er sich da entscheidet – auch aus diesem Grund wird es schwierig, von einem Vergehen zu reden.

Aber nun zu dem Vorfall, der angeblichen Verführung und dem Genuss der Frucht:

> *Gen 3,1 Und die Schlange war listiger [diese Übersetzung ist schon wertend! Das Wort ʿarum bedeutet auch völlig wertneutral: klüger] als alle Tiere des Feldes, die Gott, der HERR, gemacht hatte; und sie sprach zu der Frau: Hat Gott wirklich gesagt: Von allen Bäumen des Gartens dürft ihr nicht essen? 2 Da sagte die Frau zur Schlange: Von den Früchten der Bäume des Gartens essen wir; 3 aber von den Früchten des Baumes, der in der Mitte des Gartens steht, hat Gott gesagt: Ihr sollt nicht davon essen und sollt sie nicht berühren, damit ihr nicht sterbt! 4 Da sagte die Schlange zur Frau: Keineswegs werdet ihr sterben! 5 Sondern Gott weiß, daß an dem Tag, da ihr davon eßt, eure Augen aufgetan werden und ihr sein werdet wie Gott, erkennend Gutes und Böses.*

Man darf jetzt nicht fragen, woher die Schlange von dem Verbot Gottes weiß. Man darf auch nicht fragen, woher Eva das weiß, denn als Gott dieses Verbot ausgesprochen hat, existierte sie noch nicht. Harmonisiert man die Stelle, so wird man sicher die Antwort erhalten: Das hat ihr Adam erzählt. Aber zunächst haben wir hier eine der vielen Leerstellen der Schrift vor uns. Lassen wir diese also einmal außen vor.

Die Schlange übertreibt, und das ist jetzt in der Tat listig, denn damit steigen natürlich Lust und Begierde auf die Frucht des einen Baumes, von dem nicht gegessen werden darf: Dürft ihr wirklich von keinem Baum essen?

Die Frau übertreibt aber auch:

> *Die Früchte des Baumes in der Mitte des Gartens dürfen wir noch nicht einmal berühren*

– Niemand hat das gesagt. Und jetzt kommt der entscheidende Satz der Schlange:

Da sagte die Schlange zur Frau: Keineswegs werdet ihr sterben! 5 Sondern Gott weiß, daß an dem Tag, da ihr davon eßt, eure Augen aufgetan werden und ihr sein werdet wie Gott, erkennend Gutes und Böses

Die Frau isst davon, gibt dem Mann, der auch isst – und es trifft *genau das* ein, was die Schlange gesagt hat:

1. Die Augen werden aufgetan und der Mensch erkennt Gut und Böse und gleicht diesbezüglich Gott

2. Der Mensch *stirbt nicht* unmittelbar nach dem Genuss der Frucht. Unsterblich wäre er im Übrigen ohnedies ja nur dann, wenn er auch noch vom Baum des Lebens gegessen hätte. Das verwehrt ihm Gott, indem er ihn aus dem Garten vertreibt:

Gen 3,22 Dann sprach Gott, der Herr: Seht, der Mensch ist geworden wie wir; er erkennt Gut und Böse. Daß er jetzt nicht die Hand ausstreckt, auch vom Baum des Lebens nimmt, davon ißt und ewig lebt! 23 Gott, der Herr, schickte ihn aus dem Garten von Eden weg, damit er den Ackerboden bestellte, von dem er genommen war. 24 Er vertrieb den Menschen...

Zurück zur Frau, die von Gott zur Rechenschaft gezogen wird:

Gen 3,13 Und Gott, der HERR, sprach zur Frau: Was hast du da getan! Und die Frau sagte: Die Schlange hat mich getäuscht, da aß ich.

Hat die Schlange das wirklich? Sie spricht die Wahrheit und nichts als die Wahrheit – also hat die Frau gelogen! Und trotzdem wird die Schlange bestraft, trotzdem wird die Aussage der Frau, auch vermittelt durch das Frühjudentum, in die christliche Tradition aufgenommen:

2Kor 11,3 Ich fürchte aber, daß, wie die Schlange Eva durch ihre List verführte, so vielleicht euer Sinn von der Einfalt und Lauterkeit Christus gegenüber abgewandt und verdorben wird.

Doch warum hat die Frau nun tatsächlich gegessen? Ganz einfach: weil die Früchte so lecker aussahen, und nicht wegen der Schlange:

Gen 3,6 Und die Frau sah, daß der Baum gut zur Speise und daß er eine Lust für die Augen und daß der Baum begehrenswert war, Einsicht zu geben; und sie nahm von seiner Frucht und aß, und sie gab auch ihrem Mann bei ihr, und er aß.

Die Frage, warum man hier überhaupt eine schlaue Schlange aufbietet und ihr außerdem auch noch Schuld zuweist, mag u.a. darin begründet sein, dass die meisten Menschen Angst vor Schlangen haben (Herpetophobie). Viel wahrscheinlicher ist jedoch, dass Schlangen in der Umwelt des Alten Testaments göttliche Verehrung erfuhren und dies dem jüdischen Monotheismus zuwiderlief. Die Verehrung der Schlange ist beispielsweise an der Krone des ägyptischen Herrschers nachzuweisen, an der sich eine aufgerichtete Kobra dem Gegenüber entgegenstreckt.

Auch die Verehrung der bronzenen Schlange, die Mose auf dem Pfosten in der Wüste aufgerichtet hat und die dann durch Hiskija im Zuge einer Kultreinigung zerstört wurde ist, ein Rätsel:

> *2Kön 18,4 Er [Hiskija] beseitigte die Höhen [auf Hügeln gelegene Kultstätten] und zertrümmerte die Gedenksteine und rottete die Aschera [weibliche Gottheit, neben J"] aus und schlug die eherne Schlange, die Mose gemacht hatte, in Stücke. Denn bis zu jenen Tagen hatten die Söhne Israel ihr Rauchopfer dargebracht, und man nannte sie Nehuschtan.*

Ist das nicht merkwürdig? Die Schlange, die von *Mose* auf *Gottes Anordnung* geschaffen wird, zerstört König Hiskija – plötzlich einfach so? Wie kann er es wagen, einen solchen göttlich sanktionierten Gegenstand zu zerstören? Das ist ja fast so, als würde man die beiden Steintafeln zerschlagen! Ein paar Möglichkeiten seien angedacht:

Entweder, die Schlange auf der Stange ist alt und geht auf die Wüstenzeit zurück – das ist nebenbei gesagt, sehr unwahrscheinlich – doch zur Zeit des Hiskija konnte kein Mensch mehr mit dieser Schlange etwas anfangen, also: Weg damit!

Oder: Im Laufe der Zeit hat sich, bis in die Zeit des Hiskija, ein Schlangenkult ausgebildet, dem Hiskija im Kontext des Versuchs, den Monotheismus durchzusetzen, begegnen will.

Oder: Hiskija nimmt das Bilderverbot ernst und beseitigt die Schlange, ob nun von Mose stammend oder nicht.

Oder: Der Schlangenkult wurde kurz vor Hiskija z.B. durch die Assyrer eingeschleppt oder angeordnet und Hiskija vernichtet die Schlange zum Beweis seiner (politischen und kultischen) Souveränität.

Wie auch immer: Israel tut sich mit Schlangen schwer – und so muss eben diese Tiergattung auch für die sog. Ursünde des Menschen herhalten. Die Tradition macht aus dem Tier einen satanischen Drachen bzw. völlig undifferenziert den Satan und den Teufel:

> *Offb 12,9 Und es wurde geworfen der große Drache, die alte Schlange, der Teufel und Satan genannt wird, der den ganzen Erdkreis verführt, geworfen wurde er auf die Erde, und seine Engel wurden mit ihm geworfen.*

Bezüglich des hier vorliegenden Gottesbilds sei in diesem Kontext auf den Turmbau zu Babel verwiesen: Dort verwirrt und zerstreut Gott die Menschen, weil diese einen Turm bis zum Himmel bauen wollen und Gott es nicht mag, wenn man in sein Wohnzimmer schauen kann. Auch im Garten Eden ist es ein merkwürdiger, sehr anthropomorph, d.h. menschlich gezeichneter Gott, der in seinem Garten spazieren geht und der seine Privilegien eifersüchtig hütet. Die Menschen werden ja, wie gesagt, aus dem Garten vertrieben, damit sie nicht auch noch in einem anderen Punkt gottgleich werden, nämlich in der Unsterblichkeit.

Wenn man nun glaubt, man müsse die Schlange und den Genuss der Frucht auf jeden Fall behalten, um von der Ursünde oder Erbsünde sprechen zu können, so möchte ich hier eine Alternative anbieten: Unser Problem als Mensch ist unser Bewusstsein, das uns über Alternativen reflektieren lässt – und uns auch klar vor Augen stellt, dass wir sterblich sind. Adam und Eva waren nicht unsterblich – sie haben lediglich nicht gewusst, dass sie sterblich sind und haben damit völlig unbefangen gelebt – ganz in der Geborgenheit Gottes – bis zum Tage, da sie gut (Leben) und Böse (den Tod) erkennen.

Ob der Erwerb des Bewusstseins etwas Negatives ist, das Gott missfällt, ist dann gleich die nächste Frage. Bei all dem darf schließlich nicht unberücksichtigt bleiben, dass es sich bei der angeblich aus der Ursünde erwachsenden Mühsal des Menschen um ätiologische Erzählungen handelt: Der Mensch weiß um seine Beschwerden und sucht einen Grund dafür. Dieser Grund wird in der zum frühest möglichen Zeitpunkt nach der Erschaffung des Menschen begangenen Tat des Menschen gesehen.

Schließlich: Wenn vom Teufel als „Person" die Rede ist, sollte grundsätzlich erst einmal eine Klärung des Personenbegriffs für die heutige Zeit vorgenommen werden. Dies kann und soll hier nicht geleistet werden. Der ursprüngliche Personenbegriff enthält insofern einen richtigen Gedanken, weil der Begriff „persona" – so eine mögliche Interpretation – ursprünglich die Maske des Schauspielers bezeichnet, durch die seine Stimme tönt (per-sonare: hindurchtönen). Der Schau-

Abb. 11: Hieronymus Bosch: Die Hölle, Detail

spieler selbst tritt nur mit Maske auf und ist somit nicht zu sehen. Wer oder was hinter der Maske ist, bleibt also verborgen.

Auch zum damaligen Weltbild sind einige Sätze erforderlich: Der Satan, der vom Himmel gefallen ist, treibt nunmehr sein Unwesen im Zwischenbereich zwischen Himmel und Erde und auch auf der Erde. Zumindest laut Lukas kann er dabei auf Helfershelfer zurückgreifen, die seine Macht stärken. Es sind Dämonen, unreine Geister, Schlangen und Skorpione (Lk 10,19), die allesamt in seinen Machtbereich gehören. Es sind dies allesamt Kräfte, die dem Menschen (und der Erde) Schaden zufügen können. Und sie stecken auch hinter den diversen Krankheiten, von denen das Lk-Ev erzählt, sei es, dass die Schwiegermutter von einem Fieberdämon geplagt wird (Lk 4,38f), sei es, dass eine Frau schon seit Jahren durch das Wirken des Satans gekrümmt ist (Lk 13,11-17). Somit markiert eine Heilung zugleich den Einbruch des Reiches Gottes wie auch einen Machtverlust des Satans.

Zusammenfassung

Vom Bösen in „Gestalt" von Satan und Teufel wird im Alten Testament nur sehr zurückhaltend gesprochen. Beim Satan handelt es sich um eine Art Generalstaatsanwalt, der das Recht hat, Menschen vor Gott zu verklagen oder auch deren Glauben zu testen. Beim Teufel geht es eher um den „Herrn der bösen Geister", die den Menschen in vielfältiger Weise Schaden zufügen. Erklärungen finden wir hierzu in der kanonischen Literatur kaum, wobei das Neue Testament häufiger dazu etwas aussagt als das Alte. Interessanterweise beruhen unsere traditionellen Vorstellungen darüber auf außerkanonischen Zeugnissen, die aus der zwischentestamentarischen Zeit stammen, der Zeit zwischen der Abfassung des Alten und der des Neuen Testaments. Besonders ausführlich berichtet das so genannte äthiopische Hennochbuch von diesen Themen, ansonsten aber v.a. die apokalyptische Literatur. Schon im Neuen Testament wird die Identität von Schlange und Teufel festgestellt.

7 ...und was verschweigt das NT über das öffentliche Auftreten Jesu?

Oft wird vergessen, dass Jesus ganz Mensch war. (Allzu) Schnell kommt oft die Göttlichkeit Jesu in den Blick. Durch apokryphe Schriften hat man schon bald nach der Entstehung des NT diesen Gedanken Vorschub geleistet, etwa wenn im Kindheitsevangelium des Thomas aus dem 2. oder 3. Jahrhundert erzählt wird, dass die Dorfbewohner Jesus bei Josef verklagen, weil er den Sabbat übertreten habe. Denn, so die Beschwerden, der kleine Jesus sitze am Bach und forme mit dem feuchten Lehm oder Ton am Bachufer Vögel. Josef geht dieser Anzeige nach und stellt seinen Sohn zur Rede. Daraufhin klatscht der kleine Jesus in seine Hände, die Vögel werden lebendig und fliegen davon. Das Corpus delicti, der Grund für die Anzeige, ist nicht mehr vorhanden. Diese und andere Wunder, unter anderem auch Strafwunder, werden in diesem Evangelium über Jesus erzählt.

Abb. 12: Verbotsschild in Banjas, Galiläa. Hier wird natürlich nicht *der Gang über das Wasser* verboten, sondern das Baden in den Quellen.

Auch wenn sie primär zur Unterhaltung und als Lückenschluss zwischen dem zwölfjährigen Jesus im Tempel und seinem öffentlichen Auftreten gelesen worden sein dürften, so wird doch klar, dass man in diesem Werk davon ausgeht, die Gottheit Jesu habe sich bei Jesus schon von Kindesbeinen an gezeigt.

Wenn das NT derartige Überlieferungen nicht bietet, so deshalb, weil sich vor Jesu öffentlichem Auftreten nichts Außergewöhnliches ereignet hat. Jesus ist wie jeder andere Mensch herangewachsen, er nahm zu an Weisheit, wie es bei Lk (2,52) heißt, und wusste sicher nicht von Kindesbeinen an: Wenn ich erst mal 30 bin, fange ich an zu predigen. Er war schließlich auch nicht der einzige Prediger in dieser Zeit: Nicht zuletzt aufgrund der Situation im Land, der Bedrängnis der Menschen und der Willkür der Regierenden, waren viele der Ansicht, dass sich die Ereignisse dermaßen zuspitzten, dass nur noch ein göttlicher Befreiungsschlag die Verhältnisse ändern könne. Aus diesem Kontext heraus tritt Johannes auf und aus dem gleichen Kontext auch Jesus selbst. D.h. Jesus ist ein Mensch seiner Zeit und die zeitgeschichtlichen Gegebenheiten sind maßgeblicher Hintergrund für sein öffentliches Auftreten. Ob es dabei eine wie auch immer geartete „Initialzündung" am Anfang seiner Wirksamkeit gegeben hat, wissen wir nicht. Wenn es jedoch heißt, dass der Satan nach der Versuchung Jesu von ihm abließ (Lk 4,13) bis er, gewissermaßen neu zu Kräften gekommen, im Kontext der Passion Jesu wieder aktiv wird (z.B. Lk 22,3.35), dann passt zu dieser Vorstellung der kleine Abschnitt aus Lk 10, in dem es heißt:

> *vgl. Lk 10,18 Er sprach aber zu ihnen: Ich schaute den Satan wie einen Blitz vom Himmel fallen. 19 Siehe, ich habe euch die Macht gegeben, auf Schlangen und Skorpione zu treten, und über die ganze Kraft des Feindes, und nichts soll euch schaden. 20 Doch darüber freut euch nicht, daß euch die Geister untertan sind; freut euch aber, daß eure Namen in den Himmeln angeschrieben sind!*

Es scheint denkbar, dass Jesus nach seiner Versuchung in der Wüste in irgendeiner Weise die Entmachtung des Satans verspürte, in einer Vision schaute oder wie auch immer dieser Tatsache gewahr wurde, und daraufhin seine öffentliche Wirksamkeit begann, inhaltlich deutlich verschieden von der Botschaft des Täufers. „Beweisen" lässt sich dieser Ansatz freilich nicht, zumal die Szene auch nur einmal und nur bei Lk vorkommt.

Zusammenfassung

Altes wie auch Neues Testament kennen viele „Leerstellen", d.h. Aussagen, die für den Leser unzureichend begründet werden oder in denen Ereignisse vorausgesetzt werden, zu denen man keine Informationen erhält. Eine der bekanntesten Leerstellen ist die Frage, warum Gott das Opfer des Abel annimmt, das des Kain aber verwirft. Im Kontext der Jesusgeschichte stellt sich die Frage, was Jesus veranlasst hat, seinen Heimatort und seine Familie zu verlassen und stattdessen als Wanderprediger durch Palästina zu ziehen. Eine Aussage wie etwa „Er war Gottes Sohn und hat von ihm den Auftrag bekommen", ist zwar eine einfache Erklärung, aber nicht statthaft und auch nicht befriedigend. In irgendeiner Weise muss der Mensch Jesus einen Anstoß bekommen haben, dem Johannes nicht unähnlich, öffentlich zu predigen. Dabei könnte es sich um eine Vision o.Ä. gehandelt haben, die ihren literarischen Niederschlag in Lk 10,18-20 gefunden haben könnte.

Eine andere Leerstelle ist das Leben Jesu zwischen dem zwölfjährigen Jesus im Tempel und seiner Predigt, die er mit 30 oder 33 Jahren begann. Offensichtlich bestand dafür ursprünglich kein Interesse. Erst die außerkanonischen Kindheitsüberlieferungen ab dem beginnenden 2. Jahrhundert versuchen die Lücken zu füllen.

8. Wo hat man sich das Wirkungsgebiet Jesu vorzustellen und wer sind seine Adressaten?

Das Auftreten Jesu wird in den drei synoptischen Evangelien mehr oder weniger nachdrücklich in die Zeit verlagert, in der Johannes nicht mehr wirken kann, weil er entweder im Gefängnis sitzt oder aber schon tot ist. Dieser zeitliche Ansatz ist indes vermutlich unhistorisch, denn wahrscheinlich hat der Täufer Jesus sogar überlebt (vgl. Günther, Herodes, 24. 27).

Nehmen wir an, Josephus Flavius hat Recht mit der Behauptung, das Volk habe die Niederlage des Herodes gegen seinen Ex-Schwiegervater, den König der Nabatäer, als Strafe Gottes für die Tötung des Johannes gesehen, so dürfte Johannes in zeitlicher Nähe zum Krieg und der Niederlage des Herodes (Antipas) hingerichtet worden sein. Dieser Krieg fand aber erst im Jahre 36/37 statt. Die Kreuzigung Jesu lag zu dieser Zeit aber bereits vier bis sieben Jahre zurück, je nach Datierung, und Pilatus war zu dieser Zeit bereits abgesetzt – dies geschah im Jahre 36 n. Chr. Das aber bedeutet, dass Johannes als Vertreter der „alten Zeit" (vgl. Lk 16,16) „nur literarisch" Jesus weichen musste, um einerseits als Vorläufer Jesu gelten zu können und andererseits um Jesus Platz zu machen. Historisch hätte er Jesus um einige Jahre überlebt. Obwohl im NT von den Jüngern des Täufers die Rede ist, wird auch verschwiegen, dass die Täuferbewegung noch einige Zeit nach dem Tod des Johannes weiterexistierte und dabei auch eigene Erzählungen über den Täufer in Umlauf waren. Eine davon ist uns oben in der Kindheitsgeschichte des Lukas begegnet: Johannes ist der endzeitliche Prophet, der dem Herrn, dem Kommen Gottes, vorausgeht.

Jesus beginnt seine Predigt nach Aussage der synoptischen Evangelien im Bereich seiner Heimat, d.h. in Galiläa. Nur Lk erzählt davon, er habe auch in der Synagoge seines Heimatortes Nazaret gepredigt:

> *Lk 4,16 Und er kam nach Nazareth, wo er erzogen worden war; und er ging nach seiner Gewohnheit am Sabbattag in die Synagoge und stand auf, um vorzulesen.*

Er kann sich freilich wegen der feindseligen Haltung der Nazarener dort nicht halten und verlässt seine Heimatstadt. Die Bezeichnung des Ortes als „Stadt" ist freilich eine gewaltige Übertreibung, denn der Ort wird weder im AT noch in zeitgenössischen Schriften namentlich genannt. Seine frühe Existenz (seit dem zweiten Jahrtausend) lässt sich lediglich aufgrund von archäologischen Zeugnissen nachweisen. Es handelt sich zur Zeit Jesu um ein kleines, unbedeutendes Dorf, ein Kfar, zu Deutsch: ein Kaff.

Mt geht davon aus, dass Jesus bereits zu Beginn seiner Predigt nach Kafarnaum, d.h. an den See Gennesaret umgezogen sei:

> *Mt 4,12 Als er [Jesus] aber gehört hatte, daß Johannes überliefert worden war, entwich er nach Galiläa; 13 und er verließ Nazareth und kam und wohnte in Kapernaum, das am See liegt, in dem Gebiet von Sebulon und Naftali;...*

während Mk zunächst nur allgemein vom Wirken Jesu in Galiläa bzw. am See spricht (Mk 1,14). Erst in Mk 1,21 tritt Jesus dann auch in Kafarnaum auf. Allen drei synoptischen Evangelien ist gemeinsam, dass sich Jesu Wirken insgesamt bevorzugt im Gebiet rund um den See abspielte. Wenn nun der Täufer noch über Jesu Tod hinaus gewirkt haben sollte, hat Jesus vielleicht seine Tätigkeit deshalb nach Galiläa verlegt, weil Judäa das Wirkungsgebiet des Johannes war. Grundsätzlich ist an der Darstellung von Jesu Wirken rund um den See nicht zu zweifeln, wenngleich die näheren Einzelheiten zu seinem Aufenthalt etwas nebulös erscheinen: Er hält sich an einem Ufer des Sees auf, fährt dann zum anderen und wieder zurück, befindet sich in Bethsaida oder Kafarnaum. Es entsteht der Eindruck einer gewissen Beliebigkeit hinsichtlich der Ortsangaben und der älteste Evangelist, Markus, scheint nicht unbedingt genaue geographische Vorstellungen von Palästina zu haben. Deswegen geht die ntl. Forschung auch davon aus, dass die Rahmenbemerkungen zu den einzelnen Ereignissen und Erzählungen auf das Konto des Evangelisten gehen. Unter Rahmenbemerkungen versteht man Orts- und Zeitangaben. Ob Jesus nun am frühen Morgen oder am späten Abend, in Kafarnaum oder irgendwo sonst in einer Ortschaft am See predigt oder heilt, spielt für die eigentliche Handlung überhaupt keine Rolle. Dieser zumeist sekundäre Charakter der Orts- und Zeitangaben im ältesten Evangelium macht es unmöglich, so etwas wie ein Bewegungsprofil Jesu zu zeichnen.

Wovon Jesus und letztlich auch seine ersten Anhänger in der Zeit seines Auftretens gelebt haben, ist unbekannt. Während des Aufenthalts in Kafarnaum werden diejenigen Jünger, die Fischer waren, noch ihrem Beruf nachgegangen sein, obwohl es heißt, sie hätten stehenden Fußes alles verlassen und seien Jesus nachgefolgt (Mk 1,20). Wenn Jesus jedoch einige Zeit in Kafarnaum, der Heimatstadt des Petrus und anderer Jünger wohnte (Mk 2,1; Joh 2,12), ist eine zeitweise Wiederaufnahme der Arbeit zur Sicherung des Lebensunterhaltes gerade nicht auszuschließen, besonders dann, wenn man Familie hatte, wie dies zumindest von Petrus gesagt werden kann.

Vielleicht hat Jesus selbst auch noch hier und da als Bauhandwerker gearbeitet. Das Evangelium des Lukas erzählt zwar, dass einige Frauen Jesus unterstützt haben (Lk 8,1-3), darunter Maria von Magdala/Migdal, einer Stadt am Westufer des Sees sowie eine gewisse Johanna, Ehefrau eines Mannes namens Chuza, der als Beamter des Herodes ausgewiesen wird. Zum einen erinnern die Verse in Lk 8,1-3 jedoch an die nachösterliche Gütergemeinschaft der frühen Christen in Jerusalem, wie sie die Apg beschreibt, zum anderen ist es unwahrscheinlich, dass diese Frauen Jesus und seine zwölf (?) Jünger für die geschätzte Wirkungsdauer von bis zu drei Jahren (nach dem Joh-Ev) unterhalten und verpflegen konnten. Ob nur die Zwölf mit ihm zogen, wissen wir nicht. Immerhin ist in der Apg von einem

Jünger namens Matthias die Rede, der anstelle des Judas Iskariot nachgewählt wird. Eine Voraussetzung, die er erfüllt, besteht darin, dass er sich schon zu Lebzeiten Jesu in dessen Gesellschaft befand und es wird deutlich, dass er nicht der Einzige war:

> *Apg 1,21 Es muß nun von den Männern, die mit uns gegangen sind in all der Zeit, in welcher der Herr Jesus bei uns ein- und ausging, 22 angefangen von der Taufe des Johannes bis zu dem Tag, an dem er von uns hinweg aufgenommen wurde – von diesen muß einer Zeuge seiner Auferstehung mit uns werden. 23 Und sie stellten zwei auf: Josef, genannt Barsabbas, mit dem Beinamen Justus, und Matthias.*

Die wenigen Erzählungen, in denen Jesus Gastfreundschaft von Pharisäern und anderen genießt, dürften die Situation insgesamt kaum verändert haben. Die Geschichte, dass Jesus mit den Jüngern durch die Felder ging und die Jünger reife Ähren von den Halmen rissen um sie zu essen (Mk 2 vgl. Mt 12 und Lk 6), signalisiert, dass die Jesustruppe keinesfalls im Überfluss lebte. Alles Weitere wäre jedoch Spekulation. Der Text des NT schweigt sich dazu aus.

Dies gilt in gleicher Weise für die Frage, ob die Jünger Jesu ihre Ehefrauen mit auf die Wanderung genommen haben. Paulus sagt einmal, dass er eigentlich das Recht hätte, eine Ehefrau auf seinen Reisen mitzunehmen und sich mit dieser zusammen auf Kosten der Gemeinde aufzuhalten. Er verweist dabei auf die „Brüder des Herrn" sowie das Beispiel des Petrus, dessen Schwiegermutter oben schon erwähnt wurde (*vgl. 1Kor 9,5 Haben wir etwa kein Recht, eine Schwester als Frau mitzunehmen wie die übrigen Apostel und die Brüder des Herrn und Kephas?*). Nun wissen wir, dass Paulus nicht verheiratet war und dies gilt auch für Jesus. Es gibt keinerlei Hinweise auf eine Verbindung Jesu etwa mit Maria Magdalena, die v.a. in der Romanliteratur immer wieder behauptet wird. „Solo" zu sein ist im Judentum zwar ungewöhnlich und auffällig, kam aber durchaus vor, insbesondere bei Menschen, die in gespannter Erwartung den Einbruch der Endzeit erhofften. Grundsätzlich dürften die Menschen in dieser Zeit verheiratet gewesen sein, vielleicht in Israel noch mehr als allgemein üblich, denn es galt ja die Verheißung Gottes an Abraham:

> *Gen 22,17 darum werde ich dich reichlich segnen und deine Nachkommen überaus zahlreich machen wie die Sterne des Himmels und wie der Sand, der am Ufer des Meeres ist; und deine Nachkommenschaft wird das Tor ihrer Feinde in Besitz nehmen.*

Wie das Zitat dieses Verses in Heb 11,12 zeigt, war diese Botschaft durchaus präsent. Vielleicht bestand sogar ein gewisser Zwang, an der Vollendung dieser Verheißung mitzuwirken.

Vor dem Hintergrund der endzeitlichen Naherwartung hingegen müssen die Empfehlungen des Paulus dahingehend verstanden werden, ehelos zu bleiben (1Kor 7). Er sagt dies nicht, weil er Probleme mit Frauen gehabt hätte, sondern weil er zu seinen Lebzeiten, ja in den nächsten Tagen, mit der Parusie rechnete, der

Wiederkunft Jesu (1Thess 4,16-18). Es lohne sich ganz einfach nicht mehr, nach der richtigen Frau zu suchen und zu heiraten, zumal eine Ehefrau seiner durchaus zutreffenden Meinung nach gewisse Ressourcen an Zeit und Aufmerksamkeit beansprucht, die dann in der Verkündigung oder im Leben aus dem Glauben fehlen.

Die Adressaten der Botschaft Jesu, und dies wird immer wieder deutlich, waren die einfachen Menschen des Landes. Dies zeigt sich nicht nur in seinem Auftreten in kleineren Ortschaften, sondern auch an den Themen, die er für seine Gleichnisse und seine bildhafte Rede wählt. Da gibt es die Erzählung vom Fischfang, die vom Unkraut im Weizen, vom verlorenen Schaf und der verlorenen Drachme, vom Senfkorn und Sauerteig und nicht zuletzt Geschichten von Lohnarbeitern bzw. Tagelöhnern. Das ist die Welt des kleinen Mannes und die Zuhörer konnten die Geschichten ohne Probleme verstehen. Von einem Auftreten in größeren Städten ist kaum die Rede, mit Ausnahme von Jerusalem. Selbst der Exorzismus in Gerasa/Jerasch (?) im Ostjordanland ereignet sich „nur“ im Gebiet, dem Umfeld der Stadt und nicht in dieser selbst. Obwohl sich Jesus im Gebiet rund um den See bewegt, lesen wir auch nirgends davon, er habe sich in der größten Stadt am See, in Tiberias aufgehalten (gegründet im 2. Jahrzehnt vor Christus zu Ehren des Kaisers Tiberius). Es kommt freilich hinzu, dass diese Stadt ohnedies von gläubigen Juden gemieden wurde, weil zumindest Teile der Stadt über einem Gräberfeld liegen und der Aufenthalt dort somit verunreinigend wirkt.

Das NT bietet zu dieser Volksverbundenheit Jesu einige Reminiszenzen, wenn es etwa bei Lk heißt, das Volk habe im Gegensatz zur führenden Schicht des Landes mit Jesus sympathisiert (Lk 13,17). Diese Sichtweise ist zwar in dieser Zuspitzung von Lk geprägt, entspricht aber insgesamt den Aussagen der Evangelien.

Zusammenfassung

Jesus ist wohl die meiste Zeit im Umfeld seines ursprünglichen Wohnortes Nazaret bzw. in der nahe gelegenen Gegend rund um den See Genezareth, besonders in Kafarnaum aufgetreten. Wie lange Jesus dort umhergezogen ist und wovon er in dieser Zeit gelebt hat, entzieht sich unserer Kenntnis. Die Evangelien von Mk, Mt und Lk erzählen in einer Weise, dass der Eindruck entsteht, Jesus habe sich mehrere Monate in Galiläa aufgehalten und sei dann zu Pessach nach Jerusalem gezogen. Sein Auftreten dort beschränkt sich auf einige Tage – bei Mk genau eine Woche. Er wird umgehend verhaftet, verurteilt und hingerichtet. Bei Johannes befindet sich Jesus mehrfach in Jerusalem; seine Tätigkeit kann bis zu drei Jahre gedauert haben.

Seine Adressaten – und das lassen seine Gleichnisse erkennen – sind vor allem die einfachen, die kleinen Leute, die am Morgen nicht wissen, ob sie sich am Abend etwas zu Essen beschaffen können, Leute, für die eine Drachme ein kleines Vermögen ist. Es sind Fischer und Bauern, mitunter ein auf dem Lande wohnender Pharisäer oder auch jemand aus dem ungeliebten Stand der Zöllner.

9. Wie lautet die Botschaft Jesu?

9.1 ... in seinen Gleichnissen?

Sowohl die Botschaft des Johannes wie auch Jesu ist eine eschatologische, d.h. beide sprechen davon, dass das Ende von Zeit und Welt unmittelbar bevorsteht. Nach Ausweis des NT predigt Johannes mit großem Nachdruck von dem bevorstehenden Endgericht Gottes, weshalb seine Taufe und die Umkehr des Menschen dringend geboten sind. Auch nach Aussagen Jesu steht das Ende unmittelbar bevor, ja reicht sogar schon in die Gegenwart hinein, und trotzdem unterscheidet sich die Botschaft Jesu fundamental von der des Johannes.

Jesus spricht vom Einbruch des Reiches Gottes in die Jetztzeit, in die Gegenwart, und dieser Einbruch wird in seiner Botschaft und an seinen Handlungen bereits zu seiner Zeit erfahrbar. Lange Zeit hat man sich in der ntl. Forschung darum gestritten, ob die Botschaft Jesu auf die Zukunft abziele oder auf die Gegenwart. Inzwischen hat man erkannt, dass beides zutrifft. Die Zukunft wird in Jesu Wirken punktuell und ansatzweise gegenwärtig, das Reich Gottes reicht in die Gegenwart hinein. Angesichts dieser Aussagen Jesu kann es hinsichtlich des Heils der Menschen in dieser hereinbrechenden Endzeit eigentlich nur wenige Möglichkeiten geben:

- Erstens: Seine Botschaft und sein Handeln gelten nur für die „Guten“, die Gerechten.

oder

- Zweitens: Sie gilt – wie bei dem Täufer Johannes – für Menschen, die zur Umkehr bereit sind.

oder

- Drittens: Sie gilt für alle, für Gute und Böse.

Nun lesen wir ja in den Evangelien, dass Jesus keine Unterschiede hinsichtlich seiner Zuhörer, den Adressaten seiner Botschaft macht. Er scheint sich nicht an die „Gerechten“ zu wenden, sondern vielmehr ist ein gewisser Zug zu den gesellschaftlich Diskriminierten und Deklassierten zu beobachten. Somit kann die erste der beiden Möglichkeiten kaum zutreffen. Was aber bedeutet dies? Hat sich (zweitens) die Botschaft Jesus kaum oder gar nicht von der des Johannes unterschieden? Da sprechen die Evangelien freilich eine andere Sprache und so scheint tatsächlich der Unterschied zwischen Gut und Böse aufgehoben zu sein, auch wenn dies vielen merkwürdig vorgekommen sein dürfte. Ob jemand Sünder ist oder nicht – Jesus heilt ihn, teils mit vorausgehendem Glaubenserweis (dein Glaube hat dir geholfen: Mk 5,34; 10,52 und mehrfach bei Lk), teils ohne, Letzteres vor allem bei den Exorzismen. Und ob jemand Pharisäer oder Zöllner ist – Jesus kehrt bei beiden ein. Offensichtlich geht er davon aus, dass ein Mensch, in Schuld gefangen, selbst nicht in der Lage ist, sich daraus zu befreien. Deshalb befreit ihn Gott, setzt alles wieder auf Null, führt ein Reset, einen Neustart durch und schafft dem Menschen dadurch neue Spiel- und Handlungsräume. Ein derart befreiter Mensch, der neu anfangen kann, ist nunmehr auch in der Lage, seinem Nächsten neu und anders zu begegnen. Er kann ihm vergeben, weil ihm schon vorab vergeben wurde. Freilich bleibt es ein Skandal, wenn ein Mensch, dem alles erlassen wurde, nicht bereit ist, seinem Bruder ebenfalls alles zu erlassen. Davon spricht das Gleichnis von den beiden Schuldnern, merkwürdigerweise auch „Gleichnis vom Schalksknecht" genannt:

> Mt 18,24 *Als er aber anfing, abzurechnen, wurde einer zu ihm gebracht, der zehntausend Talente schuldete. 25 Da er aber nicht zahlen konnte, befahl der Herr, ihn und seine Frau und die Kinder und alles, was er hatte, zu verkaufen und damit zu bezahlen. 26 Der Knecht nun fiel nieder, bat ihn kniefällig und sprach: Herr, habe Geduld mit mir, und ich will dir alles bezahlen. 27 Der Herr jenes Knechtes aber wurde innerlich bewegt, gab ihn los und erließ ihm das Darlehen. 28 Jener Knecht aber ging hinaus und fand einen seiner Mitknech-te, der ihm hundert Denare schuldig war. Und er ergriff und würgte ihn und sprach: Bezahle, wenn du etwas schuldig bist! 29 Sein Mitknecht nun fiel nieder und bat ihn und sprach: Habe Geduld mit mir, und ich will dir bezahlen. 30 Er aber wollte nicht, sondern ging hin und warf ihn ins Gefängnis, bis er die Schuld bezahlt habe. 31 Als aber seine Mitknechte sahen, was geschehen war, wurden sie sehr betrübt und gingen und berichteten ihrem Herrn alles, was geschehen war. 32 Da rief ihn sein Herr herbei und spricht zu ihm: Böser Knecht! Jene ganze Schuld habe ich dir erlassen, weil du mich batest. 33 Solltest nicht auch du dich deines Mitknechtes erbarmt haben, wie auch ich mich deiner erbarmt habe? 34 Und sein Herr wurde zornig und überlieferte ihn den Folterknechten, bis er alles bezahlt habe, was er ihm schuldig war. 35 So wird auch mein himmlischer Vater euch tun, wenn ihr nicht ein jeder seinem Bruder von Herzen vergebt.*

Gerade die Gleichnisse machen Jesu Botschaft transparent auf die Königsherrschaft Gottes hin: Da sind zum einen die Wachstumsgleichnisse wie etwa jenes vom Senfkorn, in dem der kleine Anfang des Gottesreiches der Zeit seiner Vollendung gegenübergestellt wird. Dabei schwingt bei den drei Evangelisten einmal mehr, einmal weniger auch der Gedanke mit, dass das Wachstum von allein vor sich geht, ohne Zutun des Menschen. Es wird nur ausgesät; was dann folgt, steht nicht mehr in der Macht des Menschen.

Einen anderen und z.T. provokativen Aspekt der Königsherrschaft Gottes zeigen die beiden Gleichnisse vom Vater und den beiden Söhnen wie auch vom Besitzer des Weinberges.

Im Gleichnis vom „verlorenen Sohn" oder vom „barmherzigen Vater" aus Lk 15 wurde der jüngere Sohn, soweit ich mich an meinen eigenen Religionsunterricht erinnere, stets in sehr dunklen Farben gemalt. Dieser undankbare Mensch fordere von seinem Vater schon vor dessen Ableben das Erbe ein und machte sich damit auf und davon. Es passt so richtig zu diesem Nichtsnutz, dass er sein ganzes Geld durchbringt, mit falschen Freunden und mit Huren. Eine derartige Zeichnung lässt dann den Gedanken der Umkehr, der als die zentrale Botschaft verstanden wurde, umso heller erstrahlen. Endlich geht der Junge in sich und kehrt zu seinem Vater zurück. Der Vater, der an der Rückkehr des Sohnes dessen Umkehr erkennen kann, nimmt ihn gnädig wieder auf.

Leider – oder Gott sei Dank – ist das Thema Umkehr *nicht* die Botschaft des Gleichnisses: Zunächst ist es absolut nicht verwerflich, dass der Sohn noch zu Lebzeiten des Vaters sein Erbe verlangt. Es sei in diesem Kontext darauf verwiesen, dass dies bis zum heutigen Tag auch bei uns üblich ist. In Gegenden, in denen noch das Erstgeburtsrecht bei Vererbung gilt, und dies ist u.a. in Süddeutschland der Fall, übergibt der Bauer den Hof irgendwann dem Jungbauern und zieht sich aus der Arbeit zurück. In der Regel überlässt er sogar die Wohnung im Haupthaus des Hofes dem Jungen und wechselt in eine Ruhestandswohnung.

Was der junge Mann in der Fremde mit seinem Vermögen anfängt, ist seine Sache. Der Umgang mit Huren erscheint uns moralisch anstößig (vgl. dagegen Gen 38), ist aber keineswegs illegal. Aber irgendwann ist eben auch sein Vermögen zu Ende und es bleibt ihm keine Wahl als zu arbeiten. Schließlich landet er – er befindet sich offensichtlich im (heidnischen) Ausland – bei den Schweinen, und dies auch nur, weil er einem Bauern lange genug auf die Nerven ging: Er drängte sich auf, heißt es. Jeder (jüdische) Zuhörer weiß: Tiefer kann er nicht mehr sinken; er hat sich durch seinen Kontakt mit den Schweinen kultunfähig gemacht und lebt ganz offensichtlich nicht mehr im geschützten Raum Israels. Die Kluft zu seinem Volk, zu seiner Familie, zu seiner vergangenen Lebensgeschichte scheint unüberwindlich zu sein. Offensichtlich reicht sein Verdienst bei dieser Arbeit noch nicht einmal zur Lebenssicherung und er weiß, dass er zugrundegehen wird. Ihm bleibt nur eine einzige Alternative, die ihm aufscheint: Es ist sein Vaterhaus. Dabei weiß er nicht, ob er dort in irgendeiner Weise aufgenommen wird, so dass er sein Leben fristen könnte, aber eine andere Möglichkeit hat er schlichtweg nicht. Er legt sich daher eine Rede zurecht – ob aus der Not geboren oder aus Überzeugung wird hier nicht hinterfragt – mit der er sich überhaupt dem Vater unter die Augen wagen darf, und macht sich auf den Weg. Angesichts fehlender Alternativen von „Umkehr" zu sprechen, karikiert das Gleichnis!

Es existiert ein entscheidender Erzählaspekt, der erkennen lässt, dass es eben nicht um Umkehr geht, dass der Vater keine Vorbedingungen setzt, unter denen er bereit ist, den Sohn wieder aufzunehmen: Der Vater sieht ihn von Weitem kommen, erwartet ihn also, geht auf ihn zu und nimmt ihn in die Arme – ehe der Junge irgendetwas gesagt hat. Auf die Ausführungen des jüngeren Sohnes geht der Vater überhaupt nicht ein, sondern sorgt sich darum, dass anlässlich der Rückkehr seines Sohnes ein Fest gefeiert wird. Der Sohn wird standesgemäß eingekleidet und der Vater steckt ihm einen Ring an. In dieser Situation kann es nur sein eigener, der Ring des Vaters sein. Ob damit auch die Wiedereinsetzung des Jungen in seinen alten Rechtsstatus als Sohn verbunden ist, sagt der Text nicht. Es ist dies aber zu vermuten.

Abb. 13: Rembrandt van Rijn: Rückkehr des verlorenen Sohns, ca. 1668

Das Gleichnis ist keine Allegorie! Wenn der Junge sagt: Vater, ich habe gesündigt vor dem Himmel und vor dir, dann verbietet sich damit eine allegorische und unmittelbare Gleichsetzung des Vaters mit Gott. Es bewegt sich in Gänze in seiner

„realen", „eigentlichen" Welt. Und dennoch ist dieses Gleichnis, die Botschaft, die es zum Ausdruck bringt, auf Gott hin transparent. Damit bestätigt es die Reich-Gottes-Botschaft Jesu, die auch an anderen Stellen greifbar wird: Gott verlangt keine Umkehr, um den Menschen zu akzeptieren, sondern nimmt ihn in jedem Falle an und eröffnet ihm damit die Chance für einen gänzlichen Neuanfang. Die Zuwendung Gottes zum Menschen ist in Gänze Geschenk – so wie nach Lk die Menschwerdung Christi selbst.

In dem in Lk 15 unmittelbar vorausgehenden kleinen Gleichnis vom verlorenen Schaf stehen die Dinge nicht anders. Der Schlusssatz, dass im Himmel mehr Freude sein würde über einen einzigen Sünder, der umkehrt, als über 99, die der Umkehr nicht bedürfen, ist ein Zusatz des Evangelisten Lukas (der Satz fehlt im mt Paralleltext!) und stellt keineswegs ein Summarium, eine Zusammenfassung des Gleichnisses dar: Das Schaf, das verloren ging, *kehrt nicht zurück*! Es wird vom Hirten *zurückgeholt*. Die Freunde und Nachbarn freuen sich nicht über das *umgekehrte* Schaf, sondern darüber, dass das Schaf schlichtweg *wieder da* ist – so wie der „verlorene" Sohn. In der mt Fassung spielt die Umkehr ebenfalls keine Rolle.

Der Frau mit der Drachme ergeht es ebenso: Sie freut sich, dass sie die Drachme, die sie im Haus verloren hat, wiederfindet. Und auch in dieser Geschichte ist „Umkehr" kein Thema. Eine Drachme kehrt nicht um.

Nun besitzt das Gleichnis vom barmherzigen Vater ja auch noch eine Fortsetzung: Die Auseinandersetzung mit dem älteren Bruder, der zu Hause geblieben ist und die ganze Zeit auf dem väterlichen Hofgut gearbeitet hat. Er ist mit der Wiederaufnahme seines jüngeren Bruders absolut nicht einverstanden. Man kann nun viel darüber spekulieren, ob er eine erneute Teilung des Erbes fürchtet oder andere Möglichkeiten einer Benachteiligung in Betracht zieht. Das Gleichnis ist nicht daran interessiert und der Vater geht auch – fast – nicht auf die Einwendungen des älteren Sohnes ein. Für ihn zählt primär, und dies wird auch betont, die Freude über die Rückkehr, die „Auferstehung" des jüngeren Sohnes. Dies muss Anlass zur Freude sein, so sagt der Vater dem Älteren. Wie dieser sich entscheidet, bleibt offen, ob er sich in die Freude einbinden lässt, am Fest partizipiert oder sich beleidigt in seinen Schmollwinkel zurückzieht. Eines ist daran wahrscheinlich: Der Hörer/Leser neigt dazu, sich mit dem älteren Bruder zu identifizieren und die scheinbare „Ungerechtigkeit" mit der der Ältere behandelt wird, nicht in Ordnung zu finden. Dabei liegt die „Ungerechtigkeit" eigentlich gar nicht bei dem älteren Bruder und auch nicht im Verhalten des Vaters ihm gegenüber: *Alles was mein ist, ist auch dein*, sagt der Vater. Ihm gehört doch schon alles. Ungerecht ist der Vater viel eher gegenüber dem Jungen, der einen Status erhält, den er weder ethisch noch juristisch „verdient". Und damit geht der Vater weit über das hinaus, was „normal" ist, womit man rechnen müsste. Er torpediert unser Gerechtigkeitsempfinden, lädt aber gleichzeitig dazu ein, sich in die Freude und Liebe des Vaters gegenüber dem jüngeren Sohn einbeziehen zu lassen. Wie gesagt: Das Ende bleibt offen und damit auch die Frage, ob wir uns als Zuhörer vom Vater „mitnehmen lassen" zu einer veränderten Haltung gegenüber dem Sünder, denn diese Haltung entspricht der Botschaft vom Königreich Gottes.

Im zweiten Gleichnis von den Arbeitern im Weinberg, das sich nur bei Mt in Kap 20 findet, werden die menschlichen Maßstäbe ebenfalls pervertiert, denn auch der Herr des Weinberges handelt ungerecht.

Kurz zum Inhalt: Ein Mann ist Besitzer eines großen Weinbergs und als die Zeit der Ernte gekommen ist, sucht er Leute, die die Trauben einbringen. Er geht also am Morgen auf den öffentlichen Platz, wo die Tagelöhner darauf warten, eine Anstellung für diesen Tag zu finden, und wirbt Männer an. Diese Praxis kann man heute noch in vielen Ländern beobachten, in denen eine große Zahl von Menschen keinen Beruf erlernt hat und/oder in denen es für Arbeitslose keine bürokratische Infrastruktur gibt: am Bahnhof von Istanbul genauso wie an den Ausfallsstraßen von Aman. Der Mann bietet den Arbeitswilligen als Tageslohn einen Denar, die übliche Bezahlung für einen Arbeitstag. Damit kann man für diesen Tag sein Auskommen haben. Der Weinbergbesitzer tut sich demnach nicht als besonders sozial oder menschenfreundlich hervor, indem er überdurchschnittliche Löhne verspricht, sondern er vereinbart den üblichen „Tariflohn". Zu mehreren Stunden des Tages geht er erneut auf den Platz hinaus und findet immer wieder weitere Arbeitslose, die er anstellt, die letzten gewissermaßen fünf vor zwölf, also eine Stunde vor Arbeitsende. Mit diesen Arbeitern trifft er keine Lohnvereinbarung, sondern bleibt mit der Aussage: *Ich will euch geben, was recht ist*, sehr allgemein. Am Abend des Tages zahlt der Arbeitgeber dann den Lohn aus, beginnend mit jenen, die nur eine Stunde gearbeitet haben. Sie bekommen von ihrem Arbeitgeber einen Denar. Die nächsten, die einige Stunden mehr gearbeitet haben, bekommen, vermutlich zu ihrer Verwunderung, ebenfalls einen Denar. Diejenigen, die den ganzen Tag gearbeitet haben, sind zuletzt dran und meinen nun, sie bekämen einen höheren Lohn, aber sie bekommen auch „nur" einen Denar, und sie beschweren sich. Der Weinbergbesitzer weist ihre Klage mit drei unangreifbaren Argumenten ab, einem „juristischen" und zwei persönlichen: Die Vereinbarung, die er mit den Arbeitern getroffen hatte, bezog sich auf den Tageslohn, und der belief sich auf einen Denar. Die Arbeiter werden also gemäß Absprache bezahlt. Somit liegt kein Unrecht vor. Im zweiten Argument beruft sich der Weinbergbesitzer auf seine Autonomie: Er kann mit seinem Geld machen, was er will, und daher auch bezahlen, soviel er will. Das letzte Argument stellt eine rhetorische Frage dar: Ist dein Auge böse, weil ich gütig bin? Es ist kaum möglich, hier „ja" zu sagen und auch ein „nein, aber" wäre hier deplatziert. Gleichwohl ist der Mann nach unserem Rechtsempfinden ungerecht, so wie der Vater der beiden Söhne, und wiederum nicht gegen die Arbeiter der ersten Stunde, die den vereinbarten Lohn erhalten, sondern gegen die, welche die Arbeit z.T. wesentlich später aufgenommen haben. Es ist dies eine – so kann man sagen – positive Ungerechtigkeit, die aber kaum weniger gravierend empfunden wird als eine „negative". Doch gleichzeitig wird deutlich gemacht: Es geht hier gar nicht um Recht oder Gerechtigkeit, sondern um die Güte des Herrn, die jedem Arbeiter zuteilwird, auch wenn seine Verhaltensweise vor dem Hintergrund heutiger gewerkschaftlicher Vorstellungen eine absolute Katastrophe darstellt. Hier geht es nicht um „gleichen Lohn für gleiche Arbeit“, sondern um eine nicht erklärbare Güte des Vaters/des Weinbergbesitzers, die kaum zu ertragen ist und eben Anstoß erregt, denn die menschlichen Maßstäbe werden auf den Kopf gestellt. Dies gilt nicht mehr und nicht weniger, wenn es in der Reich-Gottes-Botschaft heißt, dass die Zuwendung Gottes zuerst den Kranken gilt und erst dann den Gesunden. Die Kranken, das sind die, welche die Vergebung Gottes am nötigsten brauchen, um wieder ins Leben, in die Gesellschaft zurückzufinden, um einen neuen Anfang wagen zu können.

Neben diesen Gleichnissen, die zur Herrschaft Gottes sehr substantiell Stellung nehmen, gibt es in der Botschaft Jesu freilich auch noch andere, wie z.B. das schon genannte Gleichnis vom Senfkorn oder auch vom Sauerteig, die als Kontrast- und/oder Wachstumsgleichnis verstanden werden wollen und etwas über die „Entwicklung“ des Reiches sagen, über sein Kommen, seinen unbedeutenden Anfang, über sein Anwachsen, mit seiner alles durchdringenden Kraft.

Einige wenige Gleichnisse sprechen darüber, wie man sich ein Leben im Reich Gottes vorzustellen hat und erzählen damit auch implizit etwas über die Situation der Menschen aus dieser Zeit: Gleichnisse vom Hochzeits- bzw. Gastmahl, das Weinwunder zu Kana sowie die Brotvermehrung bringen zum Ausdruck, dass das Reich Gottes Nahrung und Wein in schier unerschöpflicher Fülle bereithält. Von einem Schlaraffenland mit gebratenen Tauben, die dem Hungrigen in den Mund fliegen, wird zwar nichts gesagt. Gleichwohl kann man sich in die Situation der Menschen jener Zeit hineinversetzen. Eine Hochzeitsfeier ging über mehrere Tage, mehr oder weniger das ganze Dorf war eingeladen und man hatte wieder einmal, vielleicht seit langer Zeit, genug zu essen und zu trinken, denn mit einem Denar pro Tag und dies vielleicht noch nicht einmal an jedem Tag, kam man nicht sehr weit. Vermutlich ging ein solcher Mensch (und ggf. auch seine Familie) mehr als einmal mit knurrendem Magen zu Bett. Das moderne Lied „Wenn jeder gibt, was er hat, dann werden alle satt“ ist in heutiger Zeit vertretbar, für die Zeit Jesu wäre es jedoch ein Hohn gewesen, denn wenn zu viele nichts haben, wird dieses Nichts auch durch Teilen nicht mehr. Bei den gerade genannten Erzählungen, die z.T. ähnlich schon dem atl. Propheten Elija zugeschrieben werden, geht es freilich auch um eine Überbietung: Jesus ist mehr als Elija, besonders in der Sicht des Lk, bei dem dieses Motiv mehrfach durchscheint. In die Kategorie der Überbietung der Wunder des Elija gehört auch die Auferweckung des Jünglings von Nain, dem einzigen Sohn einer Witwe. Die Botschaft dieser Erzählung lautet: Hier ist mehr als Elija, und: jetzt beginnt die Heilszeit unseres Gottes. Was da konkret geschehen ist – ob z.B. der Jüngling „nur“ scheintot war – entzieht sich nicht nur unserer Kenntnis, sondern ist zugleich auch nicht die vordringlichste Aussage der Erzählung, auch wenn wir uns damit nicht zufriedengeben mögen. Ähnliches gilt auch für die Auferweckung des Lazarus, der bereits mehrere Tage im Grab lag: Jesus, der Auferstandene, Herr über Leben und Tod, kann selbstverständlich auch Tote auferwecken.

Mit der eben erfolgten Einbeziehung der beiden Geschenkwunder vom Wein (Hochzeit zu Kana) und vom Brot (Brotvermehrung) in den Kontext der Botschaft

Jesu vom Reiche Gottes wird schon greifbar: Sein Evangelium und sein Handeln hängen untrennbar zusammen. Dieser Zusammenhang bewahrt davor, die so genannten „Wunder" Jesu als überzeitliche Mirakel anzusehen. Sie sind Teil der Botschaft, denn Jesus kann nur deshalb Heilen oder Dämonen austreiben, weil sich die Königsherrschaft Gottes bereits jetzt Raum verschafft und der Satan jetzt schon, in dieser konkreten Zeit Jesu, an Macht verloren hat. Insoweit ist Jesus nicht nur ein Bote der kommenden Königsherrschaft, sondern auch derjenige, der sie in seinem Tun verkörpert, ja in Gang bringt.

Mit der Vergebung Gottes ohne Voraussetzungen und Bedingungen haben Menschen zu allen Zeiten ihre Schwierigkeiten gehabt, bis zum heutigen Tag, vielleicht Katholiken in besonderer Weise. Man will nicht einsehen, dass die Gerechtigkeit Gottes eine andere ist, als die von uns Menschen, dass „Leistungen" und Bußübungen, häufiger Kirchgang oder Fasten den Menschen vor Gott nicht besserstellen. Damit soll dergleichen keineswegs abgewertet werden, denn natürlich können Buße, Fasten und Gebet den Menschen Gott näherbringen, weil sie Möglichkeiten sind, zu sich selbst zu finden, Raum zu geben für die andere Dimension Gottes. Von Gottes Seite her sind derartige Leistungen jedoch nicht erforderlich, um ihn zur Akzeptanz des Menschen zu veranlassen. Diese geht vielmehr allem Zutun des Menschen voraus, das ist Gottes Geschenk an uns. Welchen Sinn soll es etwa machen, sich im Extremfall selbst mit Geißeln zu peinigen, wie die Flagellanten des Mittelalters? Wem ist damit geholfen? Will der Mensch damit Anteil haben am Leiden Christi? Das braucht er nicht, denn Jesus hat ein für alle Mal für die Menschen gelitten und ist für sie gestorben! Das ist nicht zu überbieten und man braucht sich auch nicht einzubilden, am Heilswerk Christi mitzuwirken. Der regelmäßige Kirchgang am Sonntag? Gott braucht ihn nicht, denn wenn alle schweigen würden anstatt Gott zu loben, könnte er die Steine schreien lassen. Das Zusammenkommen der Gemeinde, um Gottesdienst zu feiern, ist vielmehr eine Notwendigkeit für die Gemeinde selbst, um sich ihrer selbst zu vergewissern, um die Gemeinschaft mit- und untereinander zu halten und sich als Gemeinde Gott zuzuwenden, ja in der Eucharistie sogar eine Gemeinschaft mit ihm zu bilden (vgl. Lk 24).

Diese Überlegungen sind nicht katholisch oder protestantisch, sondern biblisch zu begründen: *Wo zwei oder drei in meinem Namen versammelt sind, da bin ich mitten unter ihnen* – oder auch bei ihnen (Mt 18,20). Freilich verschafft die vorbedingungslose Vergebung Gottes dem Menschen einen neuen Zugang zu Gott und damit auch die Möglichkeit, sich seinen Mitmenschen in eben diesem Sinne der Vergebung und Versöhnung zuzuwenden – nicht als verrechenbare Leistung Gott gegenüber, sondern als Dank für seine Güte und als Zeichen der Nachfolge. Derart von Gott angenommen gilt es, so zu leben, wie es dem Handeln Gottes am Menschen entspricht. Der Mensch soll das nachahmen, was Gott ohne Vorbedingungen vorgibt. Man denke an den älteren Bruder im Gleichnis vom barmherzigen Vater.

9.2 ...in seinen Streitgesprächen?

In vergangenen Jahrzehnten glaubte man den Grund für Jesu Tod in den ständigen Auseinandersetzungen mit jüdischen Gelehrten gefunden zu haben. Diese Annahme gründete sich auf die These, dass mehr oder weniger alle Äußerungen Jesu als im Gegensatz zur jüdischen Tradition stehend verstanden wurden. Inzwischen hat man längst eingesehen, dass Jesus als Jude selbstverständlich in der Tradition seines Glaubens stand, diese ggf. auch verteidigte und keineswegs einfach abzuschaffen gedachte. Trotzdem ist nicht zu übersehen, dass Jesus immer wieder in Streitgespräche verwickelt war, und dies mit Repräsentanten der unterschiedlichsten Gruppen. Die Themen sind äußerst vielseitig, sowohl religiös, als auch politisch. Gleichwohl wird uns auch hier kaum die Originalsituation oder gar der Originalwortlaut überliefert, denn auch Streitgespräche werden nur als „geformte Überlieferung" geboten, wie eben auch Wunder und Gleichnisse.

Grob gesprochen enthalten Streitgespräche folgende fünf Elemente:

(1) Die Kontrahenten treten auf, ggf. mit redaktioneller Begründung: um Jesus zu versuchen oder um ihn anklagen zu können etc.
(2) Die Streitfrage wird gestellt.
(3) Jesus antwortet mit einer Gegenfrage.
(4) Die Gegner antworten.
(5) Es folgt die abschließende Antwort Jesu, auf die die Gegner nichts zu erwidern wissen.

Als Beispiel sei die Frage nach der Vollmacht des Täufers vorgestellt:

> *Mk 11,27 Und sie kommen wieder nach Jerusalem. Und als er in dem Tempel umherging,*
> *(1) kommen die Hohenpriester und die Schriftgelehrten und die Ältesten zu ihm*
> *(2) 28 und sagen zu ihm: In welcher Vollmacht tust du diese Dinge? Oder wer hat dir diese Vollmacht gegeben, daß du diese Dinge tust?*
> *(3) 29 Jesus aber sprach zu ihnen: Ich will euch ein Wort fragen. Antwortet mir! Und ich werde euch sagen, in welcher Vollmacht ich diese Dinge tue: 30 War die Taufe des Johannes vom Himmel oder von Menschen? Antwortet mir!*
> *(4) 31 Und sie überlegten miteinander und sprachen: Wenn wir sagen: vom Himmel, so wird er sagen: Warum habt ihr ihm denn nicht geglaubt? 32 Sollen wir aber sagen: von Menschen? Sie fürchteten das Volk. Denn alle meinten, daß Johannes wirklich ein Prophet sei. 33 Und sie antworten und sagen zu Jesus: Wir wissen es nicht.*
> *(5) Und Jesus spricht zu ihnen: So sage auch ich euch nicht, in welcher Vollmacht ich diese Dinge tue.*

Dieses Schema ist i.d.R. mit kleinen Varianten bei allen Streitgesprächen zu beobachten. Es ist kaum zu bestreiten, dass derartige Gespräche zwischen Jesus und seinen Gegnern stattgefunden haben, aber durch die Formung ist das Individuelle, das Einmalige eines jeden Gesprächs verlorengegangen. Häufig streitet sich Jesus mit den Anhängern der Pharisäer und das sollte keineswegs überraschen: Zum einen werden die Pharisäer in der Zeit der Evangelien allmählich zur wichtigsten, wenn auch nicht einzigen Gruppe, die das jüdische Erbe fortführt. Vermutlich hat sich die Kirche, die sich langsam aus dem Judentum löste, gerade deshalb besonders intensiv mit dieser Gruppe auseinandergesetzt. Aber auch historisch dürften die Pharisäer häufig mit Jesus verbal die Klinge gekreuzt haben: Jesus war kein Mann der Mittel- oder Oberschicht, der ständig mit der jüdischen Aristokratie zu tun gehabt hätte. Mit den von Josephus so beschriebenen volksnahen Pharisäern hingegen dürfte er oft zusammengetroffen sein. Es kommt hinzu, dass man sich die Pharisäer nicht nur über das ganze Land verbreitet vorstellen muss, sondern dass sie als diejenigen gelten, die bereit sind, die jüdische Tradition und die Gebote zu diskutieren und derart weiterzugeben, dass sie auch gelebt werden können. So gesehen dürfte Jesus von seiner Position her dieser Gruppe am nächsten gestanden haben. Dieser Auffassung ist zumindest der Evangelist Lukas, der Jesus mehrfach bei Pharisäern zu Gast sein lässt. Zudem sind es die Pharisäer, die Jesus vor den Nachstellungen des Herodes warnen und ihm raten, sich in eine andere Gegend abzusetzen (Lk 13,31). Dergleichen ist kaum von Leuten zu erwarten, die mit Jesus total zerstritten sind.

Eine brisante Unterhaltung dreht sich um die Steuerfrage:

> *Mk 12,13 Und sie senden einige der Pharisäer und der Herodianer zu ihm, um ihn in der Rede zu fangen. 14 Und sie kommen und sagen zu ihm: Lehrer, wir wissen, daß du wahrhaftig bist und dich um niemand kümmerst; denn du siehst nicht auf die Person der Menschen, sondern lehrst den Weg Gottes in Wahrheit. Ist es erlaubt, dem Kaiser Steuer zu geben oder nicht? Sollen wir sie geben oder nicht geben? 15 Da er aber ihre Heuchelei kannte, sprach er zu ihnen: Was versucht ihr mich? Bringt mir einen Denar, damit ich ihn sehe! 16 Sie aber brachten ihn. Und er spricht zu ihnen: Wessen ist dieses Bild und die Aufschrift? Sie aber sagten zu ihm: Des Kaisers. 17 Jesus aber sprach zu ihnen: Gebt dem Kaiser, was des Kaisers ist, und Gott, was Gottes ist! Und sie verwunderten sich über ihn.*

Die Szene ist sehr wahrscheinlich historisch, denn im Prozess Jesu wird diese Frage von falschen Zeugen aufgegriffen:

> *Lk 23,2 Sie fingen aber an, ihn zu verklagen, und sagten: Diesen haben wir befunden als einen, der unsere Nation verführt und sie davon abhält, dem Kaiser Steuer zu geben, indem er sagt, daß er selbst Christus, ein König, sei.*

Eindeutig beantwortet wird die Frage der Steuer dann bei Paulus in Röm 13, 6f. Paulus selbst trägt (etwa im Gegensatz zur Offb) eine sehr positive Sicht des Staates vor, wenn er schreibt:

Röm 13,1 Jede Seele unterwerfe sich den übergeordneten staatlichen Mächten! Denn es ist keine staatliche Macht außer von Gott, und die bestehenden sind von Gott verordnet. 2 Wer sich daher der staatlichen Macht widersetzt, widersteht der Anordnung Gottes; die aber widerstehen, werden ein Urteil empfangen. 3 Denn die Regenten sind nicht ein Schrecken für das gute Werk, sondern für das böse. Willst du dich aber vor der staatlichen Macht nicht fürchten, so tue das Gute, und du wirst Lob von ihr haben; 4 denn sie ist Gottes Dienerin, dir zum Guten. Wenn du aber das Böse tust, so fürchte dich! Denn sie trägt das Schwert nicht umsonst, denn sie ist Gottes Dienerin, eine Rächerin zur Strafe für den, der Böses tut. 5 Darum ist es notwendig, untertan zu sein, nicht allein der Strafe wegen, sondern auch des Gewissens wegen. 6 Denn deshalb entrichtet ihr auch Steuern; denn es sind Gottes Diener, die eben hierzu fortwährend beschäftigt sind. 7 Gebt allen, was ihnen gebührt: die Steuer, dem die Steuer, den Zoll, dem der Zoll, die Furcht, dem die Furcht, die Ehre, dem die Ehre gebührt! (vgl. auch 1Petr 2,13)

Der Vers 7 des Paulus erinnert sehr an die Antwort, die Jesus auf die Steuerfrage gibt.

Jesus zieht sich in dieser Angelegenheit elegant aus der Affäre. Damit soll aber nicht bestritten werden, dass seine Antwort aus tiefster Überzeugung kommt! Jedenfalls konnte Jesus hier keinesfalls sagen: Es ist nicht erlaubt, Steuern zu entrichten. Dies hätte ihn in aller Öffentlichkeit zu einem Aufrührer gemacht. Ein Aufstand gegen eine Großmacht beginnt gewöhnlich damit, dass der Vasall seine Steuern und Abgaben nicht mehr entrichtet. Dies dürfte auch für die späte Königszeit des AT gelten, in der das kleine Israel versuchte, das Joch der Assyrer und später der Babylonier abzuschütteln. Beides endete bekanntermaßen in einer Katastrophe: Die Bewohner des Nordreiches Israel mit seinen zehn Stämmen werden im Jahre 722 von den Assyrern ins Exil geführt und kehren nie mehr zurück. Ihre Wiederkehr aus der Diaspora steht auf der Agenda der Endzeit. Die Menschen des Südreiches mit seiner Hauptstadt Jerusalem und der Davidsdynastie werden i. J. 597 und noch einmal 586 von den Neubabyloniern ins Exil geführt, aus dem sie i. J. 538, nach der Machtübernahme durch die Perser, wieder freikommen und (teilweise) nach Juda zurückkehren.

Die Verweigerung der Kaisersteuer bzw. allgemein des Tributs an die Römer hätten Jesus unweigerlich sofort in Haft gebracht. Die Abgabe der Steuer öffentlich zu fordern hätte Jesus vermutlich vor dem Volk desavouiert. Dies dürfte aber keineswegs der eigentlich Grund für seine Antwort sein, denn die Abgabe der Steuer beinhaltet ja auch, den Kaiser als höchste Instanz zu akzeptieren und damit auch die beginnende Vergöttlichung des Kaisers mitzutragen. Dies aber steht eindeutig gegen die im AT vielfach vorgetragene Mahnung, keine andere Macht als nur den Gott Israels über sich zu dulden, besonders nachdrücklich vorgetragen in der Forderung des Volkes nach einem König in 1Sam 8.

In der Antwort Jesu kommen mehrere Aspekte zum Tragen:

Indem die Gegner im Besitz der Steuermünzen sind, signalisieren sie bereits, dass sie selbst die Steuer durchaus entrichten wollen. Ihre Frage wird damit von vorneherein als Fangfrage entlarvt. Jesus wirft ihnen daher in ihrem Gespräch Heuchelei vor. Mit der Steuermünze zeigen die Gegner gleichzeitig an, den Kaiser als Herrscher zu akzeptieren. Und ein Drittes: In der Antwort Jesu wird die Steuer nicht abgelehnt, aber durch die darüber hinausgehende Gottesfurcht relativiert, zumal es möglich ist, das „und" in dem Satz: „...*und* gebt Gott, was Gottes ist" adversativ zu übersetzen und den Satz somit lauten zu lassen: „Gebt dem Kaiser, was des Kaisers ist, *aber* Gott, was Gottes ist. So sieht die Antwort Jesu noch einmal ganz anders aus und musste die Gegner nicht nur verwundern, sondern noch viel mehr beschämen. Streitgespräche sind daher alles andere als amüsante Dialoge, sondern erwachsen aus der Botschaft Jesu vom alles überragenden, menschenfreundlichen Vater, über dem es keine andere Instanz geben kann.

9.3 ...in seinen Wundern?

Heutige Menschen interessiert in erster Linie die Frage, ob die Wunder Jesu allesamt „echt" waren oder „historisch" so, wie sie erzählt werden, stattgefunden haben. Um die letzte Frage gleich zu beantworten: So, wie sie erzählt werden, haben sie eben nicht stattgefunden. Dies kann man deshalb mit ziemlicher Sicherheit sagen, weil sie in der Art und Weise, wie sie erzählt werden, (fast) jegliche individuellen Merkmale verloren haben. Dies kommt daher, dass – ähnlich den Gleichnissen – die Geschehnisse ebenfalls in eine Erzählform gegossen werden, wie sie für eine ganz bestimmte Art von Erzählung – hier also für Wunder – typisch ist. Zu einem Exorzismus beispielsweise gehört als Stilelement eine kurze „Unterhaltung" zwischen dem Dämon und dem Exorzisten, ehe dieser mit kraftvollem Wort zum Auszug aus dem Kranken gezwungen wird. Es gehört auch dazu, dass die Krankheit und die Verhaltensweisen des Kranken mehr oder weniger beschrieben werden. So wird in Mk 5 von einem Besessenen erzählt, der außerhalb des Ortes in Grabhöhlen wohnte und weder durch Stricke noch durch Ketten gebändigt werden konnte (Mk 5,4), herumschrie und sich mit Steinen Verletzungen beibrachte. In einem anderen Fall wird beschrieben, dass der Geist den Kranken in Gefahr bringt, indem er ihn z.B. ins Feuer oder Wasser treibt (Mk 9,22). In jedem dieser Fälle ist der Mensch nicht mehr Herr seiner selbst, er hat die Selbstkontrolle verloren und wird vielleicht nach einem Anfall sagen: Welcher Teufel hat mich denn da geritten? Dabei ist klar: Je mächtiger der Geist, desto mächtiger muss der Exorzist sein, dem es gelingt, den Geist auszutreiben. Obwohl das eigentliche Ereignis, der Exorzismus, nicht in seinen Einzel- oder Besonderheiten erzählt wird, kann grundsätzlich davon ausgegangen werden, dass Jesus ein erfolgreicher Exorzist war.

Nun ist es nicht so, dass Jesus der Einzige wäre, der in jener Zeit „Wunder“ wirkt. Insbesondere bei den Exorzismen sind offensichtlich auch andere in jener Zeit durchaus erfolgreich. An einer Stelle macht man Jesus den Vorwurf, er könne nur Exorzismen vornehmen, weil er sich mit dem Obersten der Dämonen verbündet habe. Jesus antwortet auf diesen Vorwurf:

> *Lk 11,19 Wenn aber ich durch Beelzebul die Dämonen austreibe, durch wen treiben eure Söhne sie aus?*

D.h. weder Exorzismen durch Jesus noch durch andere („eure Söhne“) werden zu irgendeinem Zeitpunkt als solche angezweifelt. Es wird sogar bestätigt, dass die Exorzismen erfolgreich verlaufen sind. Jesus führt weiterhin an, dass es keinen Sinn mache, den „Beelzebul“ zum Exorzismus heranzuziehen, weil die Dämonen dadurch ihre eigene Macht, ihr Reich, untergraben würden. Stattdessen betont er:

> *11,20 Wenn ich aber durch den Finger Gottes die Dämonen austreibe, so ist also das Reich Gottes zu euch gekommen.*

Jetzt, in den Exorzismen Jesu, bricht sich das Reich Gottes Bahn, kommt es zum Sieg über die Mächte des Satans, die sich nach damaligem Zeit- und Weltverständnis hinter Besessenheit und anderen Krankheiten verbergen.

Es ist verständlich und auch notwendig, dass wir heute große Vorbehalte gegen die Vorstellung einer dämonischen Besessenheit haben. Was sollen schon Dämonen sein? Die Menschen heute glauben nicht mehr daran, dass der Raum zwischen Himmel und Erde mit Dämonen und Geistern bevölkert ist, zumindest nicht im aufgeklärten Westeuropa. Und wo nichts ist, kann auch nichts wirken. Krankheiten und Katastrophen jedenfalls werden nach heutiger Überzeugung nicht durch irgendwelche Dämonen verursacht. Das ist sicher richtig, aber dabei wird unterschätzt, dass der Mensch mehr ist als reine Physis. Die heutige Medizin scheint die Dinge jedenfalls differenzierter zu sehen: Nachdem man bei Krankheiten jahrzehntelang nur die körperlichen Gebrechen zu heilen versuchte, geht man inzwischen wieder stärker von einer ganzheitlicheren Sicht des Menschen aus, und damit auch von Belastungen, die über die Psyche zu körperlichen Beschwerden führen. Ein Mensch mit einem Hörsturz hat eben zu viel um die Ohren: Man weiß, dass ein Hörsturz oder auch der Beginn eines Ohrengeräuschs, eines Tinnitus, durch Stress ausgelöst werden kann. Bei Rückenschmerzen hat ein Mensch zu viel „auf dem Buckel“, aber auch Nieren, Leber, Galle, Magen können durch (nervliche) Überlastung in Mitleidenschaft gezogen werden, ohne dass diese Organe eigentlich erstursächlich krank sind. „Es geht mir an die Nieren“ (vgl. Ijob 16,13; 19,27; 38,36; Ps 16,7; 73,21) und „es schlägt mir auf den Magen“ sind stehende Wendungen, die ihren Ursprung in der Sicht des Menschen haben, wie sie im AT vorgegeben ist. Die Wendung „auf Herz und Nieren prüfen“ findet sich wörtlich in Ps 7,9 und Jer 11,20. Schon im AT wird demnach behauptet, dass bestimmte Organe des Menschen durch Ängste, Überlastung u.a. schlichtweg krank werden können. Ganz nebenbei finden sich manche „Diagnosen“, die wir heute im Bereich der Psychosomatik behandeln, schon im Alten Testament.

Davon abgesehen meint Besessenheit natürlich auch jede Art von psychischer Erkrankung, von der man in der Zeit Jesu noch keine Kenntnisse hatte.

Einige grundsätzliche Sätze seien zum Wunderverständnis der damaligen Zeit und heute gesagt: Wenn man heutzutage von einem Wunder spricht, so meint man ein Ereignis, das wider alle menschliche Erfahrung, wider alle Erwartungen, ja sogar gegen jedes „Naturgesetz“ stattfindet, wie z.B. die Heilung eines angeblich unheilbar kranken Menschen, den die Ärzte aufgegeben haben, der austherapiert ist, wie man heute sagt – oder das möglichst unversehrte Überleben bei einem grässlichen Unfall. Zumeist verlangt oder erwartet man, dass die Ereignisse entgegen jeglicher Regeln abgelaufen sind.

Diese Vorstellung wird von der katholischen Kirche durchaus unterstützt. Ein Wunder in Lourdes oder auch im Kontext einer Selig- oder Heiligsprechung muss mehr oder weniger wissenschaftlicher Prüfung standhalten. Es wird dann als Wunder akzeptiert, wenn es sich – nach einem intensiven Prüfungsverfahren – eben als nicht „natürlich“, als nicht erklärbar ausweist.

Das Problem bei einer derartigen Bestimmung von „Wunder“ besteht jedoch unter anderem darin, dass wir selbst bis zur Stunde noch keineswegs alle Naturgesetze kennen. Im Umkehrschluss würde das bedeuten: Je mehr der Mensch in die Geheimnisse der Natur eindringt und diese versteht, umso weniger Wunder wird es geben.

Zum andern gibt es durchaus auch Ereignisse, die nach keinem Natur*gesetz* ablaufen. So erfolgt der Zerfall einer radioaktiven Quelle nicht regelmäßig und folgt keinem für uns erkennbaren Gesetz. Die Zerfallsereignisse ergeben nur nach einer langen Verlaufsdauer des Experiments einen durchschnittlichen Wert für die Anzahl der Ereignisse. Das einzelne Ereignis dagegen ist nicht vorhersagbar und richtet sich somit auch nicht nach einem „Gesetz“, außer dem natürlich, dass Zerfall stattfindet.

Es ist grundsätzlich zu fragen, ob die Koppelung der Definition eines „Wunders“ an die so genannten Naturgesetze nicht ein Irrweg ist. Zudem ist das Wunderverständnis der Zeit Jesu ein gänzlich anderes. Einerseits kannte man keine Naturgesetze, andererseits betrachtet man die Welt als Ort, in und an dem Gott mehr oder weniger dauernd präsent war, also auch jederzeit handeln konnte. Von daher waren Wunder zwar nicht die Norm, sondern durchaus etwas Außergewöhnliches („so etwas haben wir noch nie gesehen“), aber doch jederzeit möglich (zum ganzen Thema vgl. Weiser, Wunder). Es geht somit nicht darum, dass ein möglichst spektakuläres Ereignis geschieht, sondern ein Ereignis wird dann zum Wunder, wenn der Betroffene oder auch die Zeugen darin das Wirken Gottes erkennen können.

Noch etwas ist dabei zu beachten: Gerade weil auch andere Wundertäter zur Zeit Jesu auftreten und durchaus erfolgreich sind (vgl. Apollonius von Tyana, ca. 40-120 n. Chr., Philosoph und Wundertäter), können die Wunder nicht dazu dienen, die Gottessohnschaft Jesu zu „beweisen", wie man dies früher gedacht hat. Dazu sind die Wunder auch gar nicht da, ausgenommen im Joh-Evangelium. Sie sind vielmehr, zusammen mit den Worten Jesu, Ausdruck des kommenden Gottesreiches, sie sind Zeichen der anbrechenden Gottesherrschaft. Wunder und Botschaft Jesu bedingen einander, interpretieren sich gegenseitig. Wenn daher jemand die Botschaft Jesu nicht ernst nimmt, wird er auch bei den Wundern nicht anders denken.

Vordergründig betrachtet ist die Botschaft Jesu daher rein theologisch, man kann auch sagen soteriologisch: Es geht um das Heil, das Gott den Menschen nahebringt, mit dem er die Menschen „heil" macht. Diese Botschaft Jesu enthält jedoch jede Menge Sprengstoff, auch und gerade im Hinblick auf Gesellschaft und Religion seiner Zeit: Wozu braucht es eigentlich (noch) einen Tempel mit seinem gesamten Repertoire an Heils- und Versöhnungsmöglichkeiten, wenn Gott doch vorab jedem vergibt? Und wie ist eine gesellschaftliche Rangordnung zu rechtfertigen, die sich (scheinbar) an der Gottesunmittelbarkeit der Personen orientiert, die sich hierarchisch gegliedert vom Hohepriester über das Priesterpersonal am Tempel hinunter zu den Underdogs erstreckt, bestehend aus „Sündern", als da wären die stets unreinen Gerber – sie arbeiten mit und an toten Tieren und verunreinigen sich damit ständig – die Zöllner, die von Hause aus als unehrlich bewertet werden, die Huren per se u.a.?

Es ist naheliegend, dass die eben genannten Inhalte der Botschaft Jesu zu seinem Tod geführt haben und nicht etwa die Hoheitstitel, die in der Frage des Hohepriesters enthalten sind (Mk 14,61f). Diese sind sekundär und erst ab der Auferstehung Jesu überhaupt angebracht, denn vorher war Jesus „nur" ein wirkmächtiger Verkünder der Gottesherrschaft, der nach dem Urteil des Pilatus zunächst als gescheitert gelten musste. Was er verkündet hat, eine Zeit ohne Mühen und Beschwernis, in Gerechtigkeit und Liebe, hervorgebracht durch die Regentschaft Gottes – das alles ist schließlich bis zum heutigen Tag nicht eingetroffen. Die Auferweckung dagegen stellt eine Rehabilitation des Boten Jesu durch Gott dar, denn sie erweist, dass das Todesurteil gegen ihn ein glattes Fehlurteil war (s.u.).

Zusammenfassung

Die Botschaft Jesu lässt sich kurz auf den Punkt bringen: Er verkündet die Königsherrschaft Gottes, die unmittelbar bevorsteht und in Jesu Wirken und in seiner Rede, auch in seinen Zeichenhandlungen in die Gegenwart hereinreicht. Gott wendet sich in Jesu Reden und Handeln den Menschen vorbedingungslos zu. Das bedeutet, dass eine der Zuwendung Gottes vorausgehende Umkehr ebenso wenig erforderlich ist wie Einrichtungen, welche für sich reklamieren, das Heil zwischen Gott und dem Menschen vermitteln zu wollen oder zu können. Zum Einbruch der Gottesherrschaft gehört auch – fast zwangsläufig – dass der Satan und seine Dämonen schon in Jesu Gegenwart punktuell ihre Macht verloren haben. Manifest wird dies in den Exorzismen Jesu, in denen die Dämonen auf sein Wort hin weichen müssen. Es versteht sich von selbst, dass Jesus mit dieser Botschaft in erster Linie in der Priesterschaft und im Tempelbetrieb Anstoß erregte. In einer Hierokratie, d.h. der Vereinigung von weltlicher und religiöser Gewalt in Händen eines Geistlichen, war diese Botschaft auch ein Politikum und führte zu seinem Tode.

10. Will Jesus provozieren?

Man hat durchaus den Eindruck, dass er das möchte, aber die Tatsache, dass die Botschaft Jesu provozierend wirkt, liegt nicht an Jesus, sondern an uns. Wir wollen nicht, dass sich Gott aller erbarmt; wir wollen nicht, dass er sich um den Sünder kümmert, ohne dass dieser vorher ein Zeichen der Umkehr abgelegt hat. Gott soll gerecht sein, so wie wir eben Gerechtigkeit verstehen. Der Gute gehört belohnt, der Böse gehört bestraft, und wer immer treu in die Kirche geht und seinen Obolus für Misereor, Brot für die Welt oder Adveniat abliefert, hat doch allemal ein Recht auf eine andere Behandlung durch Gott, oder?

Natürlich ist von einem Christen zu erwarten, dass er sich anders verhält als ein Ungetaufter. Schon Paulus hatte seine Probleme mit den verschiedenen Gemeinden, in denen die Menschen sich anders verhielten als gewünscht. Insbesondere in Korinth gab es Gemeindemitglieder, die die Auffassung vertraten: Ich glaube an Jesus Christus, ich bin auf seinen Namen getauft und damit spielt mein Verhalten bis zur Wiederkunft des Herrn keine Rolle mehr. Dieses Denken ging möglicherweise aber noch von der Höherbewertung der „Seele" gegenüber dem materiellen Leib aus. Paulus hält jedoch dagegen, nicht nur weil er den Leib nicht abwertete, sondern weil von einem Christen zu erwarten ist, dass sein Verhalten vom Geist Christi geprägt ist und dies nicht, um sich einen Platz im Himmel zu verdienen, sondern aus Liebe zu Christus.

Christ zu sein äußert sich eben auch am christlichen Verhalten, ja lässt ein solches geradezu erwarten. Zu verdienen gibt es hierbei aber nichts, denn mit Tod und Auferstehung Christi und der Taufe auf ihn wurde uns von Gott ja bereits Heil geschenkt.

Jesus provoziert also nicht, auch wenn wir (und auch seine Zeitgenossen) seine Botschaft als Provokation empfinden. Der Gott, den Jesus verkündet, hat nichts mit unserem kleinlichen Gerechtigkeitsbegriff zu tun. Das sagt Jesus in den Gleichnissen, das verifiziert er mit seinen Krankenheilungen am Sabbat und dies erträgt er in seinem Tod, der sich aus der Verweigerung gegenüber seiner Botschaft von Gott ergibt.

Zusammenfassung

Es ist kaum anzunehmen, dass Jesus seine Zeitgenossen mit seiner Botschaft provozieren wollte. Vieles, was er tat und sagte, wurde aber als Provokation verstanden, weil sich die Zuhörer nicht auf das von Jesus vermittelte Gottesbild einlassen konnten oder wollten. Die Einkehr beim Oberzöllner Zachäus musste genauso als Provokation verstanden worden sein wie das Gleichnis vom Herrn des Weinberges, der allen Arbeitern den gleichen Lohn auszahlt.

11. Und wie stand Jesus zum jüdischen Gesetz?

Noch vor wenigen Jahrzehnten wurde überall gelehrt und gepredigt, Jesus sei von den Juden zum Tode verurteilt und hingerichtet worden, weil er das Gesetz gebrochen habe. Die ganze Aussage ist natürlich falsch. Nicht „die Juden" haben Jesus zum Tode verurteilt, sondern Pilatus. Und er war es auch, der ihn kreuzigen ließ, durch seine Soldaten und nicht etwa durch eine (jüdische) Tempelwache, falls es die gegeben hat. Schließlich war auch nicht die Übertretung des Gesetzes der Grund für seinen Tod, sondern der Angriff auf den Tempel und die angeblich damit verbundenen messianischen Ansprüche (s.u.). Man muss allerdings zugeben, dass die Aussagen zum Gesetz im Neuen Testament mehr als heterogen sind:

Beginnen wir mit Paulus, so heißt es bei ihm mehr als einmal: Aus Werken des Gesetzes kann kein Mensch gerechtfertigt werden (vgl. Röm 3,28; 11,6; Gal 2,21; 3,11f). Damit will er sagen, dass das Gesetz – was immer er darunter versteht – kein Heilsweg mehr ist, denn das Heil kommt alleine aus dem Glauben an Jesus Christus und aus der Taufe auf ihn. Ob das „nur" für die Heidenchristen gilt oder auch für Judenchristen ist in der Forschung nach wie vor umstritten, und das gilt auch für das Verhältnis von Paulus selbst zum Gesetz. So sagt er z.B.: Den Juden bin ich ein Jude geworden, den Heiden ein Heide (s.u.: 1Kor 9,20f). Hat er also, wenn er sich unter Juden bewegte, das Gesetz eingehalten? Wir wissen es nicht. In gemischten Gemeinden, wie in Antiochien, heute Antakya, in der südöstlichen Türkei gelegen, hat er sich jedenfalls auf die Seite der Heiden geschlagen und damit einen innerchristlichen Streit ausgelöst. Es geht dabei um den „Antiochenischen Zwischenfall": In der/den Gemeinde(n) von Antiochien gab es ein gemeinsames Mahl, möglicherweise im Kontext des Herrenmahles, an dem Juden- und Heidenchristen in gleicher Weise teilnahmen, darunter auch Petrus. Einige Männer „von Jakobus", dem Herrenbruder aus Jerusalem, kamen nach Antiochien und ab diesem Zeitpunkt gaben einige/alle (?) Judenchristen die Praxis des gemeinsamen Mahles auf und trennten zwischen Juden- und Heidenchristen – aus Angst vor denen aus der Beschneidung, wie uns der Text verrät. Jakobus und seine Anhänger scheinen demnach wichtige Autoritäten gewesen zu sein.

Paulus bezeichnet die Judenchristen incl. Petrus daraufhin als Heuchler: Entweder haben sie früher geheuchelt, als sie noch zusammen mit den Heiden aßen, oder sie heucheln jetzt, indem sie diese Gepflogenheit aufgegeben haben. Paulus scheint sich in diesem Streit nicht durchgesetzt zu haben. Er verlässt Antiochien und wählt sich einen neuen Begleiter, da auch sein ehemaliger Reisegefährte Barnabas sich auf die Seite der Judenchristen schlägt.

Paulus muss sich jedenfalls immer wieder wegen seiner Einstellung verteidigen und wiederholt deshalb auch immer wieder: Aus Werken des Gesetzes wird kein

Mensch gerechtfertigt, und dieses „gerechtfertigt" meint, dass der Mensch durch eigene Werke nichts zu seinem Heil „hinzuverdienen" kann, sich vor Gott nicht selbst „gerecht" machen kann. Gott ist es, der dem Menschen Heil schenkt, und dies allein durch und infolge von Tod und Auferstehung Jesu. Man könnte auch sagen: Vor Gott kann man bestehen, weil er uns unverdient, gnadenhaft, vor sich bestehen lässt:

> *Gal 2,21 Ich mache die Gnade Gottes nicht ungültig; denn wenn Gerechtigkeit durch Gesetz kommt, dann ist Christus umsonst gestorben.*
> *Gal 3,11 Daß aber durch Gesetz niemand vor Gott gerechtfertigt wird, ist offenbar, denn „der Gerechte wird aus Glauben leben".*
> *Gal 3,19 Was soll nun das Gesetz? Es wurde der Übertretungen wegen hinzugefügt – bis der Nachkomme käme, dem die Verheißung galt – angeordnet durch Engel in der Hand eines Mittlers.*
> *Vgl. Gal 5,4 Ihr seid von Christus abgetrennt, die ihr im Gesetz gerechtfertigt werden wollt; ihr seid aus der Gnade gefallen.*

Umso mehr mag es verwundern, wenn Paulus trotz der mit Vehemenz vorgetragenen Aussage zur (Un-)Gültigkeit des Gesetzes im Römerbrief schreibt:

> *Röm 7,12 So ist also das Gesetz heilig und das Gebot heilig und gerecht und gut.*
> *Röm 7,16 Wenn ich aber das, was ich nicht will, ausübe, so stimme ich dem Gesetz bei, daß es gut ist.*

Hat er im gegenüber Gal späteren Römerbrief seine Einstellung geändert? Die oben schon genannten Stellen auch aus dem Römerbrief sprechen dagegen. Und so muss man feststellen, dass Paulus vielleicht unterscheidet zwischen dem Gesetz als Handlungsanweisung und dem Gesetz in christologischer Bedeutung, d.h. insofern es Hinweise auf Jesus Christus enthält. Eine andere Möglichkeit mit diesen Widersprüchen umzugehen besteht darin, dass er dem Gesetz insofern zustimmt, als „Gesetzlosigkeit" zum Untergang einer Gesellschaft führt. Die Einhaltung des Gesetzes wäre demnach durchaus positiv, aber nicht in dem Sinne, daraus irgendwelchen Nutzen in Bezug auf Gottes Heil zu ziehen. Paulus wurde ohnedies Gesetzlosigkeit vorgeworfen, vielleicht weil man seine Argumentation nicht verstand. Er reagiert darauf mit dem Hinweis, dass es ja auch noch ein Gesetz Christi gibt, das durchaus einzuhalten ist:

> *1Kor 9,20 Und ich bin den Juden wie ein Jude geworden, damit ich die Juden gewinne; denen, die unter Gesetz sind, wie einer unter Gesetz – obwohl ich selbst nicht unter Gesetz bin – , damit ich die, welche unter Gesetz sind, gewinne; 21 denen, die ohne Gesetz sind, wie einer ohne Gesetz – obwohl ich nicht ohne Gesetz vor Gott bin, sondern unter dem Gesetz Christi – , damit ich die, welche ohne Gesetz sind, gewinne.*
> *Gal 6,2 Einer trage des anderen Lasten, und so werdet ihr das Gesetz des Christus erfüllen.*

Eine dritte Möglichkeit – und dies ist die wahrscheinlichste – geht vom Kontext des Röm aus: Das Gesetz per se ist nicht schlecht. Es bringt auch nicht den Tod, denn es ist von Gott bzw. dessen Mittler gegeben. Das Gesetz führt nicht zur Sünde, sondern führt zur Erkenntnis der Sünde. So lange kein Verbot existiert, ist eine bestimmte Handlung eben auch erlaubt. Das besagt gleichwohl noch nichts über das Gesetz als Weg zum Heil, vor allem jetzt nicht mehr, nach der Heilstat Christi.

Trotzdem ist die Frage nach der Geltung des Gesetzes schon beim frühesten christlichen „Schriftsteller" nicht in allen Einzelheiten zu erklären. Diese disparate Sicht zieht sich weiter durch die frühchristliche Überlieferung, etwa wenn es bei Mt heißt:

> *Mt 5,17 Meint nicht, daß ich gekommen sei, das Gesetz oder die Propheten aufzulösen; ich bin nicht gekommen, aufzulösen, sondern zu erfüllen. 18 Denn wahrlich, ich sage euch: Bis der Himmel und die Erde vergehen, soll auch nicht ein Jota oder ein Strichlein von dem Gesetz vergehen, bis alles geschehen ist.*

Diese Aussage scheint im Widerspruch zu den Antithesen des Mt in Kap 5 zu stehen, wenn es mehrfach heißt: Ihr habt gehört, dass zu den Alten gesagt wurde ... ich aber sage euch...

Löst Jesus hier etwa keine traditionellen Gesetze auf? Auch hier gibt es verschiedene Möglichkeiten zur Interpretation, wie auch die Möglichkeit, diese Aussagen unterschiedlichen „Autoren" zuzuweisen. Im Klartext stellt sich zunächst die Frage, ob diese Worte wirklich von Jesus so gesprochen wurden oder ob sie aus der judenchristlichen Redaktion des Mt stammen. Aber auch davon unabhängig fällt auf, dass sich einige dieser Aussagen, so wie scheinbar in den Antithesen zitiert, überhaupt nicht im „Gesetz" finden. Wenn es beispielsweise in Mt 5,43 heißt: Ihr habt gehört, daß gesagt ist: Du sollst deinen Nächsten lieben und deinen Feind hassen, so sucht man im AT vergeblich nach dieser Aussage und auch in der jüdisch-talmudischen Überlieferung wird man nicht fündig. Woher kommt dann aber dieser Ausspruch?

Es ist zu vermuten, dass hier wie auch in einigen anderen Fällen durchaus jüdische Tradition vorliegt, die aber in irgendeiner Weise mündlich tradiert wurde und eher unter die Rubrik von „Sitte, Brauchtum, Tradition" fällt und als Überlieferung der Alten gilt, die zwar angewendet wurde, aber nirgends festgeschrieben vorliegt. Derartige Traditionen gibt es in vielen, vielleicht sogar allen Religionen. Im Christentum geraten diese freilich zunehmend in Vergessenheit, wie etwa die ehemals (katholische) Praxis, am Mittwoch keine Fleisch- sondern Mehlspeisen zu essen, bei Gewitter eine bestimmte (schwarze) Kerze anzuzünden und bei einem Todesfall die Spiegel zu verhüllen. Letzteres findet sich auch im Judentum.

Im Judentum gibt es keine Vorschrift darüber, dass Männer in der Synagoge bzw. beim Gebet eine Kippa tragen. Das ist eben Brauch. Einige dieser noch heute geübten Traditionen werden beibehalten, obwohl sie nach äußerem Anschein unsinnig sind, wie etwa am Schabbat einen Schtreimel, eine Pelzmütze zu tragen, und dies in Jerusalem bei über 35 Grad Celsius im Schatten. Diese Kopfbedeckung stammt natürlich aus kälteren Gebieten, um genau zu sein kommt sie aus dem osteuropäischen Judentum und ist bei dessen Vertretern zu einer Art jüdischer Tracht geworden.

Bei einigen afrikanischen Völkern ist es leider bis heute üblich, Mädchen zu beschneiden. Diese Unsitte hat überhaupt nichts mit Religion zu tun und wird von Muslimen genauso ausgeübt wie von Christen.

In den Antithesen nimmt Jesus demnach gegen jüdische Traditionen Stellung und nicht gegen die Tora. Zudem lässt sich bei Jesus keine eindeutige Tendenz erkennen: Es gibt Verhaltensmuster, die er offensichtlich relativiert, andere wiederum scheint er zu verschärfen. Mehrfach ist davon die Rede, dass Menschen geholfen werden muss, auch am Schabbat und auch dann, wenn keine existentielle Not vorliegt. Das scheinbar als Erntearbeit verbotene Ährenpflücken am Sabbat durch die hungernden Jünger relativiert er mit dem Verweis darauf, dass David einst ohne Berechtigung die für die Gottheit ausgelegten Schaubrote aus einem Tempel aß, weil er ebenfalls Hunger hatte.

Man kann festhalten, dass Jesus seine Entscheidungen nicht am Buchstaben irgendwelcher Gebote orientierte, sondern am Wohl des Menschen – man kann auch sagen: an der Befindlichkeit des Menschen vor der einbrechenden Königsherrschaft Gottes.

Zusammenfassung

Auch die Haltung Jesu zum Gesetz steht ganz unter dem Zeichen seines Gottesbildes und seiner Verkündigung von der Gottesherrschaft. Und das bedeutet: Der von Gott geliebte Mensch steht im Mittelpunkt. An ihm orientiert sich Jesu Gesetzesverständnis, wobei gesagt sein muss, dass Jesus nicht immer das (geschriebene) Gesetz zur Grundlage seiner Argumentation nimmt, sondern des Öfteren auch dessen (mündliche?) Auslegung, die sich zu seiner Zeit bereits entwickelte. Besonders deutlich wird dies an den so genannten Antithesen im Mt-Evangelium. Entsprechend der Grundlagen seiner Gesetzesinterpretation verkündet Jesu einerseits verschärfende, andererseits erleichternde Regeln. Mit seiner „mündlichen Tora“ stand Jesus von allen jüdischen Gruppen vermutlich dem Pharisäismus am nächsten. Wenn Lk häufiger als die anderen Evangelisten erzählt, Jesus sei bei einem Pharisäer zu Gast gewesen, so kann dies zunächst einmal das lk Interesse widerspiegeln, Jesus und seine Botschaft eng an das Judentum zu binden. Vermutlich gibt er damit jedoch auch die Historie wieder.

12. Wie sehr lebt Jesus in seiner Tradition als Jude?

In der Vergangenheit – eigentlich bis zum Beginn der historisch-kritischen Exegese, auf katholischer Seite im Vorfeld des II. Vatikanischen Konzils – wurde Jesus und seine Botschaft in feindlicher Konkurrenz zu „den Juden“ gesehen. Die jahrhundertealte Behauptung in Anlehnung an die Antithesen des Mt in Kap 5, „das Judentum“ lehre das Recht der Wiedervergeltung mit Auge um Auge, Zahn um Zahn, Jesus dagegen die Vergebung, trug zu der feindselig geprägten Abgrenzung vom Judentum bei, zu Antijudaismus. Die Weherufe aus Mt 23 sowie die Darstellung der Pharisäer als peinlich genaue und selbstgerechte Gesetzesbeobachter taten ein Übriges, um das Judentum als Ganzes und die letztgenannte Gruppe im Besonderen zu desavouieren. Kurz gesagt: Man stellte Jesus als die große Gestalt dar, die (fast) in allem in Opposition zum zeitgenössischen Judentum stand und profilierte ihn damit zu *dem* großen Erneuerer. Das muss nicht verwundern. Auch Luther ist es so ergangen. Dem Judentum blieb damit nur die Rolle als altes oder gar ehemaliges Gottesvolk, das nunmehr vom Christentum in dieser Funktion abgelöst wurde. Diese Vorstellung aber ist schlichtweg von gestern und sie ist falsch: Jesus war kein Jude, der dann zum Christentum konvertierte, wie man es immer wieder einmal hört. Jesus ist Jude und bleibt es, sein ganzes Leben lang. Noch am Kreuz beginnt er laut Mk 15,34 vgl. Mt 27,46 einen Psalm zu beten. Es ist der Psalm 22, der mit der Klage des Beters beginnt: *Mein Gott, mein Gott, warum hast du mich verlassen.*

Die Evangelien berichten auf Schritt und Tritt vom Jude-Sein Jesu. Er kennt die gesetzliche Überlieferung und legt sie aus, er besucht die Synagoge, begibt sich auf die Wallfahrt nach Jerusalem und feiert dort angeblich mit seinen Jüngern das Pascha. Einen Aussätzigen, der von Jesus geheilt wird, fordert er auf, gemäß der Toravorschrift, zu einem Priester zu gehen, um sich die Heilung und die wiederhergestellte Reinheit bestätigen zu lassen. Jesus zitiert die Schriften, auch die Propheten, auch wenn er es vermutlich abgelehnt hat, mit seinen Jüngern zu fasten: So lange sie [die Hochzeitsgäste] den Bräutigam bei sich haben, können sie nicht fasten – und so wird Jesus eben auch in der Mt und Lk gemeinsamen Überlieferung, der so genannten Logienquelle Q, *ein Fresser und Weinsäufer, ein Freund der Zöllner und Sünder* genannt. Er lässt sich ohne Weiteres einladen und isst und trinkt nicht nur mit den Pharisäern, sondern auch mit Zöllnern und Sündern. Jesus glaubt, ganz in jüdischer Tradition stehend, an das Kommen des Königreiches Gottes mit einem gerechten König und er kann nur deshalb so wenig konkret und fast ausschließlich bildhaft über dieses Reich Gottes sprechen, weil seine Zuhörer sehr wohl wissen, wovon er spricht. Selbst der Glaube an die Auferstehung, den Jesus mit den Sadduzäern in Mk 12 diskutiert, ist jüdisch, wie zeitlich nahestehende Gebete des Judentums belegen (z.B. das Achtzehn- oder Achtzehnbittengebet, auch Schmone Esre, d.i. 18, oder Amida, stehend, genannt). Wenn daher jüdische Autoren vom „Bruder Jesus“ (so Schalom Ben Chorin) sprechen, dann ist daran absolut nichts auszusetzen. Was die Zeitgenossen Jesu und seine Haltung zu ihm betreffen, stand Jesus den Pharisäern und ihrer oft menschenfreundlichen Auslegung des Gesetzes nahe.

Zusammenfassung

Jesus war kein Jude, der später zu Christentum übertrat, wie man dies immer wieder zu hören bekommt. Diese Aussage ist schon deshalb verfehlt, weil sich das Christentum ja auf Jesus selbst gründet. Es gab nichts, zu dem man hätte übertreten können. Dieser Spruch gilt im Übrigen genauso wenig für die Apostel oder für Paulus. Das Frühchristentum rekrutierte sich zunächst aus Juden, die man auch als „messianische Juden“ bezeichnet, weil sie Jesus als den Messias anerkannten.

Jesus war von Geburt an Jude und blieb es. Er ging an den Tempel, feierte mit seinen Jüngern die jüdischen Feste, kannte die Psalmen und betete sie und glaubte an die Auferstehung. Dies zu erwähnen ist deshalb bemerkenswert, weil das Judentum zur Zeit Jesu in dieser Frage offensichtlich schon uneins war: Die Sadduzäer scheinen sich gegen die (leibliche) Auferstehung ausgesprochen zu haben – im Gegensatz zu den Pharisäern. Wenn Jesus im Gegensatz zu jüdischen Religionsparteien nicht (mehr) gefastet hat, dann ergibt sich diese Praxis aus der Nähe der Gottesherrschaft.

13. Wo bleibt die von Jesus angekündigte Königsherrschaft Gottes?

Die Häufigkeit und Nachdrücklichkeit, mit der Jesus den unmittelbar bevorstehenden und endgültigen Einbruch der Königsherrschaft Gottes verkündet hat, wirft die Frage auf: Wo ist sie geblieben? Es führt kein Weg an der Erkenntnis vorbei, dass die von Jesus verkündete Gottesherrschaft bis zur Stunde nicht eingetroffen ist. Wir leben in einer Art Zwischenzeit – zwischen dem von Jesus verkündigten Anfang und seinem endgültigen Einbruch. Und in dieser Zwischenzeit haben wir uns reichlich bequem eingerichtet, denn wer erwartet schon noch diese Endzeit? Das Lied „Am dreißigsten Mai ist der Weltenuntergang" hat es geschafft, zum Dauerbrenner in der Fastnachtzeit zu werden! So ernst wird die Nähe des Reiches inzwischen genommen. Weder Nah- noch Stetserwartung spielen eine Rolle. Man muss wohl zugeben, dass das Ende der Welt nicht gekommen ist. Aber dies ist nur teilweise richtig: Die Erwartung des Heils, das von Gott kommt und für alle Menschen kommt, ja sogar für den Kosmos, das gerade ganz real die Widrigkeiten des Lebens beseitigen würde, wie dies von Jesus ausgesagt wurde, hat sich in der Tat nicht ereignet. Es ist weder in Gestalt der Kirche präsent, wie man dies noch Anfang des 20. Jahrhunderts propagierte und glaubte, noch in einem ethischen Gewaltakt aller Christen herbeizubringen. Wenn alle Christen die Botschaft Jesu bis zum Äußersten erfüllen würden, könnten vielleicht alle Hungernden dieser Erde gespeist, aber keineswegs alle Krankheiten beseitigt werden, geschweige denn die Not infolge von Naturkatastrophen behoben, sondern bestenfalls gelindert werden. Die Königsherrschaft Gottes ist die Sache Gottes, nicht die der Menschen.

Und trotzdem hat sich an Jesus die Königsherrschaft Gottes in einer Weise erfüllt, wie sie Jesus für alle verkündet hatte, und dies ist keineswegs nur eine billige Ausrede: In seiner Auferweckung reicht das Wirken Gottes in die Geschichte, in die Gegenwart hinein. Bilden schon seine Wunder die Herrschaft Gottes vor-läufig ab, dann um Vieles mehr seine Auferweckung, in der das endzeitliche Heil Gottes offenbar wird. Jesus ist Erstling der Entschlafenen (1Kor 15,20), sagt Paulus; dies kann doch nur heißen – und dies sagt er auch in der in seiner Zeit üblichen bildhaften Sprache – dass dieses Heil grundsätzlichen allen zugedacht ist (1Thess 4,13-17). Der Einbruch der Königsherrschaft Gottes als die ganze Schöpfung umfassendes Ereignis hat definitiv noch nicht stattgefunden – und er wird auch niemals in der Weise stattfinden, wie die endzeitlichen oder apokalyptischen Bilder des AT und NT behaupten. Die Sterne werden nicht zur Erde fallen, weil sie hier keinen Platz haben. D.h. bei der Rede vom Ende müssen wir selbstverständlich unser heutiges Wissen von Welt und Kosmos einfließen lassen und können nicht einfach die bildhafte Rede der Schrift weitertransportieren. Für den

Glaubenden ist jedoch die Herrschaft Gottes bereits an- und eingebrochen: Gott hat an Jesus ein Exempel statuiert, das in die Geschichte hereinreicht und das ein Leben nach dem Tod „garantiert". Zeugen sind dafür in erster Linie seine Begleiter, die von ihm zwar berufen wurden, nach Ostern freilich zum größten Teil keine Rolle mehr spielen.

Zusammenfassung

So wie Jesus das Reich Gottes verkündet hat, ist es nicht angebrochen. Die endgültige und universale Herrschaft Gottes steht bis zur Stunden aus. Und dennoch ist es in der Auferstehung Jesu präsent geworden und als in die Geschichte hereinreichendes Ereignis bezeugt worden. Die Auferstehung Jesu ist das exemplarische Geschehen, durch das Gott die Botschaft Jesu als wahr und richtig ausweist – und damit auch die Bedeutung seines Boten.

14. Was bedeuten die Zwölf im Kontext von Jesu Auftreten?

Es ist zwar immer wieder einmal von „viel Volk" und von „Volksmassen" die Rede, zu denen Jesus sprach und die Zeugen seiner Taten sind. Zeugen zu benennen gehört nun einmal zur Form einer Wundergeschichte. Damit ist gemeint, dass Wundererzählungen in einer bestimmten, standardisierten Weise erzählt werden, so dass jeder, der sie hörte, sofort wusste: Aha, ein Wunder. Und dazu gehören eben auch Zeugen, die das Wundergeschehen bezeugen. Trotzdem ist kaum zu bezweifeln, dass Jesus zumindest ab und an zu einer größeren Menge sprach. Freilich lässt sich z.B. an der Brotvermehrung nicht deren Anzahl ablesen. Die Brotvermehrung ist vielmehr ebenfalls eine eigene Form von Erzählung, in der der Überfluss an Nahrung angesichts des beginnenden Reiches Gottes hervorgehoben werden soll: Selig, die ihr jetzt hungert, denn ihr werdet gesättigt werden (Lk 6,21).

Nur hin und wieder sprechen die Texte von Menschen, die Jesus auch auf seiner Wanderschaft begleiteten. Natürlich sind da zuerst die so genannten Zwölf Apostel zu nennen, aber selbst bei diesen stellt sich die Frage, ob sie ihm, so lange Jesus sich in der Gegend am See aufhielt, tatsächlich auf Schritt und Tritt folgten. Nur Lk nennt einige offenbar begüterte Frauen, die Jesus begleiteten und zur materiellen Versorgung beitrugen (Lk 8,1-3). Joh weiß hingegen zu berichten, dass Jesus von einem Teil seiner Anhänger verlassen wurde (Joh 6,66f) und es sieht dabei fast so aus, als wären nur noch die Zwölf bei ihm geblieben.

An dieser Stelle ist es erforderlich, die Gruppe der Zwölf einmal näher zu betrachten. Das NT bietet verschiedene Namenslisten der Zwölf, aber diese stimmen nicht restlos überein. Dies kann doch nur bedeuten, dass man zur Zeit der Abfassung der Evangelien, ab den 70er Jahren des ersten Jahrhunderts, schon nicht mehr genau wusste, wer denn nun zu diesem Kreis gehörte. Es ist auch auffällig, dass die so genannte Apostelgeschichte eben keine solche ist, sondern ab Kap. 15 nur noch von und über Paulus erzählt. Abgesehen von Jakobus dem Apostel, der als erster das Martyrium erleben musste, Petrus und Johannes hören wir nichts von den Zwölf. Schließlich wird zwar unmittelbar nach Ostern eine Nachwahl für Judas Iskariot getroffen, für Jakobus, der im Jahre

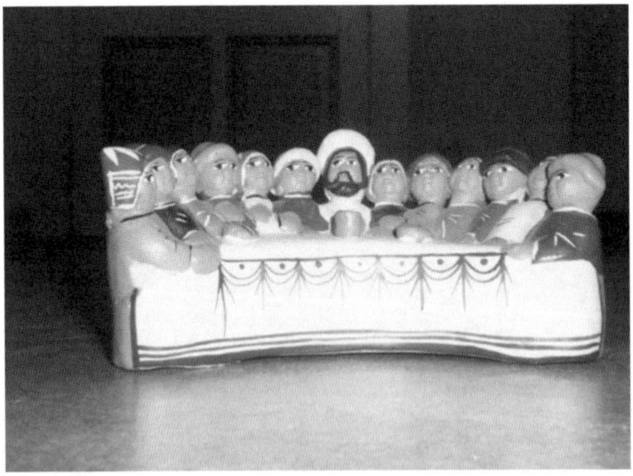

Abb.14 : Jesus und die Zwölf

42 oder 44 n. Chr. unter König Herodes Agrippa I., einem Enkel Herodes des Großen, hingerichtet wird, aber es erfolgt keine Nachwahl mehr: Der Zwölferkreis hat merkwürdigerweise schon wenige Jahrzehnte nach Ostern seine ursprüngliche, von Jesus gegebene bzw. intendierte Bedeutung verloren.

Was aber bezweckte Jesus mit der Berufung der Zwölf? Kaum zu bestreiten ist, dass die Zwölf mit Jesus zusammen das Abendmahl feierten, mag dies nun ein Paschamahl gewesen sein oder ein Abschiedsmahl (s.u.; vgl. Mt 26,20; Mk 14,17; Lk 22,14 [Apostel];vgl. Joh 20,24). Ob darüber hinaus auch noch andere teilgenommen haben, wie etwa der später nachgewählte Matthias, wissen wir ebenso wenig wie über die Teilnahme von Frauen.

Fakt ist: Jesus hat die Zwölf nicht einfach so zum Pascha zusammengestellt, sondern sucht sich diese den Evangelien zufolge bereits am Anfang seines Auftretens aus, genauer: sogar vor seinem öffentlichen Auftreten – so zumindest bei Johannes (ab 1,37). Der Grund für die Auswahl der Zwölf gibt Mk folgendermaßen an:

> *3,14 und er berief zwölf, damit sie bei ihm seien und damit er sie aussende, zu predigen.*

Das ist eine durchaus plausible Begründung. Das Problem besteht aber nun darin, dass die Jünger von einer einmaligen Aktion in Mk 6,3 abgesehen nie zur Predigt kommen. Mehr noch: Bei Lk ist diese Aufgabe auch nicht auf die Zwölf beschränkt, denn laut Lk 10 bestimmte Jesus eigens noch (weitere) 70 oder 72 „andere Jünger" und sandte diese zu je zweien aus. Nach Lk wären die Zwölf möglicherweise sogar entbehrlich, denn Jesus hat ja einen gewissen „Vorrat" an Männern, die er zur Verkündigung aussenden kann. Die Zwölf sind also überhaupt keine Apostel, Abgesandte, im ursprünglichen Sinn des Wortes; davon gab es nach Lukas 72. Dies lässt darauf schließen, dass die Bezeichnung der „zwölf Apostel" in ihrer *wörtlichen* Bedeutung gar nicht auf den historischen Jesus zurückgeht. Warum also gerade diese und warum Zwölf?

Angesichts der Bedeutung der Zahl im AT, fällt die Antwort nicht schwer. Offensichtlich wählt Jesus für jeden Stamm Israels einen Mann als Stellvertreter aus – obwohl die Sendung der Jünger zur Verkündigung zu je zweien erfolgt (Mk 6,7). Auch dafür ist der Grund klar: Nur zwei Männer geben ein verlässliches Zeugnis. Wenn es aber zwölf Stämme sind und nur sechs Botenpaare, wurde nur die Hälfte der Stämme missioniert. Auch daraus ist zu schließen: Die Verkündigung ist nicht die primäre Aufgabe der von Jesus bestellten Zwölf.

Ein Blick ins AT gibt dann Gewissheit zu Zweck und Aufgabe der Zwölf: In Jes 56,7f (vgl. Dtn 30,1-5; Jes 11,12; 43,5; Jer 23,3; 29,14; 31,8.10; 32,37; Ez 11,17; 20,34.41; 28,25; 34,13; 36,24; 37,21; 39,27; Mich 2,12; 5,1-5; Zef 3,20; Sach 10,10; Ps 106,47; 107,3; 147,2) findet sich der auch aus dem NT bekannte Spruch:

Mein Haus soll ein Bethaus sein für alle Völker, Spruch Gottes, des Herrn, der die Vertriebenen Israels sammelt.

Das Wort von der Sammlung der verlorenen zehn Nordstämme und damit der Komplettierung des Zwölf-Stämme-Volkes ist ein Akt im Angesicht des einbrechenden Endes. Wer da sammelt ist völlig klar: Es ist Gott, der Herr. An wenigstens zwei Stellen jedoch ist der kommende Gesalbte, der Messias, in die Zurückführung der zerstreuten Stämme zumindest involviert:

> *Mi 5,1 Und du, Bethlehem Efrata, das du klein unter den Tausendschaften von Juda bist, aus dir wird mir der hervorgehen, der Herrscher über Israel sein soll; und seine Ursprünge sind von der Urzeit, von den Tagen der Ewigkeit her. 2 Darum wird er sie dahingeben bis zur Zeit, da eine Gebärende geboren hat und der Rest seiner Brüder zu den Söhnen Israel zurückkehrt. 3 Und er wird auftreten und seine Herde weiden in der Kraft des HERRN, in der Hoheit des Namens des HERRN, seines Gottes.*
> *Jes 49,5 Und nun spricht der HERR, der mich von Mutterleib an für sich zum Knecht gebildet hat, um Jakob zu ihm zurückzubringen und damit Israel zu ihm gesammelt werde – und ich bin geehrt in den Augen des HERRN, und mein Gott ist meine Stärke geworden –, 6 ja, er spricht: Es ist zu wenig, daß du mein Knecht bist, um die Stämme Jakobs aufzurichten und die Bewahrten Israels zurückzubringen. So mache ich dich auch zum Licht der Nationen, daß mein Heil reiche bis an die Enden der Erde.*

Im dritten so genannten Gottesknechtslied des Jes gibt es die Schwierigkeit, dass in Jes 49,3 Israel selbst als „Knecht" angesprochen wird. Dies macht aber im weiteren Kontext keinen rechten Sinn, wie V 49,5 zeigt. Vielmehr scheint es, als wenn hier eine endzeitliche Gestalt, ein Messias genannt wird. Möglicherweise hat sich der Aufstandsführer Shimon bar Koseba zu Beginn des zweiten nachchristlichen Jahrhunderts, der als Simon Bar Kochba, d.h. Sternensohn oder auch Sohn des Lichtes, propagiert wurde, auf diese Passage aus Jes berufen. Die beiden Stellen machen jedenfalls deutlich, dass die Sammlung der zerstreuten Stämme nicht unter allen Umständen von Gott selbst ausgehen muss, sondern ggf. auch vom Gesalbten der Endzeit geleistet werden kann oder doch mindestens im Kontext seines Auftretens stattfindet.

Zwei Aussagen sind daher mit der Bestimmung der Zwölf durch Jesus verbunden:

Zum Ersten hat Jesus genau zwölf Jünger gewählt, um damit die Sammlung der zwölf Stämme in der Endzeit anzusagen. Diese Aktion Jesu trägt Merkmale einer so genannten prophetischen Zeichenhandlung. Eine solche ist dazu gedacht, nicht nur das Wort des Propheten zu illustrieren oder symbolisch darzustellen, sondern mit der Handlung das Eintreffen des Zeichens herbeizubringen. Als Verständnishintergrund einer Zeichenhandlung mag ein Wort aus Jes dienen:

> *Jes 55,11 so wird mein Wort sein, das aus meinem Mund hervorgeht. Es wird nicht leer zu mir zurückkehren, sondern es wird bewirken, was mir gefällt, und ausführen, wozu ich es gesandt habe.*

Das gesprochene Wort bewirkt das, was ausgesagt wurde. Das Wort selbst setzt das Geschehen bereits in Gang.

Vergleichbare Zeichenhandlungen finden sich zum einen bei verschiedenen Propheten des AT – so etwa bei Hananja und Jeremia im Streit um das richtige Verhalten gegenüber den Babyloniern in Jer 28,9-17, zum anderen aber auch im Wirken Jesu, z.B. der Verfluchung des Feigenbaumes im Kontext der Tempelreinigung in Mk 11 (vgl. dazu Trautmann, Zeichenhandlungen Jesu). Damit wird erhellt, dass Jesus Zeichenhandlungen kannte und auch gezielt einsetzte: Zu den Zeichenhandlungen kann man teilweise auch die Therapiewunder und Exorzismen Jesu rechnen, z.B. wenn Jesus in Lk 11,20 im Kontext eines Exorzismus sagt: *Wenn ich aber durch den Finger Gottes Dämonen austreibe, so ist das Reich Gottes unter euch angekommen*. Die Heilungen Jesu antizipieren das Heil des Reiches Gottes und machen es in der Gegenwart durch Jesus erfahrbar. Dies dürfte auch für die Geschenkwunder gelten, die darüber hinaus den Zweck haben, vergleichbare Taten der atl. Propheten zu übertreffen. Zumindest gilt dies, wie gesehen, für das Lk-Ev, in dem Jesus mehrfach in Überbietung des Propheten Elija auftritt.

Mit den Zwölfen macht Jesus deutlich, dass die Sammlung der zwölf Stämme bereits in der Gegenwart, in seinem Auftreten, Realität wird.

Ein Zweites: Die historisch-kritische Forschung geht davon aus, dass Jesus für sich keine messianischen Titel in Anspruch genommen hat. Vielmehr wurden diese erst nach Ostern – und dabei abhängig von der Kultur und dem Kenntnisstand der Adressaten – Jesus zugeschrieben (s.u.). Trotz allem musste die Forschung konzedieren, dass Jesu Auftreten nicht nur Erstaunen und Bewunderung hervorgerufen hat, sondern dass da einer war, der in Vollmacht auftrat – im Gegensatz zu den Schriftgelehrten (Mk 1,22). Diese Vollmacht wird z.B. deutlich, als Jesus dem Gichtbrüchigen, der durch das Dach zu Jesus herabgelassen wird, die Vergebung seiner Sünden (durch Gott!) zusagt. Jesus sagt nicht: Ich vergebe Dir Deine Sünden, sondern: Deine Sünden sind Dir vergeben. Der Anspruch, der dahinter steht, veranlasst die Gegner Jesu im weiteren Fortgang des Evangeliums, Jesus zu fragen, in welcher Vollmacht er denn dies alles tue. Bekanntermaßen beantwortet Jesus diese Frage nicht. Und er beantwortet sie gleichwohl! Wenn Jesus die Zwölf erwählt hat als prophetische Zeichenhandlung, erhebt er m. E. einen messianischen Anspruch: Er ist als *der* endzeitliche Messias berechtigt, diese Handlung vorzunehmen. Es ist dies *die* Stelle schlechthin, an welcher der Messiasanspruch Jesu aufscheint.

Trifft dies zu, so wird damit auch die oft im Kontext nach dem Priestertum der Frau gestellte Frage beantwortet, warum Jesus (möglicherweise!) keine Frauen zum Abendmahl eingeladen hat: Es ist zu beachten, dass aus der Nichterwähnung eines Geschehens nicht folgen kann, dass dieses nie stattgefunden hat! Wenn Jesus nur Männer ausgewählt hat (was in der damaligen patriarchalen Gesellschaft ohnedies im Kontext des Zeugenrechts – Frauen konnten nicht als Zeugen bei Gericht auftreten – eine Notwendigkeit war), bedeutet dies nicht, dass er keine Frauen in seinem engsten Kreis gewollt hat. Vielmehr verlangt die Symbolhandlung der Berufung der Zwölf ausdrücklich Männer. Mit der Aufnahme von Frauen in den Zwölferkreis wäre sein Handeln völlig unverständlich geblieben. Es gab nur die zwölf Stammväter, nicht aber zwölf Stammmütter – das waren nur vier. Es mag viele und verschiedene Argumente gegen die Zulassung der Frau zum Priesteramt geben: Die Auswahl der Zwölf und ihre Gegenwart beim Abendmahl taugt dazu nicht! Ein klerikal-chauvinistischer Spruch besagt an dieser Stelle: Mit Sicherheit waren auch Frauen beim Abendmahl dabei. – Irgendwer muss doch gekocht und gespült haben!

Eine kleine Beobachtung am Rande zu Frau und Amt sei noch angeschlossen: Selbstverständlich gab es weibliche Diakone. Will man schon die Regeln aus 1Tim 3,11 nicht als Beleg für weibliche Diakone gelten lassen, weil dort nicht ausdrücklich von ihnen die Rede ist, so zeigt der Briefwechsel zwischen Plinius und Trajan, dass es im beginnenden 2. Jahrhundert (noch) weibliche Diakone gab, die nach *heutiger* Definition des Weiheamtes als gestuftes Amt (mit Diakon-, Priester- und Bischofsweihe) auch Anteil an diesem hatten. Hier statt von Diakoninnen von Diakonissen zu sprechen, rückt schon in die Nähe von Schriftverfälschung. Und um noch ein kleines Sahnehäubchen aufzusetzen möchte ich das kleine lokale Konzil von Laodizea aus dem 4. Jahrhundert n. Chr. nicht unerwähnt lassen, bei dem – vermutlich gegen irgendwelche Häretiker (?) – das Verbot des Frauenpriestertums auf der Agenda stand: Das muss es also gegeben haben! Man hat sich lediglich dagegen ausgesprochen und es verboten. In jedem Falle aber sprechen die Auswahl der Zwölf sowie ihre Teilnahme beim Abendmahl nicht gegen ein Frauenpriestertum, denn die Absicht Jesu bei ihrer Berufung war eine andere. Wollte man diese Überlegungen auf die Spitze treiben, dürfte es weltweit jeweils nur zwölf Priester geben, die ggf. nachzuwählen wären, sie müssten allesamt jüdische Wurzeln haben und dürften, da sie Jesus repräsentieren, höchstens 33 Jahre alt sein. Und selbstverständlich müssten sie – wie Jesus vermutlich – unverheiratet und ohne Familie sein. Es gibt zwar nur wenige römisch-katholische Priester im Ehestand, doch diese wären somit nicht tragbar.

Zusammenfassung

Die Auswahl der Zwölf – und es konnte keiner mehr und keiner weniger sein – erweist sich als eine prophetische Symbolhandlung. Sie steht ganz im Zeichen der Gottesherrschaft und des Endes, an dem laut atl. Prophetie die zwölf Stämme Israels wiederhergestellt werden. Die im Zuge der Eroberung des Nordreiches im Jahre 722 vor Christus durch die Assyrer verschleppten zehn Stämme werden aus der Zerstreuung unter die Völker zurückkehren und mit den verbliebenen Stämmen Juda und Benjamin neu zum Zwölfstämmevolk vereint werden. Die Zusammenführung obliegt dem endzeitlichen Gesandten Gottes, dem Messias. Um dieses Ereignis anfanghaft schon in Gang zu bringen, beruft Jesus die Zwölf als Repräsentanten der Stämme. Dass dem so ist, wird daran ersichtlich, dass nach Jesu Tod und Auferstehung diese Zwölf keine Bedeutung mehr haben. Zunächst wird zwar mit Matthias eine Nachwahl für Judas Iskariot getroffen, nach dem Martyrium des Jakobus unter Agrippa I. erfolgt keine Nachwahl mehr und die Apostelgeschichte erzählt auch nichts mehr zum Schicksal der Zwölf.

15. Welche zeitgenössischen Gruppierungen gab es neben der Jesusbewegung?

Im Kontext der Sympathisanten Jesu ist es sinnvoll, auch über seine Gegner zu sprechen. Gegner hatte Jesus den Evangelien zufolge reichlich. Hier sind verschiedenste Gruppen anzutreffen, die im Einzelnen auch namentlich benannt werden. Nur das Joh-Evangelium spricht häufig und undifferenziert, wenn auch nicht ausschließlich, von „den Juden, die den Teufel zum Vater haben" (Joh 8,44) und signalisiert damit seine Entstehung zu einer Zeit (Erzählzeit), in der sich die Anhänger Jesu, die frühen Christen, schon deutlich vom Judentum abgesetzt haben – aber auch umgekehrt: Es erfolgte ebenso eine Abgrenzung des Judentums gegenüber den Christen. Die Profilierung einer Gruppe bedeutet immer zugleich Abgrenzung zu anderen, und dies leider Gottes oft genug mittels Verleumdung oder zumindest negativer Darstellung der jeweils anderen.

Betrachtet man zunächst das Mk-Evangelium als älteste Evangelienschrift, so begegnet man den Pharisäern (ab Mk 2,16), vereint mit den Herodianern (3,6) in der Absicht, Jesus umzubringen. Zu diesen kommen die Schriftgelehrte hinzu (Mk 2,6), die aber nicht weiter spezifiziert werden. Es ist davon auszugehen, dass es nicht nur Schriftgelehrte der Sadduzäer gab, sondern auch solche der Pharisäer. Das Mt-Evangelium lässt sogar durchblicken, dass schon bald christliche Schriftgelehrte auftraten (z.B. Mt 23,34). Die Sadduzäer werden bei Mk nur einmal genannt und dies im Streitgespräch um die Auferstehung, das vermutlich auf den historischen Jesus zurückgeht (vgl. Schwankl, Sadduzäerfrage). Im Mt-Ev treten die Sadduzäer mehrfach zusammen mit den Pharisäern auf. Diese Darstellung dürfte jedoch eher in dem Sinne zu lesen sein, dass die führenden Gegner Jesu eine Koalition gegen ihn gebildet haben. Angesichts der vor allem in der Zeit der Makkabäer (s.u.) vorherrschenden Rivalitäten zwischen den beiden Gruppen, ist hinter diese Aussagen des Mt zumindest ein Fragezeichen zu setzen.

Als weitere Gegner finden sich bei Lk der König Herodes, vermutlich Antipas und natürlich bei allen drei Evangelisten im Kontext des Prozesses, neben den genannten, mehr oder weniger häufig Pontius Pilatus, der Hohe Rat/der Sanhedrin/das Synedrium, die Ältesten/Presbyter und der/die Hohepriester.

15.1 Wer sind die Pharisäer?

Wie schon erwähnt, bestehen Zweifel am gemeinsamen Auftreten verschiedener Gruppen und es gab selbstverständlich auch nur jeweils einen Hohepriester. Doch dazu gleich mehr.

Ist die Rede von den Gegnern Jesu, so kommt man schnell und vielleicht sogar als Erstes auf die Gruppe der Pharisäer zu sprechen. Außerbiblische Informationen finden sich in erster Linie bei dem schon mehrfach erwähnten jüdischen Geschichtsschreiber Josephus Flavius, der angeblich selbst ein Pharisäer war (Josephus über die Pharisäer [u.a.] vgl. Antiquitates Judaicae XIII 5,9; XIII 10,5f. §288.297f.; XVIII 1,2-6 §11-25; De bello Judaico II 8, 2-7.9-11.14 §119-122.124.127-133.135-140.145f.152-154.156.162-166: http://www.uni-siegen.de/phil/kaththeo/antiketexte/umfeld/5.html?lang=de (13.10.2016).

Im neuen Testament erscheinen sie durchaus ambivalent: Die Pharisäer werden zumeist als Gegner Jesu, als stets misstrauische Beobachter seines Wirkens und als kleinlich und rigoros denkende Spürhunde dargestellt, denen nichts wichtiger zu sein scheint, als Jesus bei einer „falschen" Interpretation der Überlieferung zu ertappen. Bei näherem Hinsehen ergeben sich freilich deutliche Unterschiede zwischen den einzelnen Evangelien: Während Mt etwa alle Gegner Jesu in einen Topf wirft, darunter eben auch die Pharisäer, die auch an den Rändern der Passion auftauchen, differenziert Lk. Bei ihm sind die Pharisäer nicht unbedingt mit Jesus befreundet, aber Jesus nimmt häufig an ihren Gastmählern teil, lässt sich von ihnen einladen und diskutiert mit ihnen – und dies keineswegs mit negativen Vorbehalten. Am Tod Jesu wie überhaupt am gesamten Prozess sind sie laut Lk – wahrscheinlich historisch zutreffend – überhaupt nicht beteiligt. In der Apostelgeschichte beschreibt Lk die Pharisäer als konservative jüdische Gruppe, von denen etliche den Glauben angenommen haben, nunmehr aber Wert darauf legen, dass auch die Heidenchristen sich nach dem jüdischen Gesetz richten. Bei Lk sind es gar die Pharisäer, die Jesus vor den Nachstellungen des Herodes warnen (Lk 13,31).

Bei Mk werden die Pharisäer eher negativ dargestellt, spielen aber, vergleichbar Lk, im Prozess keine Rolle. Besonders bei Mt hat sich das negative Bild der Pharisäer unter dem Eindruck der allmählichen Lösung des Christentums vom Judentum formiert, d.h. die Pharisäer sind in der Zeit der Entstehung des Mt-Evangeliums *die* Gegner der frühen christlichen Gemeinden und werden als Gegner vom Evangelisten in die Zeit Jesu zurückprojiziert. Joh erscheint der Position des Mt verwandt: Jesus geht bei ihm mit den Pharisäern mehrfach hart ins Gericht.

Dabei sagt man den Pharisäern nach, sie seien besonders volksnah und darum bemüht, die jüdischen Überlieferungen bzw. die Gesetze und Gebote so zu formulieren, dass sie im Alltag auch eingehalten werden konnten. Ob sie mit jenen Leuten identisch sind, von denen einige Qumrantexte sagen, es seien die, welche „nach Glattem suchen", muss jedoch offen bleiben. Möglich wäre das, aber zum einen wird diese Gruppe in den Qumrantexten nirgends genauer definiert, zum anderen wissen wir über die Pharisäer auch zu wenig, um ein solches Urteil zu teilen.

Erste Erwähnung finden sie bei Josephus in der Zeit der jüdischen Aufstandsgruppe der Makkabäer, die zu Beginn des 2. vorchristlichen Jahrhunderts auftraten und zum letzten Mal in der Antike ein „Israel“ mit jüdischer Regierung begründen und für ein Jahrhundert halten konnten, ehe sie – nicht zuletzt aufgrund innerfamiliärer Auseinandersetzungen – der Herrschaft Herodes des Großen weichen mussten. Woher die Pharisäer kamen, ist unbekannt; ob sie in irgendeiner Weise etwas mit dem Auftreten der Hasidäer/Chasidim in makkabäischer Zeit zu tun haben, ist nicht zu erhellen (vgl. 1Makk 2,42: *Damals schloß sich ihnen auch die Gemeinschaft der Hasidäer an; das waren tapfere Männer aus Israel, die alle dem Gesetz treu ergeben waren.* EIN)

Verbindungen zur Gruppe der (H)Asidäer herzustellen, liegt deshalb nahe, weil diese sich in 1Makk als bereits existierende, eigenständige und geschlossene Gruppe präsentieren. Zusammen mit der (möglichen) Namensherleitung der Pharisäer von dem Wort Peruschim, die Abgesonderten, scheint einiges in diese Richtung zu deuten. Zugegebenermaßen sind diese Bezüge jedoch nicht ausreichend, um die Identifikation von (H)Asidäern und Pharisäern mit Sicherheit zu behaupten. Ihr Verhältnis zum Herrscherhaus der Makkabäer/Hasmonäer scheint wechselhaft: Zunächst werden sie als dessen Gegner dargestellt, ehe die hasmonäische Regentin Salome Alexandra einen Kurswechsel hin zu den Pharisäern vollzieht.

Die schon erwähnte Volksnähe der Pharisäer und ihre relativ liberale Auslegung der Tradition des Judentums lässt vermuten, dass Jesus dieser Gruppierung keineswegs ausschließlich feindlich gegenüberstand, und dies gilt auch umgekehrt. Die Gespräche, die Jesus mit ihnen führt – so zumindest bei Lk – gehen teilweise in die gleiche Richtung, nämlich in die der Liberalisierung der Vorschriften. Damit dürfte Jesus mit seiner Interpretation der Tora gerade den Pharisäern von allen jüdischen Gruppen am nächsten gestanden haben. Gleichwohl ist es nicht so, dass die Pharisäer grundsätzlich immer eine „leichtere“ Interpretation der Tora verfolgen (und die Sadduzäer eine strengere). Dies geben die Texte der rabbinischen Tradition nicht her, zumal die Pharisäer ohnedies nur selten genannt werden. Und: Nicht immer, wenn von Peruschim (die Abgesonderten) die Rede ist, müssen damit Pharisäer gemeint sein (Näheres hierzu vgl. Stemberger, Pharisäer 41ff.)

> *Wie kann man begründen, daß die Pharisäer so selten in der Mischna [mündliche jüdische Überlieferung in der Zeit vor 200 n. Chr.; K.Dorn] vorkommen, deren Meister doch die Nachfolger der pharisäischen Bewegung sein sollen? Man könnte damit argumentieren, daß der Ausdruck bewußt vermieden wird und die Rabbinen, auch wo sie sich in der Nachfolge der Pharisäer sehen, die Ausdrücke soferim, chakhamim oder chaherim [Schreiber/Schriftgelehrte, Weise, Genossen; K. Dorn] als Gruppenbezeichnung bevorzugen bzw. einfach die Vertreter einer bestimmten Halakha [religiöses Gesetz, v.a. aus der Mischna, dem ältesten Teil des Talmud; K. Dorn] beim Namen nennen. Mag auch manches an dieser Auffassung stimmen, so ist ihre unkontrollierte allgemeine Annahme doch eine petitio principii, ein Zirkelschluß, der für eine historische Auslegung unbrauchbar ist. (Stemberger, Pharisäer 50)*

Es wird bis zum heutigen Tag immer wieder behauptet (auch in Wikipedia vgl. https://de.wikipedia.org/wiki/Pharisäer 13.10.2016), nach der Zerstörung des Tempels durch die Römer im Jahre 70 seien die Pharisäer als einzige Gruppe im Judentum übriggeblieben, und hätten das Erbe des Judentums fortgeführt. Ihr Überleben resultiere aus der Tatsache, dass sie im Gegensatz zu Priesterparteien, auch zu den Sadduzäern, nicht auf den Tempel angewiesen waren. Stemberger (Pharisäer 150) wie auch Schäfer (Geschichte 122-131) haben hingegen aufgezeigt, dass dies in dieser Absolutheit nicht gesagt werden kann: Auch die Sadduzäer hatten ihre Schriftgelehrten und diese wirkten, wie die der Pharisäer, auch nach 70 weiter. Zudem ist die frühe rabbinische Tradition auch noch von priesterlichem Interesse und – angeblich völlig unpharisäisch – dem (zerstörten) Heiligtum verbunden. Es kann daher nicht davon die Rede sein, dass die jüdische Tradition nach dem jüdisch-römischen Krieg, der mit dem Fall und der Zerstörung Jerusalems und des Tempels um 70 n. Chr. endete (nur Masada hielt sich noch zwei bis drei weitere Jahre), ausschließlich pharisäisch geprägt war.

15.2 Wer sind die Schriftgelehrten?

Eine zweite Gruppe von Gegnern sind die immer wieder genannten „Schriftgelehrten". Diese Gruppe wird bei Josephus nicht vorgestellt und vermutlich handelt es sich gar nicht um eine eigene Gruppe. Vielmehr ist damit zu rechnen, dass es pharisäische, sadduzäische und auch christliche Schriftgelehrte gab, so dass es sich dabei weniger um eine Gruppen- oder Amtsbezeichnung handelt, sondern um Gelehrte, die je nach Richtung und Parteizugehörigkeit, die Schrift entsprechend auslegten. Dass man hier, zumindest für Mk, unterscheiden kann zwischen pharisäischen Schriftgelehrten, die für die Orthopraxie oder Halacha, d.h. das täglich Verhalten einerseits eintreten, und andererseits um sadduzäische (= priesterliche?) Schriftgelehrte, die dann auftreten, wenn es um den Anspruch und die Vollmacht Jesu geht (Deines, Pharisäer 170), mag zutreffen, für die Frage nach den Schriftgelehrten als Gegner Jesu sagen diese Beobachtungen jedoch nichts aus. Grundsätzlich kann man sich allerdings vorstellen, dass diese Gruppe historisch als Schriftgelehrte und Schriftausleger in Opposition zu Jesus stand, der je nach Situation und nach seiner Vorstellung von der Königsherrschaft Gottes die Schrift auslegte, d.h. verschärfend oder auch liberaler. Ob diese „Gruppe" in irgendeiner Weise im Rahmen der Passion mitwirkte, entzieht sich unserer Kenntnis. Den drei Synoptikern zufolge war dies sehr wohl der Fall, während nachösterlich laut Apg 23,9 die Schriftgelehrten der Pharisäer für Paulus Partei ergriffen:

> *Es entstand aber ein großes Geschrei, und einige der Schriftgelehrten von der Partei der Pharisäer standen auf und stritten und sagten: Wir finden an diesem Menschen nichts Böses; wenn aber ein Geist oder ein Engel zu ihm geredet hat...*

An dieser Stelle geht es um den Glauben an die Auferstehung, der angeblich zwischen Pharisäern und Sadduzäern umstritten war.

15.3 Wer bildet die Gruppe der Sadduzäer?

Bezüglich des Namens dieser Gruppe wird die hebräische Wurzel ṣdq (= gerecht) als Ausgangspunkt in Erwägung gezogen. Das gräzisierte Wort „Sadduzäer" könnte dann „der Gerechte" heißen, aber auch „der Recht schaffende" o.ä. Vielleicht steht dahinter aber auch einfach nur der Eigenname eines Hohepriesters aus der Zeit Davids und Salomos. Demnach war ein Mann namens Zadok oder Zadoq ein Priester, der zur Jerusalemer Stadtpartei gehörte und während des Staatsstreiches am Ende der Regierung Davids zusammen mit Bat Šeba, der Mutter Salomos, dem Propheten Natan sowie mit Benaja ben Jehojada, dem Anführer der Kreti und Pleti, der Leibwache des Salomo, auf dessen Seite stand.

Zadok wird in 2Sam 8,17 erstmals erwähnt. Dort tritt er neben dem Priester Ahimelech auf, der David einst auf der Flucht vor Saul geholfen hatte. Als es um die Thronnachfolge Davids ging, bilden sich indes zwei Parteien heraus: Zum einen der nach dem Tod des Absalom älteste Prinz Adonia mit dem judäischen Landadel und den alten Weggefährten Davids, nämlich Davids Cousin/Neffe Joab, der Heerführer war, und dem Priester Abjatar aus der Familie des Ahimelech (oder umgekehrt!) und den übrigen Söhnen Davids. Auf der anderen Seite steht die Jerusalemer Stadtpartei. Dabei setzt sich Salomos Stadtpartei durch und Zadok, vermutlich ursprünglich der Oberpriester Jerusalems, wird unangefochtener Priester in Jerusalem und am späteren Jerusalemer Tempel. Damit wird er der Gründer einer Priesterdynastie.

Welchen Gott dieser Zadok in Jerusalem verehrte, wo sich im vordavidischen Jerusalem ein Tempel oder Opferplatz befand – dies alles entzieht sich unserer Kenntnis. Die Tatsache, dass Salomo keineswegs nur J", den Gott Israels, verehrt hat und schon gar nicht ausschließlich in Jerusalem opferte, ist in den Königsbüchern unbestritten. Der Polytheismus Salomos wird angeblich durch Salomos Eheschließungen mit heidnischen Damen verursacht, der Multi-Kultiszene am Jerusalemer Hof also, aber zur Fremdgötterverehrung bedurfte es keiner fremdländischen Prinzessinnen, die den altersschwachen Salomo verführten, ihren Göttern Heiligtümer zu bauen. Das konnte er schon noch selber, wie die Notiz in 1Kön 3,3 belegt, die den Anfang der Regierungszeit des Salomo umschreibt:

> *Und Salomo liebte den HERRN, so daß er in den Ordnungen seines Vaters David lebte. Jedoch brachte er auf den Höhen Schlachtopfer und Rauchopfer dar.*

Das mindeste, das man diesem Vers entnehmen kann, ist die Tatsache, dass Salomo offensichtlich auch die alten Opferstätten bediente wie z.B. Gibeon (1Kön 3,4). Es ist dabei sehr zu bezweifeln, dass diese Stätten in der frühen Königszeit alle schon der J"-Verehrung dienten.

Wie es sich für einen Oberpriester gehört, war die Familie des Zadok bald auch mit dem Königshaus versippt und verschwägert: 2Kön 15,33 nach zu schließen, ist König Usija von Juda mit einer gewissen Jeruscha, Tochter des Zadok, verheiratet. Sie wird Königinmutter von König Jotam von Juda.

Mit dem Ende des Königtums im Kontext des beginnenden Babylonischen Exil im Jahre 586 sind die Zadokiden aber keineswegs von der Bildfläche verschwunden, denn in den Büchern Esra und Nehemia tauchen erneut Zadokiden als Priester auf, offensichtlich also auch im nachexilischen Juda. Sogar im späten, deuterokanonischen Buch Jesus Sirach (51,12) wird ein Loblied auf sie gesungen. Damit reicht die Familie nachweislich weit in die nachexilische Zeit hinein und so ist es keineswegs ausgeschlossen, dass die Zadokiden im Jerusalemer Stadt- und Priesteradel fortbestehen. Die Familie der Oniaden jedenfalls, die bis ins 2. Jahrhundert v. Chr. die Hohepriester stellt, kann sich laut Josephus Ant XI,347 über Jaddua (Neh 12,10f) und Jochanan (Neh 12,10.22) genealogisch auf den Priester Zadok zurückführen. Gleichwohl muss offenbleiben, ob die „Söhne Zadoks", die in Esr/Neh genannt werden, tatsächlich genealogisch mit Salomos Zadok verwandt sind oder sich als Priester einfach nur so bezeichnen und sich der Legitimation wegen aus der Zeit Salomos begründen.

Einige Informationen über die Sadduzäer erhält man neben dem NT aus Josephus und einigen rabbinischen Texten. Sie scheinen zeitweise mit den Makkabäern sympathisiert zu haben, vielleicht auch deren Parteigänger gewesen zu sein, obwohl die Makkabäer das Hohepriesteramt selbst beanspruchten und nicht wieder in die Hände der „rechtmäßigen Dynastie" der Oniaden zurückgaben. Inwiefern die Sadduzäer mit den Boethusiern der jüdischen Tradition zu identifizieren oder in Beziehung zu setzen sind, jener Hohepriesterfamilie, die von Herodes dem Großen eingesetzt wurde, ist gleichfalls nicht eindeutig zu klären. Gelegentlich wird erwogen, dass die Makkabäerbücher aus sadduzäischer Feder stammen.

Josephus beschreibt die Sadduzäer als konservativ-liberal. Unter anderem stellt er fest:

> *Antiquitates Judaicae XIII 5,9: Die Pharisäer behaupteten, daß manches, aber nicht alles das Werk des Verhängnisses sei, manches dagegen auch freiwillig geschehe oder unterbleibe. Die Essener hingegen lehren, alles stehe unter der Macht des Verhängnisses, und es komme bei den Menschen nichts vor, das nicht vom Geschicke bestimmt sei. Die Sadducäer endlich wollen überhaupt nichts vom Verhängnis wissen und glauben, es gebe weder ein Verhängnis, noch richte sich des Menschen Geschick danach, sondern alles geschehe nur nach unserem Willen, sodaß wir ebenso die Urheber unseres Glücks seien, als wir auch unser Unglück uns durch unseren eigenen Unverstand zuzögen.*
> *Antiquitates Judaicae XIII 10,6: Für jetzt will ich nur noch bemerken, daß die Pharisäer dem Volke durch mündliche Überlieferung viele Gebote aufbewahrt haben, welche in die Gesetzgebung des Mose nicht aufgenommen sind. Diese Gebote nun verwirft die Sekte der Sadduzäer und behauptet, das allein sei maßgebend,*

was geschrieben stehe, während die mündliche Überlieferung der Vorfahren keine Gültigkeit habe. Über diesen Punkt entstanden oft heftige Streitigkeiten, wobei die Sadduzäer nur die Reichen, die Pharisäer aber die große Menge des Volkes auf ihrer Seite hatten.
Antiquitates Judaicae XVIII 1,4: Die Lehre der Sadduzäer läßt die Seele mit dem Körper zugrunde gehen und erkennt keine anderen Vorschriften an als das Gesetz. Sogar gegen die Lehrer ihrer eigenen Schule im Wortstreit anzugehen, halten sie für rühmlich. Ihrer Anhänger sind nur wenige, doch gehören sie den besten Ständen an. Übrigens richten sie nichts Bedeutendes aus, und wenn sie einmal dazu genötigt sind, ein Amt zu bekleiden, so halten sie es mit den Pharisäern, weil das Volk sie sonst nicht dulden würde.

Den Aussagen des Josephus zu Folge bestehen grundlegende Lehrdifferenzen zwischen den Pharisäern und den Sadduzäern, insbesondere in der Frage der Auferstehung. Diese Feststellung des Josephus deckt sich mit einschlägigen Texten des NT, wie z.B. mit der Frage nach der Auferstehung in Mk 12 sowie mit Apg 23,8:

> *Denn die Sadduzäer sagen, es gebe keine Auferstehung, noch Engel, noch Geist; die Pharisäer aber bekennen beides.*

Daraus abzuleiten, die Sadduzäer würden ausschließlich die Tora akzeptieren, in der nichts Konkretes zur Auferstehung oder über Engel stünde, ist indes problematisch, denn dort kommen sehr wohl Engel vor!

Wenn die Sadduzäer nun zur Zeit Jesu zur Nobilitas in Jerusalem, zum Priesteradel, gehörten, ist eine Aversion gegen Jesus ohne Weiteres verständlich. Wie oben schon erwähnt, betrifft die Botschaft Jesu vom barmherzigen, verzeihenden und liebenden Gott (vgl. Jona 4,2!) das gesamte weltliche wie auch geistige System des zeitgenössischen Judentums. Ein religiöser Reformer ist in einer Hierokratie, einer Priesterherrschaft, oder einem so genannten Gottesstaat, immer zugleich ein politischer Aufrührer. Wenn, wie zu vermuten ist (s.u.), die Verhaftung Jesu samt einem Vorverhör vor dem Hohepriester und einigen seiner Parteigänger von der Jerusalemer Aristokratie ausging, dann spielten dabei mit hoher Wahrscheinlichkeit auch Sadduzäer eine Rolle. Weniger wahrscheinlich ist es hingegen, dass die Sadduzäer noch während der Predigttätigkeit Jesu in Galiläa auftauchen um „ihn zu versuchen“ (Mt 16,1-12). Ihr Platz ist vermutlich Jerusalem.

15.4 Wer sind die singulär im NT genannten Herodianer?

Diese Gruppe findet sich im NT nur in Mk 3,6; 12,3 und Mt 22,16. Sie treten nur an den Stellen auf, an denen es gilt, Jesus zu beseitigen. Um wen es sich dabei konkret handelt, liegt im Dunkeln, denn außerhalb des NT werden sie nicht genannt. Könnte man sich für die Zeit Herodes des Großen noch vorstellen, dass es sich dabei um dessen Parteigänger oder ggf. sogar um eine Art Geheimpolizei handelt, ist diese Möglichkeit in der Zeit Jesu weniger wahrscheinlich, zumal die Herodianer nicht nur in dem von Herodes Antipas regierten Galiläa auftreten, sondern auch in Jerusalem, das zu dieser Zeit bereits unter römischer Verwaltung steht. Somit gibt es zu dieser Gruppe nichts Konkretes zu berichten.

15.5 Welche Rolle spielen die Hohepriester?

Hohepriester gab es immer nur einen einzigen. Es ist daher unrichtig, wenn schon in der Kindheitsgeschichte des Mt in 2,4 von „allen Hohepriestern" die Rede ist. Dieser Plural findet sich nicht nur bei Mt, sondern ebenso bei den anderen Evangelisten, bei Mk ab 8,31; Lk ab 9,22; Joh ab 7,32 und Apg, hier erstmals in 4,23. Es ist unwahrscheinlich, dass keinem der vier Evangelisten bekannt war, dass es immer nur einen Hohepriester gab. Besonders dem Judenchristen Matthäus und auch dem Johannes, der Historisches in der Regel sehr zuverlässig überliefert, ist eine entsprechende Kenntnis zuzutrauen. Es ist daher anzunehmen, dass sie unter „den Hohepriestern" nicht nur den einen verstanden, der dieses Amt tatsächlich bekleidete, sondern die ganze(n) hohepriesterliche(n) Familie(n). Bereits ab König Herodes gab es einen regen Wechsel der Personen in diesem Amt. Von einer dynastischen Folge kann überhaupt nicht mehr die Rede sein, auch wenn das Amt unter nur wenigen Jerusalemer Familien rotierte. Die Dauer der Amtsausübung ist dabei unterschiedlich lang. Ob sie wegen einer verfehlten Amtsführung immer nur kurz im Amt bleiben durften oder nach dem Prinzip verfahren wurde: „Jeder kommt mal dran", wissen wir nicht.

Eingesetzt von *König Herodes* dem Großen:		
37–36 v. Chr.	Ananel	
35 v. Chr.	Aristobulos III.	
ab 34 v. Chr.	Ananel *(wiedereingesetzt)*	
bis 23 v. Chr.	Jesus ben Phiabi	Haus Phiabi
23–5 v. Chr.	Simon ben Boethos	Haus Boethos
5–4 v. Chr.	Matthias ben Theophilos	Haus Boethos
4 v. Chr.	Joseph ben Ellem	Haus Boethos
ab 4 v. Chr.	Joasar ben Boethos	Haus Boethos

Eingesetzt vom Ethnarchen *Herodes Archelaos*		
ab 4 v. Chr.	Eleasar ben Boethos	Haus Boethos
bis 6 n. Chr.	Jesus ben See	Haus Boethos
Eingesetzt vom *Legaten Publius Sulpicius Quirinius*		
6–15 n. Chr.	Hannas	Haus Hannas
Eingesetzt vom *Präfekten Valerius Gratus*:		
15–16 n. Chr.	Ismael ben Phiabi	Haus Phiabi
16–17 n. Chr.	Eleasar ben Hannas	Haus Hannas
17–18 n. Chr.	Simon ben Kamithos	Haus Kamithos
18–36/37 n. Chr.	Joseph Qajjafa („Kajaphas“, „Kaiphas“)	Haus Hannas
Eingesetzt vom *Legaten Vitellius*:		
36 n. Chr.	Jonathan ben Hannas	Haus Hannas
37–41 n. Chr.	Theophilos ben Hannas	Haus Hannas
Eingesetzt von *König Herodes Agrippa I.*		
ab 41 n. Chr.	Simon Kantheras ben Boethos	Haus Boethos
(unbekannt)	Matthias ben Hannas	Haus Hannas
bis 44 n. Chr.	Elionaios ben Kantheras	Haus Boethos
Eingesetzt von *Herodes von Chalkis:*		
(unbekannt)	Joseph ben Kami	Haus Kamithos
47–59 n. Chr.	Ananias ben Nedebaios	
Eingesetzt von *König Herodes Agrippa II.*		
59–61 n. Chr.	Ismael ben Phiabi	Haus Phiabi
61–62 n. Chr.	Joseph Kabi ben Simon	Haus Kamithos

62 n. Chr.	Hannas ben Hannas	Haus Hannas
62–63 n. Chr.	Jesus ben Damnaios	
63–64 n. Chr.	Jesus ben Gamaliel	Haus Boethos
ab 65 n. Chr.	Matthias ben Theophilos	Haus Hannas
Eingesetzt von den *aufständischen Juden Jerusalems*:		
66–70	Phannias ben Samuel	

(https://de.wikipedia.org/wiki/Liste_der_jüdischen_Hohenpriester_in_herodianischer_Zeit (14.10.2016); ebenso Zwickel, Hoherpriester, mit Stellenangaben bei Josephus)

Aus der Liste ist zu entnehmen, dass das Hohepriesteramt in der Zeit von etwa 37 vor bis 70 nach Chr., also über ein Jahrhundert hinweg, von vier Familien dominiert wurde: Von der Familie Phiabi, den Boethusiern, dem Haus Kamithos und schließlich dem Haus des Hannas. Es ist ferner zu entnehmen, dass in den 30er Jahren des 1. Jahrhunderts Kajaphas oder Kaiphas der Hohepriester war. Er ist laut Joh 18,13 der Schwiegersohn des Hannas, der 6-15 n. Chr. selbst Hohepriester war und eine Familientradition von Nachfolgern begründete. Es dürfte durchaus zutreffen, wenn Johannes in seinem Evangelium schreibt, dass Hannas in den Prozess Jesu involviert war. Dabei geht man heute zumeist nicht mehr davon aus, dass das ganze Synedrion zusammengerufen wurde, um über Jesus Gericht zu sitzen, sondern nur eine kleine Clique der Jerusalemer Aristokraten darüber entschied. Eine Sitzung des Synedriums ist umso unwahrscheinlicher, wenn es zutrifft, dass es sich bei diesem Abend um den Paschaabend handelt. Das behaupten die ersten drei Evangelien im Gegensatz zu Joh.

Die Gegnerschaft dieser kleinen Gruppe gegen Jesus ergibt sich fast zwangsläufig aus seiner Botschaft. Trotzdem brauchte man offensichtlich einen konkreten Grund, ein Wort oder eine Handlung Jesu, die man gerichtswirksam verwerten und als Anklagepunkt vorbringen konnte. Zu dieser Frage geben die Evangelien freilich keine eindeutigen Antworten, wie noch zu zeigen sein wird.

Vorläufig mag es genügen, festzustellen, dass mit hoher Wahrscheinlichkeit eine Art Vorverhör vor „den Hohepriestern" stattfand und man nach einer Anschuldigung suchte, die vor Pilatus Bestand haben würde.

15.6 Was wissen wir heute über die Esséner

Eine bekannte, ebenfalls u.a. bei Josephus und bei Philo erwähnte Gruppe sind die so genannten Essener. Aufgrund der heterogenen Nachrichten über sie ist ihr Profil allerdings noch immer nicht hinreichend geklärt. Seit den ersten Funden von Schriftrollen in der Gegend am Toten Meer werden sie u.a. aufgrund der Nachrichten des Josephus mit einer dortigen Ruine, der Anlage von Qumran in Verbindung gebracht. Die Auseinandersetzungen über diese Gruppe, ob sie tatsächlich die Bewohner von Qumran waren und die reichlichen in und bei Qumran gefundenen Schriften verfasst haben, dauern bis zur Stunde an. Damit stellt sich natürlich auch jedes Mal neu die Frage nach der Herkunft der Schriften, insbesondere dann, wenn die Qumran-Essener-Hypothese abgelehnt wird.

In einer schönen Findungslegende wird erzählt, ein Beduine sei im Jahre 1947 bei der Suche nach einem verlorenen Schaf auf Schriften in der später so genannten Höhle 1 in Qumran gestoßen. Diese Schriften, in hebräischer Sprache, befanden sich in großen Tonkrügen in der Höhle und daher in einem relativ guten Zustand. Mittels Schriftanalyse und anderen wissenschaftlichen Untersuchungen – unter anderem auch mittels der Radio-Carbon-Methode (C14-Methode) – wurden die Schriften in die Zeit vor Christus datiert. Der bedeutendste Fund aus dieser Höhle war eine weitgehend unbeschädigte Schriftrolle aus Leder, auf die fast das ganze Buch Jesaja geschrieben war. Auf verschlungenen Wegen über Antiquitätenhändler u.a. gelangte die Rolle zusammen mit drei weiteren schließlich in die Hände des syrischen Bischofs Athanasius, der im Ostteil des damals noch geteilten Jerusalem wohnte. Im Jahre 1954 kaufte der Staat Israel dem Bischof die Rollen für damals umgerechnet eine Million Deutsche Mark ab. Heute steht die Jesajarolle (als Faksimile) im Zentrum des „Shrine of books“ im Israelmuseum in Jerusalem, einem Museumsteil, der eigens für die Qumranfunde gebaut wurde.

Weitergehende Untersuchungen in diesem Gebiet konnten zunächst nur Institutionen anstellen, die in Ostjerusalem ansässig waren und mithin zu der von Jordanien verwalteten „Westbank“, dem Gebiet westlich des Jordan, gehörten. Daher wurden die ersten Ausgrabungen durch Pater Roland de Vaux, dem Direktor der von Dominikanermönchen geleiteten École biblique et archéologique française de Jérusalem vorgenommen. In diversen Ausgabungen fanden sich in weiteren zehn Höhlen eine Unmenge von Schriften, vor allem in Hebräischer und griechischer Sprache, manche,

Abb. 15: Qumran

wie die Jesajarolle aus Höhle 1, in sehr gutem Zustand, andere dagegen, die ohne den Schutz von Krügen eingelagert worden waren, z.T. nur noch in briefmarkengroßen Fragmenten: Als die Beduinen merkten, auf welche Schätze sie da gestoßen waren, zerschnitten sie die Funde z.T., um durch den Verkauf vieler Fragmente möglichst viel zu „erwirtschaften". Diesem Treiben konnte erst Einhalt geboten werden, als man ihnen klarmachen konnte, dass ein einzelnes, möglichst großes Schriftstück mehr Wert sei als kleine Fragmente. Die Funde lagerten zunächst einmal, nach heutiger Vorstellung nicht sehr sachgemäß aufbewahrt, in der École biblique, wo verschiedene Forscher versuchten, einzelne Fragmente zu identifizieren, zu übersetzen und wissenschaftlich zu edieren. Diese Arbeiten zogen sich über einen längeren Zeitraum hin, bis man dann auch Computer verwendete, um zusammengehörige Fragmente zu erkennen und wieder zusammenzusetzen. Entgegen verschiedener Verschwörungstheorien gegen den Vatikan (Baigent/Leigh: Verschlusssache Jesu) sind inzwischen alle Fragmente längst ediert, digitalisiert und online zugänglich. Keiner der Texte enthält Geheiminformationen über Jesus und keiner hat den christlichen Glauben in seinen Fundamenten erschüttert, wie dies ursprünglich – durchaus verkaufsfördernd – behauptet wurde.

Nach der Eroberung der Westbank/Palästinas im Sechstagekrieg im Jahre 1967 durch Israel wurde das Gebiet noch einmal eingehend von Israelischen Archäologen untersucht. Insgesamt wurden ca. 15.000 Fragmente gefunden, die angeblich auf mindestens 500 verschiedenen Schreiber schließen lassen, die zwischen 250 v. Chr. und 40 n. Chr. gearbeitet haben sollen.

Roland de Vaux von der École biblique, der neben der Erforschung der Höhlen auch die nahegelegenen Ruinen von Qumran ausgrub, propagierte im Wesentlichen folgendes Szenario:

Die Bewohner der Anlage von Qumran seien eine Gruppe von Essenern gewesen; immerhin berichten Josephus sowie Plinius, dass es Essener im Jordangraben gab. Diese – ursprünglich priesterlichen Kreisen des Jerusalemer Tempels nahestehend oder gar selbst ursprünglich Priester – hätten zu der Zeit, in der die dynastische Folge der Hohepriester mit Onias III. aus politischen Gründen abbrach (2. Jahrhundert v. Chr.), den Jerusalemer Tempel verlassen, da dieser nunmehr von einem nicht berechtigten und damit unreinen Hohepriester verwaltet wurde. Um sich die priesterliche Reinheit zu erhalten, hätten die Essener tägliche rituelle Waschungen in den in der Anlage befindlichen Becken vorgenommen. Sie lebten in der Abgeschiedenheit ihres Domizils von ihrer Hände Arbeit, von Ackerbau und Viehzucht, aber auch von der Herstellung von heiligen Schriften. Die sehr gut erhaltene Jesajarolle etwa sei eine Musterrolle gewesen, die bei Abschriften als Vorlage gedient habe. Im Kontext des Jüdisch-Römischen Krieges hätten die Bewohner der Siedlung die Schriften, die sich in ihrem Besitz befanden, in den zahlreichen und naheliegenden Höhlen vor den anrückenden Römern versteckt, wobei eine Rolle aus Kupferblech, die ein Verzeichnis von Depots von Wertgegenständen, bisweilen als Tempelschatz definiert, in diesem Kontext ein besonderes Rätsel darstellt.

Die Ausgräber vermuteten, dass es sich bei der Anlage um ein klosterähnliches Gebäude gehandelt habe, in dem die Essener unter der Leitung eines „Lehrers der Gerechtigkeit“ gelebt hätten, der in manchen Schriften erwähnt wird. Dies geschieht beispielsweise in der so genannten Sektenregel, die man als eine Art „Ordensregel“ betrachtete. Um in den Kreis der Gemeinschaft aufgenommen zu werden, sei eine länger dauernde Vorbereitungszeit, ähnlich einem Noviziat, erforderlich gewesen, ehe man als Vollmitglied geführt wurde. Das Freilegen einiger Gräber in der Nähe der Anlage ergab nach bisherigen Kenntnissen einen deutlichen Überhang von männlichen Skeletten. Dies schien und scheint nicht nur die Klosterhypothese, sondern auch die Informationen der zeitgenössischen Historiker zu bestätigen, denen zufolge die Essener mehr oder weniger als eine zölibatäre Gemeinschaft gelebt hätten und den Verkehr mit Frauen bestenfalls zur Zeugung von Nachkommen aufnahmen. Auch die alternative Ansicht, es habe einen inneren Zirkel von absolut zölibatären Männern und dazu einen erweiterten Kreis von verheiratete Mitgliedern gegeben, wurde angesichts von Frauengräbern diskutiert.

Diese Gruppierung, die mit kurzer Siedlungspause unter Herodes dem Großen von ca. 160 v. Chr.- 68 oder 70 n. Chr. dort gelebt habe, sei verantwortlich für die Abfassung und Deponie der gefundenen Schriften.

Diese „Mönchshypothese“ erntete zunächst viel Zustimmung und wird den Pilgern und Touristen beim Besuch von Qumran bis heute nahegebracht (zuletzt gehört im Jahr 2013). Im letzten Jahrzehnt erhob sich jedoch gegen diese Meinung massiver Widerspruch: Die Gegend um Qumran habe sich in der Zeit Jesu klima-

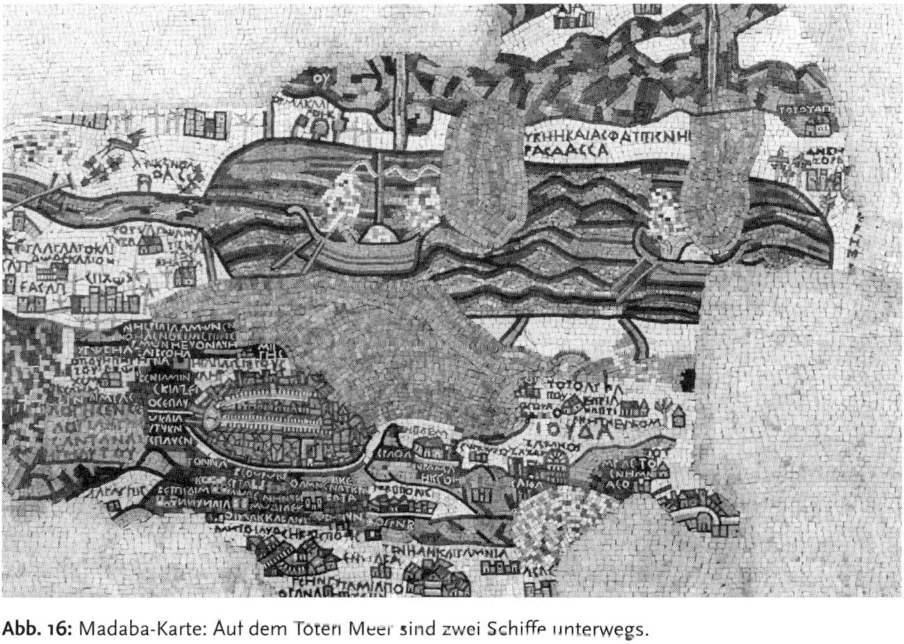

Abb. 16: Madaba-Karte: Auf dem Toten Meer sind zwei Schiffe unterwegs.

tisch deutlich anders dargestellt als heute. Damit verbunden und auf der Madaba-Karte sichtbar, herrschte auf dem Toten Meer Schiffsverkehr, eine Handelsstraße führte am Ufer entlang so dass der Ort keineswegs so einsam gewesen sein könne, wie ihn die Essener angeblich liebten.

Zweifel an der Abfassung all dieser Schriften durch die Qumran-Essener ergeben sich aus der vermuteten, sehr hohen Zahl von 500 Schreibern, die angeblich für die Abfassung der Rollen verantwortlich seien. Diese und andere Gründe brachten die Essener-Hypothese stark ins Wanken, freilich nicht zum Einsturz, wie etwa jüngste Veröffentlichungen zeigen (Ben Ezra, Qumran 2016; Tiwald, Frühjudentum 2016 u.a.), welche diese Hypothese wieder mehr oder weniger nachhaltig vertreten. Ein großes Handicap bei der Erforschung von Qumran besteht darin, dass de Vaux keinen ordentlichen Grabungsbericht anfertigte, sondern nur (umfangreiche) Aufzeichnungen, die erst 2003 veröffentlich wurden. Zur endgültigen Beurteilung muss man wohl weitere Untersuchungen abwarten, wie bspw. weitere Graböffnungen. Verschiedene Hypothesen, in Qumran sei eine Pergamentmanufaktur ansässig gewesen, eine Töpferei oder andere Handwerksbetriebe, konnten bisher nicht erhärtet werden.

Die Essener müssen gleichwohl im Kontext von Jesus genannt werden, weil sie einerseits sicherlich Zeitgenossen waren, andererseits aber in den christlichen Schriften nicht namentlich erwähnt werden. Die Siedlungspause in Qumran in herodianischer Zeit brachte die Vermutung hervor, die Essener seien Parteigänger des Herodes gewesen und hätten für eine bestimmte Zeit ihr selbstgewähltes Exil verlassen, da sie von Herodes besonders begünstigt worden wären. Deshalb wurde darüber spekuliert, ob die im NT genannten „Herodianer" nicht mit den Essenern identisch seien. In der trivialen bzw. romanhaften Jesusliteratur (bei Messadie wie auch bei Baigent/Leigh: Verschlusssache Jesu) wird munter fabuliert, Johannes, der Cousin Jesu, ja sogar Paulus, seien Essener gewesen. Es wird auch behauptet, mit Johannes sei auch Jesus in das Kloster eingetreten, musste dies aber dann später wieder verlassen und trat danach öffentlich auf. Die vielen Wasserbecken dienten angeblich dazu, dass die Essener darin ihr tägliches Tauchbad nahmen. Johannes habe nach Verlassen des „Klosters" alle seine Anhänger im nahegelegenen Jordan getauft, müsse also ein (Ex-) Essener sein, nach der Devise: Wer in der Wüste im Wasser planscht, ist Essener.

Auch das Auftreten des Johannes *in der Wüste* würde gut zu Qumran passen, allerdings nur nach den heutigen Gegebenheiten. Denn das Jordantal und auch die Gegend um das Tote Meer waren damals längst nicht so tot wie heute und daher auch gar nicht so „wüst". So interessant und spannend dies alles auch klingen mag – leider gibt es dazu außer in der Phantasie der Verfasser keine Belege und so kann man die Frage nach der Beziehung zwischen Essenern, Qumran und Jesus auf sich beruhen lassen.

Sicherlich gab es weitere Gruppen zur Zeit Jesu, die zwar die unterschiedlichsten Formen an Literatur hervorbrachten, es dabei aber nicht zu kanonischem Ansehen brachten. Eine neue kritische Ausgabe derartiger Literatur mit ausführlichen Anmerkungen findet sich in der Reihe „Jüdische Schriften in hellenistisch-römischer Zeit". Wer diese Gruppen waren, wie sie sich selbst bezeichneten, welche theologische Richtung sie vertraten, ist lediglich den Schriften selbst zu entnehmen. Mutmaßungen dieser Art bergen natürlich ein großes Risiko für Fehlinterpretationen. Im Gegensatz zur Botschaft Jesu sind diese Schriften mit vielfach endzeitlich geprägtem Inhalt jedoch häufig nicht an das Gottesvolk Israel adressiert, sondern an eine Sondergruppe innerhalb Israels, die für sich in Anspruch nimmt, der „Heilige Rest" zu sein, die letzten Auserwählten, die am Tag J"s, dem Einbruch des Endgerichtes, als Einzige überleben werde. Erinnern wir uns: Die Botschaft Jesu richtete sich zwar nur an Israel, aber eben an *ganz* Israel.

Zusammenfassung

Ab dem Beginn des 2. Jahrhunderts v. Chr. kommt es im Kontext der politischen Ereignisse zu einer Zersplitterung des Judentums und zur Gruppen- und Parteienbildung. Vermutlich dürfte die Zahl jener Gruppen größer sein als bekannt: Für etliche Schriften, die bis heute überliefert sind, lassen sich die Autoren nicht mehr feststellen. Bekannte Gruppen sind die Pharisäer wie auch die Sadduzäer, jeweils mit ihren Schriftgelehrten. Die Essener, ebenfalls aus dieser Zeit, werden im NT nicht erwähnt, eine in den Makkabäerbüchern genannte Gruppe von „Frommen" ist nicht eindeutig identifizierbar. Dazu kommt die Jerusalemer Aristokratie, aus welcher der Hohepriester hervorgeht. Dieses Amt, ursprünglich dynastisch, wird auf nicht mehr nachvollziehbare Weise an verschiedene Familien vergeben, wobei die Amtszeit des jeweiligen Hohepriesters unterschiedlich lang sein kann.

15.7 War Jesus ein Vertreter der Apokalyptik?

In diesem Kontext ist die Frage zu stellen, ob Jesus mit seiner Botschaft von der Königsherrschaft Gottes, die in die Gegenwart hineinragt, selbst ein Vertreter der Apokalyptik war. Aber was ist genau Apokalyptik?

Während eine eschatologische Weltsicht davon ausgeht, dass sich die heilvolle Zukunft durchaus an der vergangenen Geschichte Gottes mit seinem Volk orientieren kann, behauptet die Apokalyptik in einem bestimmten Sinne das Gegenteil. Sie kann zunächst, wie die Vertreter der Eschatologie, durchaus die Ansicht vertreten, das Ende wäre schon in himmlischen Büchern aufgezeichnet und deshalb jetzt, am Ende der Zeit, bekannt zu machen. Apokalyptik und Eschatologie gehen auch beide von einem Endgericht aus und beinhalten zumeist auch gleiche oder ähnliche Erzählmotive, um die Endzeit zu beschreiben. Das Besondere der Apokalyptik besteht jedoch darin, dass der Einbruch der heilvollen Zukunft plötzlich daherkommt, ohne Einwirkung von Menschenhand. Und so unvergleichlich der Einbruch ist, so wird es auch die Zukunft sein.

Geht die Eschatologie beispielsweise davon aus, dass sich das zukünftige „paradiesische" Heil in der Wiederkehr des Schöpfungsfriedens gemäß der ersten Schöpfungserzählung besteht (vgl. Jes 11 und 65), fehlt ein solcher Aspekt in der Apokalyptik völlig. Und weil sich eben nichts in Analogie zur „Heils"-Geschichte ereignen wird, müssen die für Israel so bedeutsamen Epochen der Heilsgeschichte auch gar nicht mehr umfassend dargestellt werden, wie dies etwa die Zehnwochenapokalypse des äthiopischen Henochbuches (äthHen 93,3-10 und 91,12-17) zeigt. Hier werden einerseits zentrale Ereignisse der Geschichte Israels gedehnt, andere auf ein Minimum zusammengestaucht oder überhaupt nicht erwähnt. Apokalyptik ist also etwas Neues, ohne Bezug zur vorausgehenden Geschichte. Nichts wird so sein, wie es schon einmal war.

Unter diesen Gesichtspunkten fällt es schwer, die Botschaft Jesu einzuordnen. Das Kommen der Königsherrschaft Gottes reicht gemäß seiner Botschaft in die Gegenwart hinein. Insofern stellt der Anbruch oder auch nur die Vollendung der Königsherrschaft keinen unvergleichbaren Geschichts*bruch* dar. In Gleichnissen wird das Reich Gottes häufig als großes Gastmahl dargestellt. Auch dies ist dann selbstverständlich nichts Neues. Und schließlich finden sich, besonders bei Lukas, vermehrt „Überbietungs"-Erzählungen: Jesus ist mehr als Johannes; Jesus ist mehr als Elija und seine Taten entsprechen zwar einerseits dessen Taten, gehen aber andererseits über diese hinaus. Jesus wäre demnach als Bote der Eschatologie, nicht aber als Apokalyptiker einzuordnen: Die Zukunft, die in die Gegenwart hineinreicht, kann durch Vergleiche beschrieben werden.

Auf der anderen Seite ist seine Botschaft von einem Gott, der vorurteilslos und ohne Vorbedingungen schon jetzt auf den Menschen zugeht und ihm damit in beispielloser Weise Heil eröffnet eine Aussage, die nirgends sonst zu finden ist. Offensichtlich begegnet uns in der Botschaft und im Handeln Jesu eine Mischung von Apokalyptik und Eschatologie, wie sie sich bis dahin niemand vorgestellt oder verkündet hatte.

Einmal von der – nicht unwichtigen – Frage abgesehen, ob Jesus nun Apokalyptiker war oder „nur" eine eschatologische Botschaft verkündete, finden sich im NT etliche Texte, die eschatologisches Gedankengut enthalten und in der dafür üblichen bildhaften Sprache geschrieben sind: Das Ende kommt nicht als ein nur die Menschheit betreffendes Ereignis, sondern umfasst den gesamten Kosmos. Daher halten sich Sonne, Mond und Sterne nicht mehr auf ihren Bahnen, sondern stürzen in einem gewaltigen kosmischen Beben auf die Erde. Bisweilen rast ein Weltenbrand über die Erde. Die Grundfesten, d.h. die Säulen, auf denen die Erde über dem Wasser der Unterwelt ruht, werden erschüttert. Verbunden ist das Ganze vielfach mit Kriegen, Seuchen und Hungersnöten, die Mensch und Tier vernichten. Im Kontext des Neuen Testaments wird vor Pseudo-Messiassen gewarnt, die versuchen, die Menschen in die Irre zu führen. *„Lauft ihnen nicht hinterher"*, lautet die Botschaft.

Wenn man dann fragt, wie diese Zeiten denn überhaupt schadlos zu überstehen sind, erhält man gelegentlich die Auskunft, dass Gott die Tage der Endzeit verkürzt, so dass ein Überleben (zumeist der „Auserwählten“) möglich ist. Die so gezeichneten Szenarien sind in der Regel auch mit der Vorstellung eines Endgerichtes verbunden, in denen wiederum die Auserwählten ihre Zulassung zum Heil erhalten, während alle anderen der ewigen Verdammnis anheimfallen. Vielfach gehen die Autoren derartiger Texte davon aus, dass das Heil nur einem (heiligen) Rest zusteht, sei es, dass ganz Israel als dieser Rest gesehen wird, sei es, dass man sich als Auserwählte innerhalb Israels versteht und somit einer Binnengruppe angehört. Das universale Heil für das Gottesvolk als Ganzes wird somit nicht immer angestrebt.

Diese Binnengruppen heben sich von ihrer Umgebung etwa durch besonderen Gesetzesgehorsam ab – oder eben durch das Wissen um sektenhafte Sonderlehren. Die Kenntnis dieser Lehren, die der Allgemeinheit verborgen bleiben, und deren Befolgung in Form von Orthodoxie und/oder Orthopraxie, legitimieren diese natürlich auch: Die Gewissheit, zum heiligen Rest zu gehören, erwächst aus der Gewissheit, dass der Zugang zum Heil ohne die Sonderlehren nicht möglich ist.

Das frühe Christentum war letzten Endes ebenfalls eine solche Binnengruppe innerhalb Israels, eine jüdische Sekte. Man war und blieb Jude, glaubte aber darüber hinaus an den Nazarener Jesus als auferstandenen Messias und ließ sich auf seinen Namen taufen, wie dies heute von kleinen Gruppen von „Judenchristen“ oder so genannten „messianischen Christen“ noch immer praktiziert wird. Entsprechend spricht Paulus, der die Grenzen Israels bereits überschreitet, von den an Jesus Glaubenden und auf ihn Getauften als endzeitliche Heilsaspiranten, ohne auf das Schicksal der Nichtgetauften sonderlich einzugehen. Hierzu schweigt er.

Oben war davon die Rede, dass der endgültige Einbruch des Reiches Gottes noch immer aussteht – seit nunmehr fast 2000 Jahren. All die endzeitlichen Szenarien haben schließlich noch nicht stattgefunden. Es stellt sich dabei jedoch die Frage, wie wahrscheinlich tatsächlich mit diesen Ereignissen zu rechnen ist. Der Sturz von Sonne, Mond, und Sternen auf die Erde ist nach heutiger naturwissenschaftlicher Kenntnis kaum anzunehmen und nur vor dem Hintergrund eines geozentrischen Weltbildes überhaupt verständlich zu machen. Nach unserem derzeitigen Kenntnisstand wird die Sonne ihren Brennstoff irgendwann verbraucht haben und in irgendeiner Form untergehen, bzw. erlöschen. Voraussichtlich wird sie von heute an noch 6 Milliarden Jahre „brennen“. Spätestens dann ist auch das Ende der Erde gekommen, gleich ob sie nun in die Sonne stürzt oder nicht. Schon etliche Zeit vorher wird sie aber ohnedies kein Planet mehr sein, auf dem Leben existieren kann, weil es schlichtweg zu heiß geworden ist. Das Ganze hat noch etwas Zeit, vermutlich noch eine Milliarde Jahre – sofern die Erde nicht vorher schon von einem Kometen oder Asteroiden getroffen, vernichtet oder aus der Umlaufbahn geschleudert wird. Das wäre dann die Erfüllung der oben genannten eschatologischen Szenerie. Nebenbei gesagt: Den restlichen Kosmos würde der Untergang von Erde und/oder Sonne völlig kaltlassen, denn es gibt

Sterne, die weitaus jünger sind als unsere Sonne und somit eine – vielleicht positive – Zukunft noch vor sich haben. Sollten sie von passenden Planeten umkreist werden, die das Potential zur Entstehung von Leben besitzen, würde sich dieses erst in einer fernen Zukunft entwickeln. Wer auf das reguläre, naturgegebene Ende unseres Sonnensystems wartet, muss sich also noch gedulden. Bezüglich des ganzen Kosmos ist zur Stunde nur bekannt, dass er sich seit dem vermuteten Urknall noch immer mit hoher Geschwindigkeit ausdehnt. Ob dies bis ins Unendliche so weiter geht oder sich das Universum irgendwann wieder zusammenzieht, um erneut auseinanderzudriften, ist Spekulation.

Es stellt sich daher kaum die Frage, ob mit der Überwindung des Geozentrischen Weltbildes nicht auch ein anderes Denken hinsichtlich des Endes von Kosmos und Mensch erforderlich ist.

Eine Lösung dazu könnte ein Modell bieten, das die Dimension „Zeit“ anders definiert. Dies scheint umso mehr erforderlich zu sein, als sich die Relativitätstheorie Albert Einsteins inzwischen auch wissenschaftlich insoweit nachweisen lässt, dass Zeit tatsächlich eine eigene Dimension ist, so wie der Raum. Sie ist nicht absolut zu verstehen, sondern Zeit und Raum bedingen sich gegenseitig.

Am einfachsten lässt sich dies mit dem Bild eines Raumschiffs erklären, das die Erde mit zunehmender Geschwindigkeit verlässt. Je höher seine Geschwindigkeit ist, umso langsamer vergeht die Zeit an Bord. Wenn es sich also von der Erde entfernt, dabei annähernd Lichtgeschwindigkeit erreicht und nach geraumer Zeit wieder zur Erde zurückfliegt, wird auf der Erde deutlich „mehr“ Zeit vergangen sein als an Bord des Raumschiffes oder anders gesagt: Die Uhren an Bord ticken langsamer. Zeit ist beeinflussbar – durch Gravitation und Bewegung, also Raum.

Wenn sich nun aber Zeit und Raum bedingen, so gelten diese Bedingtheiten ab dem Moment nicht mehr, wenn wir Zeit und Raum, d.h. „unsere“ Welt verlassen, und damit ist nun nicht die Raumfahrt gemeint, sondern unser Leben. Mit dem Tod endet für jeden Menschen die Gebundenheit an Raum und Zeit. Wir befinden uns in einem Status, wie er vor der Schöpfung oder auch vor dem vermuteten Urknall war. Genauer müsste man sagen: Einen Status vor dem Urknall gibt es eigentlich nicht, weil es – für uns unvorstellbar – weder Raum noch Zeit gibt; diese „entstehen“ bzw. „beginnen“ erst mit dem Urknall. Verlassen wir als Menschen also mit dem Tod unser Koordinatensystem von Raum und Zeit, so geschieht für jeden Menschen dieser „Sprung“ in die Raum-Zeitlosigkeit gleichzeitig: Wo es keine Zeit mehr gibt, gibt es auch kein „früher“ oder „später“ und somit findet für alle Menschen das erwartete Endgericht bzw. die endzeitliche Begegnung mit Gott zum gleichen „Zeitpunkt“ statt. Die logische Folge dieses Gedankengangs wäre dann: Die Gottesherrschaft beginnt mit dem Tod des Menschen; die Auferstehung ist ein Begriff, der das Eintreten des Menschen in die darauffolgende „Zeit“ bei Gott umschreibt. Wie aus dem Streitgespräch Jesu mit den Sadduzäern um die Auferstehungsfrage in Mk 12, geht auch aus den Ausführungen des Paulus in 1Kor 15 hervor, dass der Auferstehungsleib nicht mehr den

Bedingtheiten der Materie unterworfen ist. Paulus spricht deshalb einerseits vom (irdischen) Körper und dem (himmlischen bzw. postmortalen) Leib, mit dem der Körper freilich zur Zeit des Lebens in Interaktion steht und auch die Grundlage des postmortalen Leibes abgibt. Dieser himmlische Leib kann als Auferstehungsleib identifiziert werden, der, ebenso wie Gott, zeitlos bei ihm und mit ihm existiert. Zugegebenermaßen handelt es sich bei diesen Überlegungen auch wieder nur um ein „Modell", dieses Mal mit dem Handicap, dass wir uns letztlich „Zeitlosigkeit" nicht vorstellen können, sondern immer wieder von einem „früher" oder „später", „vorher" oder „nachher", von Geschichte und Zukunft sprechen müssen.

Zusammenfassung

Die Unterscheidung zwischen eschatologischem und apokalyptischem Denken ist durchaus bedeutsam:

Die Eschatologie geht davon aus, dass sich das Ende und die Zeit danach in Analogie zu bisher bereits bekanntem gestaltet: Die Propheten sprechen von der Wiederkehr des Schöpfungsfriedens oder auch von einer noch nie erlebten Fruchtbarkeit der Erde, sodass jeder in Frieden die Erträge seiner Arbeit genießen kann. Die Davidsdynastie wird wieder aufgerichtet und einen gerechten König hervorbringen.

Die Apokalyptik negiert diesen Ansatz: Die Verhältnisse der Gegenwart lassen nicht darauf hoffen, dass sich Geschichte wiederholt oder die Zukunft nach Heilsereignissen der Geschichte gestaltet werden könnte. Angesichts der Zustände kann die Zukunft nur nach einem radikalen Schnitt anbrechen und sie wird analogielos sein. Die bildhaften Aussagen über die Zukunft werden von beiden Richtungen in Anspruch genommen, können also nichts zur Definition der einen oder anderen Zukunftsschau beitragen. In den Zukunftsvorstellungen Jesu scheinen beide Richtungen eine Rolle zu spielen.

15.8 Welche Aufstandsgruppen finden sich zur Zeit Jesu und wie gestaltet sich das Verhältnis Jesu zu ihnen?

Es gab im Judentum Gruppen, welche die Königsherrschaft, das Kommen des Messias und die Endzeit herbeizwingen oder zumindest einen Beitrag dazu leisten wollten. Vielfach war ihr primäres Ziel, dabei auch die politischen Verhältnisse in Israel zu verändern und Israel wieder zu einem souveränen Staat unter der Führung eines/des Messias zu machen. Die Gruppen, die hier vorgestellt werden müssen, sollen unter der Bezeichnung „Freiheitskämpfer" zusammengefasst werden.

Derartige Gruppen gab es in Israel über Jahrzehnte hinweg offensichtlich genug, unabhängig davon, ob sich ihre Anführer als Messias ausgaben oder nicht. Ob man diese Leute mit Josephus als „Räuber“ bezeichnen kann, hängt vom Standpunkt des Betrachters ab, wie dies bis zum heutigen Tag gilt: Ob jemand Terrorist genannt wird oder Freiheitskämpfer ist in erster Linie eine Frage des Standpunktes.

In seinem Werk vom Jüdischen Krieg unterscheidet Josephus aber, insbesondere zur Zeit der Belagerung von Jerusalem, zwischen zwei unterschiedlichen Gruppen, die sich unter ihren jeweiligen Anführern noch gegenseitig bekämpften, als die Römer bereits ihren Belagerungsring um die Stadt gezogen hatten. Johannes von Gischala (auch Johannes ben Levi oder Yohanan ben Levi, * unbekannt; † nach 70 n. Chr. wahrscheinlich in Rom) war Anführer einer Gruppe, die sich „Zeloten“, Eiferer, nannten. Der Gegenspieler dieses Johannes war ein Mann namens Simon bar Giora. Laut Josephus sei auch dieser Simon Anführer einer Zelotengruppe gewesen. Er wird bei der Eroberung Jerusalems im Jahre 70 gefangen genommen und vermutlich 71 n. Chr. in Rom hingerichtet. Ihn bezeichnet Josephus ebenfalls als „Räuber“, der mit seiner Bande schon vor dem jüdischrömischen Krieg die Gegend unsicher gemacht und von Raub und Mord gelebt habe. Interessant ist im Blick auf Jesus, dass sich in der Schar der Zwölf ein Vertreter dieser Richtung befand, ein gewisser Simon Kanaanäus, Simon der Eiferer oder auch Simon der Zelot genannt.

Daneben spricht Josephus freilich auch noch von einer weiteren Gruppe, den so genannten Sikariern, deren Name (vermutlich) vom lateinischen Wort „sica“, d.i. Dolch abgeleitet wird. Ihr Vorgehen erinnert an die Attacken heutiger Palästinenser in Israel oder auch an Selbstmordattentäter. Sie mischten sich in die Menge, stachen mit dem Dolch ihre Zielperson (Römer oder angeblicher Kollaborateur) nieder und tauchten wieder in der Menge unter. Wurden sie erwischt, hatten sie Pech gehabt: Sie wurden zumindest inhaftiert, vermutlich aber allesamt gekreuzigt. Von ihnen berichtet Josephus in Bellum II 13,3:

> *Nachdem das Land auf diese Weise gesäubert war, machte sich in Jerusalem eine andere Art von Banditen bemerklich, die man Sikarier nannte. Sie begingen am hellen Tage und mitten in der Stadt Mordthaten, mischten sich besonders an Festtagen unter das Volk und erstachen ihre Gegner mit kleinen Dolchen, die sie unter ihrer Kleidung versteckt trugen. Stürzten ihre Opfer zu Boden, so beteiligten sich die Mörder an den Kundgebungen des Unwillens und waren um dieses ihres unbefangenen Benehmens willen gar nicht zu fassen. (vgl. auch ebd. IV 7,2; VII 7–11.)*

Ob und ggf. wie beide Gruppen zusammengehörten, weiß man nicht, ebenso wenig, ob einer der beiden Aufstandsführer – Johannes von Gischala oder Simon bar Girora – nicht etwa die Zeloten, sondern vielmehr die Sikarier anführte. Erwogen wird auch, dass Zeloten und Sikarier ein und dieselbe Gruppe gewesen seien. Die frühere Vermutung, im Namen des Judas Iskariot, dem Jünger der Jesus auslieferte, stecke ein Bestandteil des Wortes „sica“, wird heute kaum mehr geäußert. Viel wahrscheinlicher ist, dass er als „Mann von Kariot oder Keriot" (Iš Kariot) bezeichnet wurde, vielleicht um ihn von dem anderen Jünger gleichen Namens (Judas Thaddäus) zu unterscheiden. Wäre Judas ein Sikarier gewesen, dann hätte Jesus je einen Vertreter von den damals dominanten (und sich gegenseitig bekämpfenden) Aufstandsgruppen in seinem Gefolge gehabt.

Die Frage nach dem Verhältnis Jesu zu den Aufstandsgruppen ist von Interesse, weil es immer wieder Versuche gab und gibt, Jesus als politisch-militanten Befreier hinzustellen. Unter anderem sind die Schwertworte (Lk 22,36-38) für die Befürworter dieser These ein gewichtiges Argument, meist im Kontext mit der Tempelreinigung und der Aktion des Petrus bei der Verhaftung Jesu, wo er dem Knecht des Hohepriesters ein Ohr abschlug (Joh 18,10 u.a.):

> *LK 22, 36-38 Er sprach nun zu ihnen: Aber jetzt, wer eine Börse hat, der nehme sie und ebenso eine Tasche, und wer nicht hat, verkaufe sein Gewand und kaufe ein Schwert; denn ich sage euch, dass noch dieses, was geschrieben steht, an mir erfüllt werden muss: „Und er ist unter die Gesetzlosen gerechnet worden"; denn auch das, was mich betrifft, hat eine Vollendung. Sie aber sprachen: Herr, siehe, hier sind zwei Schwerter. Er aber sprach zu ihnen: Es ist genug.*

Daraus schließt man dann recht vordergründig, Jesus und seine Jünger seien bewaffnet gewesen und die genannten Ereignisse hätten schließlich zu Jesu Verhaftung und Hinrichtung geführt.

Wie immer man die Schwertworte zu deuten hat: Ein gewaltbereiter Jesus ist mit seiner Botschaft vom Verzicht auf Vergeltung und seinen Besuchen bei den als Römerfreunden verschrienen Zöllnern kaum in Einklang zu bringen. Jesus in die militante Ecke zu stellen funktioniert nicht, ohne massive Eingriffe in andere Texte der Evangelien vorzunehmen, die einen „friedliebenden" und den Menschen zugewandten Jesus zeigen.

Zusammenfassung

Verursacht durch die römische Besatzung, aber auch in Folge der Verarmung der Menschen durch Landverlust an Großgrundbesitzer und vielleicht auch durch Überbevölkerung kommt es zur Entwurzelung der Menschen und in deren Folge zu Aufständen, die nicht ausschließlich aber primär sozial begründet sind. Sie werden häufig von Männern angeführt, die sich als Messias verstehen oder diesen Anspruch erheben. Davon erfahren wir aus der Apostelgeschichte sowie aus den Schriften des Josephus. Vor allem Herodes der Große, heißt es, habe mehrere Messiasaspiranten gefangengenommen und kreuzigen lassen. Eine besonders unruhige Region war diesbezüglich das Gebiet von Galiläa. Mit diesen Gestalten hat Jesus allerdings nichts zu tun. Er predigt ja gerade Gewaltverzicht.

16. Welches Verhältnis hat Jesus zu Frauen?

Zu seiner Zuwendung zum Menschen gehört auch, dass sich Jesus in einer für seine Zeit außergewöhnlichen Weise mit Frauen abgibt.

Im gewissen Sinne handelt es sich auch bei den Frauen, die mit Jesus verkehren, um eine eigene Gruppe. Es scheint so – zumindest wenn man Lk folgt – dass Jesus zeitweise eine kleine Schar von Frauen um sich hatte und diese auch mit Jesus umherzog (Lk 8,1-3). Zu dieser Gruppe, die ausschließlich bei Lk erwähnt wird, gehören unter anderem Maria von Magdala und eine sonst unbekannte Johanna, Frau des Chuzas, eines Beamten des Herodes sowie eine gewisse Susanna. Diese drei werden namentlich hervorgehoben. Ansonsten kennt Jesus Maria und Marta, die beiden Schwestern des Lazarus, er unterhält sich mit der anonymen Frau am Jakobsbrunnen, mit der zur Steinigung geführten Ehebrecherin und duldet den Kontakt einer Sünderin mit ihm, die Jesu Füße mit ihren Tränen wäscht und mit ihren Haaren abtrocknet (Lk 7,36-50). Letzteres dürfte für die damalige Zeit ein absolut unerhörtes Benehmen gewesen sein, das möglicherweise sexuell konnotiert war. Im Laufe der Tradition und der gehäuft auftretenden Marien in den Evangelien kommt es zur Identifikation der Maria von Magdala mit dieser Sünderin, manchmal auch mit Maria, der Schwester des Lazarus. Irgendwann wusste man offensichtlich nicht mehr, welche der zahlreichen Marien bei welcher Gelegenheit auftrat. Letztlich ist die Frage der Identifikation aber auch sekundär. Obwohl also Lukas im Gegensatz zu den anderen drei Evangelien Jesus gehäuft im Kontakt mit Frauen darstellt, ist an der grundlegenden Intention Jesu nicht zu zweifeln: In der patriarchalischen Welt der Bibel gehören die Frauen genauso wie „Zöllner und Sünder" zu jener Schicht der Bevölkerung, die nach den Männern bestenfalls den zweiten Rang einnehmen konnten. Die Frauen waren infolge der Menstruation grundsätzlich viel häufiger kultisch unrein als Männer, sie waren laut der zweiten Schöpfungserzählung dem Mann unterstellt (...er aber wird dein Herr sein: Gen 3,16), eine ätiologische, d.h. begründende Aussage, die sich nicht wegexegetisieren lässt, sondern ihre Entstehung ganz einfach den gesellschaftlichen Umständen verdankt und einmal mehr belegt, dass die gesamte hl. Schrift auch ein „Kind ihrer Zeit" ist.

Die Zuwendung Jesu zu den Frauen, ja sogar zu stadtbekannten Sünderinnen, ist ein Zug, der dem sonstigen Wirken Jesu absolut entspricht und daher kaum als „unecht" bezweifelt werden kann. Sicher wird er mit dieser scheinbar „liberalen Haltung" auch Anstoß erregt haben, aber wie an anderen Texten zu sehen ist, scheint ihm das ziemlich gleichgültig gewesen zu sein. Natürlich hätte dieser Jesus auch Frauen zum letzten Mahl einladen können. Wenn die Evangelien diesbezüglich schweigen, liegt dies nicht daran, dass er das nicht gewollt habe oder die Zwölf gar als ein Zeichen für eine ausschließlich männliche Priesterschaft verstanden werden müssen, sondern weil die zwölf Männer, wie gesehen,

Zeichen für die endzeitliche Sammlung des Zwölf-Stämme-Volkes sind. Um dieses Zeichen zu setzen und um sich dabei verständlich auszudrücken, kann von Frauen keine Rede sein, denn Gen spricht zwar von den zwölf Söhnen des Jakob, allesamt Gründer des jeweiligen nach ihnen benannten Stammes, nicht aber von zwölf Frauen. Gleichwohl dürfte die Haltung Jesu zu Frauen auch in seiner Botschaft von der Gottesherrschaft begründet sein: Wenn der Gerechte ebenso von Gott angenommen wird wie der Sünder, warum sollte es dann noch einen Unterschied zwischen Mann und Frau geben? Folgerichtig nivelliert Paulus im Galaterbrief diesen Gegensatz (Gal 3,28).

Zusammenfassung

Den Evangelien zufolge – hier besonders Lukas – verhält sich Jesus gegenüber Frauen sehr unbefangen. Einige scheinen zu seinen Jüngern zu gehören und ihn – vielleicht nur zeitweise – begleitet zu haben. Es heißt jedenfalls, dass ihn Frauen finanziell unterstützten. Er spricht Frauen an und unterhält sich mit ihnen (die Frau am Jakobsbrunnen nach Joh 4; die Syrophönizierin Mk 7; die anonyme Sünderin Lk 7). Es sind Frauen, die bis zu seinem Tod unter dem Kreuz ausharren und es sind Frauen, die das Grab leer vorfinden. Dieses Verhalten Jesu kann man sicher als außergewöhnlich bezeichnen. Wenn sich die frühchristlichen Gemeinden vergleichbar verhalten und der Geschlechtsunterschied keine Rolle mehr spielt (Gal 3,28), so ist dies nicht nur vor dem Hintergrund der Endzeiterwartung zu sehen, sondern auch im Verhalten Jesu begründet.

17. War das letzte Abendmahl ein Paschamahl?

Die drei synoptischen Evangelien, also Mt, Mk und Lk stellen das letzte Abendmahl als Paschamahl dar: Jesus schickt Jünger weg, die alles dazu vorbereiten sollen. Wie von Jesus vorhergesagt, treffen sie in der Stadt Jerusalem einen Mann mit einem Krug, der sie zu dem Ort führt, an dem das Pascha stattfinden soll:

> *Mk 14,12 Und am ersten Tag des Festes der ungesäuerten Brote, als man das Passalamm schlachtete, sagen seine Jünger zu ihm: Wohin willst du, daß wir gehen und bereiten, damit du das Passamahl essen kannst? 13 Und er sendet zwei seiner Jünger und spricht zu ihnen: Geht hin in die Stadt, und es wird euch ein Mensch begegnen, der einen Krug Wasser trägt. Folgt ihm! 14 Und wo er hineingeht, sprecht zu dem Hausherrn: Der Lehrer sagt: Wo ist mein Gastzimmer, wo ich mit meinen Jüngern das Passamahl essen kann? 15 Und er wird euch einen großen Obersaal zeigen, mit Polstern ausgelegt und fertig. Und dort bereitet es für uns!*

Aus der Erzählung geht einiges Wissenswerte zum Pascha hervor. Wenn betont wird, dass es der erste Tag der ungesäuerten Brote ist, lässt sich daraus schließen, dass das Fest mehrere Tage dauerte. Ferner wird damit gesagt, dass Pascha und das Fest der ungesäuerten Brote parallel bzw. zusammen gefeiert werden – dies ist keineswegs selbstverständlich, da beide aus unterschiedlichen Traditionen erwachsen: Das Fest der ungesäuerten Brote gehört in den Lebenskontext von Bauern, das Paschalamm dagegen in die Welt der Hirten und Kleintierzüchter. Gleichwohl scheint es, dass man beide Feste schon lange zusammen gefeiert hat. Schon bei der ätiologischen Begründung der Feste im Kontext des Auszugs aus Ägypten werden beide zusammen gesehen.

Schließlich wird hier erzählt, dass die Pilger, die zum Fest eigens nach Jerusalem kommen, dort auch aufgenommen werden und Räumlichkeiten für die Feier zur Verfügung gestellt bekommen, denn das Pascha musste vermutlich seit der Zeit von König Joschija († 608 v. Chr.) in Jerusalem gefeiert werden.

Die Jünger finden alles wie angekündigt und bereiten das Mahl vor. Am Abend des Donnerstag – nach jüdischer Zeitrechnung ist es der mit Beginn der Nacht anbrechende Freitag, der sechste Tag der Woche – versammeln sich Jesus und seine Jünger um das Paschamahl zu halten. Nach dem Mahl geht er mit einigen seiner Gefährten in den Garten Gethsemane am Fuß des Ölbergs und betet dort. Dort wird er auch verhaftet, zunächst dem Hohepriester und einigen jüdischen Aristokraten vorgeführt, die einen Anklagegrund suchen, mit dem sie Jesus zu Pilatus bringen können. Im Laufe des Freitags, des Festtages selbst, wird er vor Pilatus gebracht, von ihm verurteilt und schließlich am Freitagnachmittag gekreuzigt. Jesus stirbt am Nachmittag des Paschatages, um ca. 15 Uhr, der neunten

Stunde (Mt 27,46), am Kreuz. Er wird am Ende des Tages, dem beginnenden Abend, noch vom Kreuz genommen, gemäß jüdischem Brauch in ein Grabtuch eingeschlagen und in dem nahegelegenen Grab des Josef von Arimathäa beigesetzt, weil der am Freitagabend beginnende Sabbat bevorsteht.

Ganz anders sieht die Abfolge der Ereignisse dagegen bei Johannes aus: Jesus hält auch hier mit seinen Jüngern am Abend des Donnerstag, also dem beginnenden Freitag ein gemeinsames Mahl. Wie bei Mk, Mt und Lk wird er im Anschluss an das Mahl verhaftet. Bei diesem Mahl handelt es sich aber nicht um das Paschamahl, denn es heißt ausdrücklich:

> *Joh 18,28 Sie führen nun Jesus von Kaiphas in das Prätorium; es war aber frühmorgens [am Freitag]. Und sie gingen nicht hinein in das Prätorium, damit sie sich nicht verunreinigten, sondern das Passamahl essen könnten.*

Hier wird demnach betont, dass das Paschamahl noch bevorsteht. Dennoch wird Jesus ebenfalls im Laufe des Freitags verurteilt und hingerichtet, am Abend des gleichen Tages vor Beginn des Sabbat aber noch abgenommen und begraben. Das aber bedeutet: Jesus hat mit seinen Jüngern kein Pascha gegessen, weil das Pascha auf den Sabbat fällt, einen Tag später als bei den Synoptikern.

> *Joh 19,31 Die Juden nun baten den Pilatus, damit die Leiber nicht am Sabbat am Kreuz blieben, weil es Rüsttag war – denn der Tag jenes Sabbats war groß [d.h. ein großer Festtag, nämlich Pascha] – daß ihre Beine gebrochen und sie abgenommen werden möchten.*

Bei Joh stirbt Jesus am Freitagnachmittag zu der Zeit, als am Tempel die Paschalämmer geschlachtet werden. Obwohl Johannes diese Koinzidenz, das zeitliche Zusammenfallen, nicht besonders betont, wird doch an einigen wenigen Stellen deutlich, dass er das Paschalamm mit Jesus assoziiert: Joh lässt den Täufer auf Jesus verweisen mit dem Ausspruch: Seht das Lamm Gottes (Joh 1,29.36). Noch dichter wird die Verbindung zwischen Jesus und dem Paschalamm in der Erzählung, dass man Jesus am Kreuz nicht die Beine brach, weil er schon tot war. Joh begründet dies alttestamentlich mit Verweis auf

> *Ex 12,46 In einem Haus soll es gegessen werden; du sollst nichts von dem Fleisch aus dem Haus hinausbringen, und ihr sollt kein Bein an ihm [dem Paschalamm] zerbrechen.*

Die beiden unterschiedlichen Terminangaben bei den synoptischen Evangelien einerseits und bei Johannes andererseits lassen sich nicht miteinander in Deckung bringen.

Wie kommt es zu diesen zwei unterschiedlichen Terminen? Natürlich ist es vorstellbar, dass die Markustradition oder auch Johannes den genauen Termin nicht mehr wussten und nur davon ausgingen, dass sich Jesu Tod im Kontext eines Pascha ereignete. Darüber hinaus aber dürfte die theologische oder auch christologische Deutung eine maßgebliche Rolle gespielt haben. Bei Johannes ist es die eben beschriebene Assoziation von Jesus mit dem Pascha*lamm*, bei den Synoptikern geht es um das *„neue Pascha"*, das Jesus mit seinen Jüngern als „Abendmahl", als erste Eucharistie, feiert. Bei den Angaben der beiden Überlieferungsstränge spielen demnach nicht „historische" sondern „christologische" Daten, die es zu deuten gilt, die entscheidende Rolle. Das historisch korrekte Datum ist hingegen nicht mehr zu ermitteln.

Die Frage nach dem „richtigen" Termin und damit nach dem Abendmahl als Paschamahl (oder nicht) ist jedoch keineswegs belanglos. Dies gilt in besonderer Weise für den Glauben der katholischen Kirche, die mit dieser Frage nicht nur die Einsetzung der Eucharistie verknüpft, sondern zusammen mit dem Wiederholungsbefehl, wie er auch bei Paulus in 1Kor 11 vorliegt, das Sakrament der Priesterweihe verbindet. Die Fußwaschung der johanneischen Überlieferung zeitlich einfach auf das Pascha der Synoptiker zu verlegen, wird jedenfalls den unterschiedlichen Angaben der Evangelien nicht gerecht und schafft eine Identität der Ereignisse, die von den Quellen her nicht gegeben ist.

Zusammenfassung

Ob Jesus mit seinen Jüngern vor seinem Tod das Paschamahl gegessen hat, lässt sich nicht mit letzter Sicherheit sagen, denn im Johannesevangelium ist das Pascha erst auf den Tag nach Jesu Kreuzigung datiert. Die Evangelisten Mt, Mk und Lk haben freilich genauso viel Interesse daran, das letzte Mahl Jesu als Pascha auszuweisen, wie Joh darum bemüht ist, den Tod Jesu am Vortag zur Zeit des Lämmerschlachtens am Tempel zu datieren. Hier wird man nicht zur letzten Klarheit kommen.

18. Lässt sich der Wortlaut des Pascharitus Jesu rekonstruieren?

Gerade angesichts der Implikationen, die mit dem Pascha und katholischerseits mit dem Amt verbunden sind, ist diese Frage keineswegs zu vernachlässigen!

Die Worte, die Jesus beim letzten Mahl sprach, werden in der Überlieferung sehr unterschiedlich wiedergegeben und stimmen zu allem Überfluss nicht mit den Worten überein, die in der heutigen Eucharistiefeier gesprochen werden. Daraus ist schon vorab zu folgern, dass es offensichtlich nicht auf den genauen Wortlaut ankommt. Damit wird auch jeglichem magischen Denken ein Riegel vorgeschoben, denn in der Magie geht es ja ausdrücklich um den genauen Wortlaut einer Formel, ohne die das Ganze nicht funktioniert. Man denke etwa an die Geschichte vom Kalifen Storch, der sich nicht mehr zum Menschen zurückverwandeln kann, weil ihm das Zauberwort „mutabor“ [ich werde verwandelt werden] nicht mehr einfällt. Ähnlich öffnet sich die Höhle des Ali Baba nur, wenn der korrekte Befehl „Sesam öffne dich“ ausgesprochen wird. Die Wandlungsworte sind eben kein Hokuspokus [entstanden aus den „Wandlungsworten“ hoc est corpus meus = dies ist mein Leib]. (Vorab ist dazu auch schon festzuhalten, dass Jesus kaum dazu aufgefordert haben wird, sein Blut zu trinken, gleich in welchem Wortlaut, denn Blutgenuss ist im Judentum grundsätzlich verboten.)

Dennoch soll einmal versucht werden, sich dem ursprünglichen Wortlaut anzunähern.

Es ist sofort zu erkennen, dass es zwei verschiedene Traditionen gibt – zum einen eine markinisch-mathäische, zum anderen eine lukanisch-paulinische, die sich jeweils von Inhalt und Wortlaut her nahestehen.

Mt 26	Mk 14	Lk 22	1 Kor 11	Eine Fassung des Hochgebets
26 Während sie aber aßen, nahm Jesus Brot und **segnete**, brach und gab es den **Jüngern** und sprach: **Nehmt**, eßt, dies ist mein Leib!	22 Und während sie aßen, nahm er Brot, **segnete**, brach und gab es ihnen und sprach: **Nehmt**, dies ist mein Leib!	19 Und er nahm Brot, dankte, brach und gab es ihnen und sprach: Dies ist mein Leib, der *für euch* gegeben wird. *Dies tut zu meinem Gedächtnis!*	23 Denn ich habe von dem Herrn empfangen, was ich auch euch überliefert habe, dass Der Herr Jesus in der Nacht, in der er überliefert wurde, Brot nahm 24 und, als er gedankt hatte, es brach und sprach: Dies ist mein Leib, der *für euch* ist; *dies tut zu meinem Gedächtnis*	Denn am Abend, an dem er ausgeliefert wurde und sich aus freiem Willen dem Leiden unterwarf, nahm er das Brot und sagte Dank, brach es, *reichte es* seinen Jüngern und sprach:Nehmet und esset alle davon. Das ist mein Leib, der für euch hingegeben wird.
Mt 26, 27 **Und er nahm einen** Kelch und **dankte und gab ihnen** <den> und sprach: Trinkt alle daraus! 28 Denn dies ist mein Blut des Bundes, **das für viele** vergossen wird zur Vergebung der Sünden.	Mk 14,23 **Und er nahm einen** Kelch, **dankte und gab ihnen** <den>; und sie tranken alle daraus. 24 Und er sprach zu ihnen: **Dies ist mein Blut des** Bundes, **das für viele** vergossen wird.	Lk 22,20 *Ebenso auch den* Kelch *nach dem Mahl*: (Vgl. V.17 Und er nahm einen Kelch, dankte und sprach: Nehmt diesen und teilt ihn unter euch!) und sagte: *Dieser Kelch ist der neue* Bund *in meinem Blut*, das für euch vergossen wird.	1Kor 11, 25 *Ebenso auch den* Kelch *nach dem Mahl* und sprach: *Dieser Kelch ist der neue* Bund *in meinem Blut*, dies tut, sooft ihr trinkt, zu meinem Gedächtnis 26 Denn sooft ihr dieses Brot eßt und den Kelch trinkt, verkündigt ihr den Tod des Herrn, bis er kommt.	Ebenso nahm er nach dem Mahl den Kelch, dankte wiederum, reichte ihn seinen Jüngern und sprach: Nehmet und trinket alle daraus. Das ist der Kelch des neuen und ewigen Bundes, mein Blut das für euch und für alle vergossen wird zur Vergebung der Sünden. Tut dies zu meinem Gedächtnis.

Die Analyse der Texte wie auch der Vergleich des Wortlauts ergeben Folgendes: Das Brot- und Becherwort entsprechen einander nicht: Statt Leib und Blut (Mt und Mk) müsste die Entsprechung Fleisch und Blut lauten. Noch weniger entsprechen Brot und Becher einander (Lk und Paulus), und auch Brot/Leib und Becher/Blut sind nicht kongruent. Bestenfalls kann man hier sagen: „Becher" steht für das Gesamte, das Gefäß und seinen Inhalt. Das ist nicht ausgeschlossen, steht aber eben auch nicht da! Und so kann man eben kaum entscheiden, inwieweit die beiden Worte über das Brot einerseits und über den Becher/das Blut andererseits nachträglich einander angepasst wurden. Ein solcher Vorgang einer bewussten Parallelisierung ist vor allem für die älteste vorliegende Überlieferung anzunehmen, für den Text aus 1Kor, der den Eindruck erweckt, aus einem kultischen Rahmen herausgenommen worden zu sein, d.h. dieser Text gibt die Eucharistiepraxis einer Gemeinde wieder und nicht die Situation des letzten Mahles. Die Mk-Variante erweckt noch viel eher den Eindruck, etwas von dem Geschehen des Abends selbst durchscheinen zu lassen. Beachtenswert ist dabei vor allem, dass sich sowohl bei Mk wie auch bei Mt kein Wiederholungsbefehl findet. Im Gegenteil: Beide enden mit dem Wort Jesu, dass sich die Wiederaufnahme oder Fortsetzung dieses Mahles erst im kommenden Reiche Gottes ereignen wird:

> *Mk 14,25 (ähnlich Mt):Wahrlich, ich sage euch, dass ich nicht mehr von dem Gewächs des Weinstocks trinken werde, bis zu jenem Tag, da ich es neu trinken werde im Reich Gottes.*

Ein Wiederholungsbefehl wäre aus historischer Sicht auch erstaunlich, denn wenn Jesus in seiner Botschaft vom Einbruch des Reiches Gottes in seine Gegenwart hinein spricht, kann es keine Wiederholung geben, weder in einer Feier durch die Jünger noch in einem Mahl, in dem er selbst als Mensch anwesend ist. Dies umso mehr, als Jesus ab einem bestimmten Zeitpunkt in dieser Passionswoche damit rechnen musste, dass er in irgendeiner Weise aus dem Verkehr gezogen, möglicherweise sogar gekreuzigt werden würde.

Die Kreuzigung wurde im Judentum in der Regel nicht als Todesstrafe praktiziert. Es war zu dieser Zeit eine Hinrichtungsart der Römer. Überhaupt muss hier festgehalten werden, dass das Judentum unter der Führung seines Hohepriesters nicht das Recht hatte, jemanden hinzurichten. Ein Todesurteil auszusprechen und zu vollstrecken oblag vielmehr dem römischen Statthalter, der über Juda herrschte und den die Ankläger Jesu gewissermaßen um „Amtshilfe" bitten mussten. Hier muss die Frage beantwortet werden, weshalb es nach Herodes überhaupt dazu kam, dass Juda nicht mehr von Herodianern, sondern von Rom regiert wurde.

Zusammenfassung

Ungeachtet der Frage, ob Jesu letztes Mahl ein Paschamahl war, kann versucht werden, die Worte und Gesten Jesu bei diesem Mahl zu rekonstruieren. Die Quellenlage ist aber auch hier nicht einheitlich. Mit Sicherheit kann daher nur davon ausgegangen werden, dass Jesus Brot und Wein gereicht hat und dies vor dem Hintergrund seines bevorstehenden Todes gedeutet hat. Paulus kennt jedenfalls zur Zeit des 1Kor, d.h. um das Jahr 50 n. Chr. bereits eine mehr oder weniger feste Form, wie in Korinth Eucharistie gefeiert wird, und dies offensichtlich im Gedenken an das letzte Mahl. Zu dieser Zeit gab es auch schon die Wiederholungsformel, die in der Darstellung des Mahles nach Mk, dem ältesten Evangelisten, noch nicht enthalten ist.

19. Wie stellt sich die römische Staatsmacht in Judäa nach Herodes dem Großen dar?

Nach dem Tod des Herodes i. J. 4 v. Chr., der als König unter römischer Oberhoheit regierte, wurde sein Reich, seinem Testament entsprechend, aufgeteilt. Die Römer erkannten die Nachlassregelungen des Königs an und setzten drei seiner Söhne als Nachfolger ein. Den Titel „König", der laut Testament Archelaos zugedacht war, verliehen die Römer jedoch nicht. Stattdessen mussten sich die drei Söhne mit dem Titel „Tetrarch", d.h. Viertelfürst, zufriedengeben. Tetrarch wird freilich in den Bibelübersetzungen gerne mit „Vierfürst" widergegeben. Einen kurzen Einblick in die Verteilung des Reiches verschafft uns Lukas in 3,1:

> *Aber im fünfzehnten Jahr der Regierung des Kaisers Tiberius, als Pontius Pilatus Statthalter von Judäa war und Herodes Vierfürst [Viertelfürst] von Galiläa und sein Bruder Philippus Vierfürst [Viertelfürst] von Ituräa und der Landschaft Trachonitis und Lysanias Vierfürst [Viertelfürst] von Abilene...*

Diese Notiz gibt nicht die Situation zur Zeit der Geburt Jesu wieder, sondern die seines öffentlichen Auftretens. Ursprünglich war Archelaos Tetrarch von Judäa und damit auch Herrscher über Jerusalem und Bethlehem. Er bzw. angeblich seine ehrgeizige Frau waren eifrig darum bemüht, von Rom den Titel „König" zu erhalten. Aufgrund von hier nicht im Einzelnen darstellbaren Vorfällen in seiner kurzen Regierungszeit wurde er jedoch abgesetzt und nach Südfrankreich verbannt. Herodes Antipas in Galiläa und Philippus konnten sich dagegen über einen größeren Zeitraum halten. Judäa wurde nach der Absetzung des Herodes Archelaos in eine römische Provinz umgewandelt und mit einem Statthalter besetzt.

Rom kannte zwei Arten von Provinzen: senatorische und kaiserliche. Die senatorischen Provinzen wurden von einem Prokonsul regiert, der in der Regel mit der Wiederaufnahme der Schifffahrt auf dem Mittelmeer nach der Winterpause und somit im Frühjahr (März/April) in seine Provinz reiste und diese für ein Jahr regierte.

Die kaiserliche Provinz hingegen unterstand direkt dem Kaiser und wurde von ihm durch einen Statthalter verwaltet, der nicht aus den obersten Reihen der römischen Aristokratie stammte, sondern eher etwa aus dem Ritterstand. Auch ein Freigelassener, d.h. ein ehemaliger Sklave, konnte im Einzelfall eine derartige Position erringen. Kaiserliche Provinzen waren jene, die als besonders aufsässig und politisch unruhig galten. Allerdings war auch Ägypten eine kaiserliche Provinz, weil Rom von der Zuverlässigkeit der ägyptischen Getreidelieferungen abhängig war. In diesen Provinzen konnte der Kaiser ggf. relativ schnell handeln, ohne den Senat einzubeziehen. Gleichwohl verfügte der Statthalter nicht über eine Legion, sondern lediglich über ein polizeiähnliches Truppenkontingent, so genannte Hilfstruppen.

Für Judäa war der Statthalter, zunächst Präfekt, später Prokurator genannt, dem Legaten der Kaiserlichen Provinz Syrien unmittelbar unterstellt, der angesichts der Grenzgefährdung durch die benachbarten Parther über eigene Legionen verfügte.

Präfekte:
- 6–9: Coponius
- 9–12: Marcus Ambibulus
- 12–15: Annius Rufus
- 15–26: Valerius Gratus
- 26–36: Pontius Pilatus
- 36–37: Marcellus
- 37–41: Marullus

Klientelkönigtum:
- 41-44: Herodes Agrippa I.

Prokuratoren:
- 44–46: Cuspius Fadus
- 46–48: Tiberius Iulius Alexander
- 48–52: Ventidius Cumanus
- 52–60: Marcus Antonius Felix
- 60–62: Porcius Festus
- 62–64: Lucceius Albinus
- 64–66: Gessius Florus

Aus: https://de.wikipedia.org/wiki/Liste_der_römischen_Statthalter_in_Judäa (26.10.2016)

Zu diesen Männern ist zu sagen, dass sie vermehrt ohne Kenntnisse und/oder Sensibilität Judäa regierten und es daher immer wieder zu Auseinandersetzungen und kleineren Aufständen kam. Wenn der ansonsten ausgesprochen romfreundliche Verfasser der Apostelgeschichte, der Evangelist Lukas, notiert, dass der Prokurator Felix darauf hoffte, der inhaftierte Paulus würde sich gegen entsprechende Bestechung freikaufen wollen, kann man sich vorstellen, wie weit sich die Korruption in das Regierungssystem eingegraben hatte. Der Prokurator Festus scheint dabei eine löbliche Ausnahme gewesen zu sein; er wird sowohl von der Apg wie auch von Flavius Josephus positiv beurteilt. Festus stirbt freilich nach nur zweijähriger Amtszeit im Dienst. – Weil er sich nicht bestechen ließ?

Bleiben wir in der Zeit Jesu, so hat sich auch Pontius Pilatus nicht unbedingt durch besondere Feinfühligkeit ausgezeichnet, wobei man allerdings davon ausgehen kann, dass er mit dem zeitgleich im Amt befindlichen Hohepriester Kajaphas gut harmonierte. Der Hohepriester wird jedenfalls im gleichen Jahr abgesetzt wie Pontius Pilatus.

Pontius Pilatus, ein Mann aus dem römischen Ritterstand, wurde von Kaiser Tiberius als fünfter Präfekt in Judäa eingesetzt. Er verwaltete das Gebiet in der Zeit von ca. 26/27 bis 36/37 n. Chr. Als Präfekt unterstand er, wie gesagt, unmittelbar dem Legaten der nächstgelegenen Provinz, in diesem Falle Syrien. Der Legat Syriens war erste Beschwerdeinstanz bei Übergriffen und Fehlentscheidungen des Präfekten: Pilatus wurde im Jahre 36/37 aufgrund von Anklagen der Samariter, mit denen es zu einem bewaffneten Konflikt gekommen war – ein (allerdings anachronistischer) Reflex darauf ist möglicherweise noch bei Lk 13,1 vorhanden –, vom Legaten abgesetzt und nach Rom überstellt, wo er sich vor dem Kaiser verantworten sollte. Ein Präfekt verfügte nur über Auxiliareinheiten, gewissermaßen über eine Polizeitruppe, die aber seit Kaiser Augustus ebenso gutausgerüstet war wie eine Legion und in Judäa schätzungsweise 3000 Mann umfasste, inklusive einer relativ starken Reitertruppe von circa 1000 Mann.

Informationen über Pontius Pilatus sind, neben dem NT, den Schriften des Philo von Alexandrien (Legatio ad Gaium), Josephus Flavius (Bellum Judaicum und Antiquitates) und Tacitus (Annalen) zu entnehmen, so dass Pilatus als der am besten bezeugte Statthalter Judäas gelten kann. Darüber hinaus existiert eine Fülle von christlicher Literatur, die sich mit Pilatus und seiner Funktion im Prozess Jesu beschäftigt und z.T. abenteuerlich anmutende Legenden über ihn und sein weiteres Leben bieten. Als bekennender Christ findet er u.a. aufgrund des apokryphen Gamaliel-Evangeliums (um 500) Eingang in die Schar der Heiligen der Koptischen und Äthiopischen Kirche. Gamaliel I., 9-50 n. Chr., gilt nach Apg 22,3 als Lehrer des Paulus und war nach Apg 5,34 ein bedeutender Mann seiner Zeit:

> *Es stand aber im Hohen Rat ein Pharisäer mit Namen Gamaliel auf, ein Gesetzesgelehrter, angesehen bei dem ganzen Volk, und befahl, die Leute für kurze Zeit hinauszutun.*

Er plädiert in seiner Rede für die Freilassung von Petrus und den Aposteln, die vor dem hohen Rat verhört werden. Seine Begründung ist durchaus einsichtig: Wenn es sich bei der christlichen Botschaft um eine menschliche handelt, fällt sie wieder in sich zusammen. Stammt sie aber von Gott, kann man ohnedies nichts gegen sie unternehmen (Apg 5,38f).

Von Philo von Alexandrien und auch von Josephus Flavius erfahren wir kaum etwas Positives über den Präfekten. Er soll Juden wie auch Samariter provoziert haben und auch mittels seiner Truppen mehrfach über beide Gruppen hergefallen sein. Es wird erzählt, er habe sich mit Geldern aus dem Tempelschatz eine Wasserleitung ins Haus legen lassen.

Ferner habe er veranlasst, dass bei Nacht und Nebel Schilde mit oder ohne Bilder nach Jerusalem gebracht und dort aufgestellt wurden. Im Einzelnen schreibt Philo in seiner „Gesandtschaft an Caligula/Legatio ad Gaium“, in der er darum bittet, die Besonderheiten des Judentums zu achten und die Aufstellung einer Statue des Kaisers im Tempel zu unterlassen, Folgendes:

Auch von seiner [Kaiser Tiberius] Großmut kann ich ein Beispiel zusätzlich erwähnen, obwohl ich zu seinen Lebzeiten zahllose Demütigungen erfahren habe. Aber die Wahrheit geht vor und ist Dir teuer. Pilatus, einer seiner Regierungsbeamten, war damals als Procurator von Judäa ernannt. Dieser ließ, weniger um Tiberius zu ehren, als um die Volksmenge zu kränken, in der Herodesburg der Heiligen Stadt vergoldete Schilde anbringen. Sie trugen keine figürliche Darstellung oder sonst etwas Verbotenes, nur eine kurze Inschrift, die zweierlei nannte, den Namen des Weihenden und, wem sie geweiht waren. Als aber die Menge das bemerkte – denn die Sache war schon Stadtgespräch –, wählte sie zu ihren Sprechern die vier Söhne des Königs [Herodes des Großen], die in Rang und Würden Königen gleichstanden, seine anderen Nachkommen und aus ihrer Mitte ihre Würdenträger. Durch diese ersuchten sie Pilatus, die verletzende Errichtung der Schilde rückgängig zu machen und die Vätertradition nicht anzutasten, die seit Urzeiten geachtet und von Königen und Kaisern unverletzt geblieben war. Pilatus lehnte es schroff ab. Er war nämlich von Natur aus unbeugsam, eigenwillig und unnachgiebig.... Dieser letzte Vorschlag [einer Gesandtschaft der Juden an den Kaiser] brachte ihn besonders in Erregung, denn er fürchtete, man werde wirklich eine Gesandtschaft schicken und sich über seine sonstige Amtsführung beschweren. Dabei könnte man seine Bestechlichkeit, seine Gewalttätigkeit, seine Räubereien, Mißhandlungen, Beleidigungen, fortgesetzte Hinrichtungen ohne Gerichtsverfahren sowie seine unaufhörliche und unerträgliche Grausamkeit vortragen. Als boshafter und unversöhnlicher Mensch geriet er in Verlegenheit. Denn er wagte nicht, die einmal angebrachten Schilde zu beseitigen, und wollte seine Untertanen nichts zu Gefallen tun. Auf der anderen Seite kannte er die Unbeirrbarkeit des Tiberius in solchen Dingen sehr genau. Was der aber sagte, welche Drohungen er gegen Pilatus ausstieß, als er das Schreiben las, wie sehr er in Zorn geriet, obwohl er nicht zum Zorn neigte, ist müßig auszuführen, da sein Vorgehen für sich selbst spricht. Denn unverzüglich und ohne bis zum nächsten Tag zu warten, verfasste er eine Antwort. Darin tadelte er Pilatus aufs schärfste wegen seiner ungewöhnlichen Unüberlegtheit und befahl, sofort die Schilde zu entfernen und sie aus Jerusalem nach Cäsarea ans Meer zu schaffen, auch Augusta (Sebaste) nach Deinem Urgroßvater [Augustus] genannt, um sie dort im Sebasteion aufzuhängen. Das geschah dann auch. So wurde beides gewahrt, die Ehre für den Kaiser und die herkömmliche Politik gegenüber der Heiligen Stadt. (Philo, Gesandtschaft XXXVIII, 299-303). [Die Ergänzungen in eckigen Klammern stammen von mir.]

Die Geschichte von den Schilden bietet auch Josephus, allerdings in einer etwas anderen Fassung:

Als Pilatus von Tiberius nach Judäa gesandt worden war, ließ er die Kaiserbilder, die Feldzeichen genannt werden, nachts verhüllt nach Jerusalem hineinbringen. Am kommenden Tag rief dies bei den Juden eine sehr große Unruhe hervor; die in die Nähe der Zeichen kamen, wurden nämlich durch den Anblick zutiefst bestürzt, waren sie doch überzeugt, ihre Gesetze würden mit Füßen getreten, denn diese

Abb. 17: Rennbahn in Cäsarea am Meer

verbieten es, daß in der Stadt ein Bildnis aufgestellt wird. Auf die Erbitterung der Stadtbevölkerung hin strömte auch noch das Landvolk in großen Scharen zusammen. Man machte sich nun zu Pilatus nach Caesarea auf und bat ihn inständig, die Zeichen aus Jerusalem zu entfernen und ihre väterlichen Gesetze unangetastet zu lassen. Pilatus weigerte sich, darauf warfen sie sich rings um seinen Palast auf ihr Angesicht und verharrten 5 Tage und ebensoviele Nächte in dieser Haltung, ohne von der Stelle zu weichen.

Tags darauf setzte sich Pilatus in der großen Rennbahn auf seinen Richterstuhl und ließ das Volk herbeirufen, als wolle er ihm dort Antwort geben; er gab den Soldaten verabredungsgemäß ein Zeichen, die Juden mit der Waffe in der Hand zu umzingeln. Der unerwartete Anblick der dreifachen Schlachtreihe, die sie umstellte, machte die Juden starr vor Entsetzen; Pilatus aber drohte, sie zusammenhauen zu lassen, wenn sie die Kaiserbilder nicht dulden wollten und gab den Soldaten schon einen Wink, die Schwerter blank zu ziehen. Die Juden aber warfen sich wie auf Verabredung dicht gedrängt auf den Boden, boten ihren Nacken dar und schrieen, sie seine eher bereit zu sterben, als daß sie die väterlichen Gesetze überträten. Zutiefst erstaunt über die Glut ihrer Frömmigkeit gab Pilatus den Befehl, die Feldzeichen sofort aus Jerusalem zu entfernen. (Josephus, Bellum II,9,2f)

Einige Zeit später gab er den Anlaß zu neuer Unruhe, da er den Tempelschatz, der Korban genannt wird, für eine Wasserleitung verbrauchte; man führte aber das Wasser aus einer Entfernung von 400 Stadien [80 km] heran. Die Menge war darüber sehr erbost, und als Pilatus nach Jerusalem kam, drängten sie sich schreiend und schimpfend um seinen Richterstuhl. Pilatus hatte diese Unruhe der Juden im Voraus vermutet und eine Anzahl von Soldaten, zwar bewaffnet, aber als Zivilisten verkleidet, unter die Menge gemischt und ihnen den Befehl gegeben, vom Schwert keinen Gebrauch zu machen, die Schreier aber mit Knüppeln zu bearbeiten. Nun gab er vom Richterstuhl her das verabredete Zeichen; als es aber plötzlich Schläge hagelte, gingen viele Juden unter den Streichen zugrunde, viele andere aber wurden auf der Flucht von ihren eigenen Landsleuten niedergetreten. Erschreckt über das Schicksal der Getöteten verstummte das Volk. (Josephus, Bellum II, 9,4)

Abgesehen von den Ausführungen des Josephus in seinem Werk vom Jüdischen Krieg, bietet er auch noch Etliches in seiner Jüdischen Chronik, Antiquitates genannt, unter anderem eine etwas andere Fassung des Vorfalls mit den Schilden. Nunmehr geht es nicht mehr um Ehrenschilde für den Kaiser, sondern um römische Feldzeichen.

Aber auch die Geschichte von der Wasserleitung erzählt er hier noch einmal:

Abb. 18: Römisches Feldzeichen

Als der jüdische Landpfleger Pilatus sein Heer aus Cäsarea nach Jerusalem in die Winterquartiere geführt hatte, ließ er, um seine Missachtung gegen die jüdischen Gesetze an den Tag zu legen, das Bild des Cäsars auf den Feldzeichen in die Stadt tragen, obwohl doch unser Gesetz alle Bilder verbietet. Aus diesem Grunde hatten die früheren Landpfleger stets die Feldzeichen ohne dergleichen Verzierungen beim Einzug der Truppen in die Stadt vorantragen lassen. Pilatus war der erste, der ohne Vorwissen des Volkes zur Nachtzeit jene Bildnisse nach Jerusalem bringen ließ. Sobald das Volk dies erfuhr, zog es in hellen Haufen nach Caesarea und bestürmte den Pilatus viele Tage lang mit Bitten, er möge die Bilder doch irgendwo anders hinbringen lassen. Das gab aber Pilatus nicht zu, weil darin eine Beleidigung des Cäsars liege. Als indes das Volk nicht aufhörte, ihn zu drängen, bewaffnete er am siebenten Tage in aller Stille seine Soldaten und bestieg eine in der Rennbahn befindliche Tribüne, hinter welcher die Bewaffneten versteckt lagen. Da nun die Juden ihn abermals bestürmten, gab er den Soldaten ein Zeichen, dieselben zu umzingeln, und drohte ihnen mit augenblicklicher Niedermetzelung, wenn sie sich nicht ruhig nach Hause begäben. Die Juden aber warfen sich zu Boden, entblößten ihren Hals und erklärten, sie wollten lieber sterben als etwas geschehen lassen, was der weisen Vorschrift ihrer Gesetze zuwiderlaufe. Einer solchen Standhaftigkeit bei Beobachtung des Gesetzes konnte Pilatus seine Bewunderung nicht versagen und befahl daher, die Bilder aus Jerusalem nach Cäsarea zurückzubringen. (Antiquitates XVIII, 3,1)

Pilatus machte auch den Versuch, das Wasser einer zweihundert Stadien [20 km] von Jerusalem entfernten Quelle in die Stadt zu leiten, und beschloss dazu Tempelgelder zu verwenden. Dieser Plan missfiel aber den Juden, und es liefen Tausende von Menschen zusammen, die mit lautem Geschrei begehrten, er solle davon Abstand nehmen, wobei es übrigens, wie das bei einem gemischten Haufen zu geschehen pflegt, ohne Schimpferei und Beleidigungen nicht abging. Pilatus schickte deshalb eine starke Abteilung Soldaten in jüdischer Tracht, die unter ihren Kleidern Knittel versteckt hatten, an einen Platz, von wo aus sie die Juden leicht umzingeln konnten, und befahl, den letzteren dann, auseinanderzugehen. Als aber die Juden mit Schmähungen antworteten, gab er den Soldaten das verabredete Zeichen, und diese fielen mit größerem Ungestüm, als es in der Absicht des Pilatus lag, über ruhige Bürger wie Aufständische her. Gleichwohl ließen die Juden von ihrer Hartnäckigkeit nicht ab, und da sie den Bewaffneten wehrlos gegenüber standen, kamen viele von ihnen um, während andere verwundet weggetragen werden mussten. So wurde dieser Aufruhr unterdrückt. (Antiquitates XVIII, 3,2)

Neu und im „Jüdischen Krieg" nicht berücksichtigt ist die Geschichte eines Zusammenstoßes zwischen Pilatus und den Samaritern:

Unterdessen hatten auch die Samariter sich empört, aufgereizt von einem Menschen, der sich aus Lügen nichts machte und dem zur Erlangung der Volksgunst jedes Mittel recht war. Er forderte das Volk auf, mit ihm den Berg Garizim zu besteigen, der bei den Samaritern als heiliger Berg gilt, und versicherte, er werde dort die heiligen Gefäße vorzeigen, die von Moyses daselbst vergraben worden seien. Diesen Worten schenkten die Samariter Glauben, ergriffen die Waffen, sammelten sich in einem Dorf mit Namen Tirathaba und zogen immer mehr Menschen an sich heran, um in möglichst großer Zahl auf den Berg rücken zu können. Pilatus jedoch kam ihnen zuvor und besetzte den Weg, den sie zurücklegen mussten, mit Reiterei und Fußvolk. Diese Streitmacht griff die Anführer an, hieb eine Anzahl von ihnen nieder, schlug den Rest in die Flucht und nahm noch viele gefangen, von welch letzteren Pilatus die Vornehmsten und Einflussreichsten hinrichten ließ. (Antiquitates XVIII 4,1)

Als dieser Aufstand niedergeworfen war, schickte der hohe Rat der Samariter Abgeordnete an Vitellius, gewesenen Konsul und nunmehr Statthalter von Syrien, um den Pilatus wegen des an den Ihrigen verübten Gemetzels anklagen zu lassen. Sie hätten sich, ließen sie geltend machen, nicht deshalb in Tirathaba versammelt, um sich gegen die Römer zu empören, sondern nur, um sich vor Pilatus Ungerechtigkeiten zu schützen. Daraufhin schickte Vitellius den ihm befreundeten Marcellus zur Verwaltung des Landpflegeramtes nach Judäa und befahl dem Pilatus, sich nach Rom zu begeben, um sich vor dem Caesar wegen der von den Juden gegen ihn erhobenen Beschuldigungen zu verantworten. Nach zehnjähriger Amtsführung in Judäa reiste daher Pilatus nach Rom, um des Vitellius Anweisung, der er nicht zu widersprechen wagte, nachzukommen. Ehe er indes in Rom anlangte, war Tiberius schon gestorben. (Antiquitates XVIII,4,2).

Das war im Jahre 36 n. Chr. Pilatus kehrte nicht mehr nach Judäa zurück. Über sein weiteres Schicksal ist nichts Verlässliches bekannt. Zum einen wird behauptet, er sei bereits ein Jahr später gestorben, zum anderen, er sei nach Vienne in Frankreich, in der Region Auvergne-Rhône-Alpes gelegen, verbannt worden.

Die Zeichnung des Pilatus als hartherzigen Judenfeind und steten Provokateur, wie dies insbesondere durch die tendenziöse Schrift Philos geschieht, bedürfte einer eingehenderen Diskussion. Die Verhüllung der Feldzeichen, sofern historisch zutreffend berichtet, bzw. die bildlosen Schilde lassen dann doch eher auf eine gewisse Rücksichtnahme gegenüber den jüdischen Empfindsamkeiten schließen. Die Kreuzigung Jesu entspringt jedenfalls kaum einer grundsätzlichen antijüdischen Einstellung (s.u.).

Zusammenfassung

Nach der Absetzung von Herodes Archelaos als Viertelfürst über Judäa von Seiten der Römer wurde die als unruhig geltende Provinz von einem Präfekten/Prokurator regiert, der dem Legaten von Syrien bzw. unmittelbar dem Kaiser unterstand. In der (projüdischen) Geschichtsschreibung des Josephus Flavius wie auch im NT erhalten diese Männer zumeist eine schlechte Bewertung. Sie gelten als unsensibel gegenüber jüdischen Sitten und Bräuchen und auch als bestechlich. Im Laufe der Zeit kommt es jedenfalls zunehmend zu Auseinandersetzungen zwischen dem Judentum und der römischen Staatsmacht, die dann im Jahre 68 zum ersten Jüdisch-Römischen Krieg führen. Der bekannteste Präfekt ist der aus dem römischen Ritterstand stammende Pontius Pilatus, der in der Zeit von 26 n. Chr. bis 36 n. Chr. regierte. Josephus berichtet aus seiner Zeit von mehreren, teils blutigen Zusammenstößen mit „den Juden". Auffällig bleibt, dass er im gleichen Jahr abgesetzt wird wie der zeitgenössische Hohepriester Kaiphas (18-36). Dies könnte ein Hinweis darauf sein, dass die beiden gut zusammenarbeiteten.

20. Verraten und verkauft? Welchen Anteil hat Judas am Tod Jesu?

Judas ist der Verräter Jesu. Das weiß doch fast jedes Kind und „du Judas" ist nicht unbedingt eine schmeichelhafte Anrede für einen Menschen. Ein Judasschaf ist ein williges Schaf, das man einer Herde, die zum Schlachten geschickt wird, vorausschickt. Es geht gehorsam seinen Weg bis zur Tötungsmaschine und wird dann beiseite genommen. Es hat seinen Zweck erfüllt und wird zurück geführt, um die nächste Herde in Empfang zu nehmen. In vielen Volksbräuchen wird im Kontext der Karwoche eine Puppe verbrannt, die Judas symbolisieren soll.

In der Kunst erscheint Judas als deutlich erkennbarer Außenseiter in der Runde des Abendmahles. Oft mit rotem Haar und Bart gekennzeichnet, dazu mit einem gelben Gewand, das in seiner Farbe negative Assoziationen wie etwa Neid erweckt (ausführlich bei Dieckmann, Judas). Häufig sitzt er abseits der anderen Jünger, ist auf dem Sprung, die Tischgemeinschaft zu verlassen, steht bisweilen schon in der Tür und trägt, deutlich sichtbar in der Hand oder an seinem Gürtel, den Geldsack mit den 30 Silberlingen, die er für seinen Verrat von den jüdischen Autoritäten erhalten haben soll. Sein Blick und seine Mimik sind von Verschlagenheit und Abschätzigkeit geprägt, sein Kopf entspricht vielfach den Nazikarikaturen eines Juden: Lockiges, dunkles (oder eben rotes) Haar und eine ausgeprägte Hakennase. Das ist Judas.

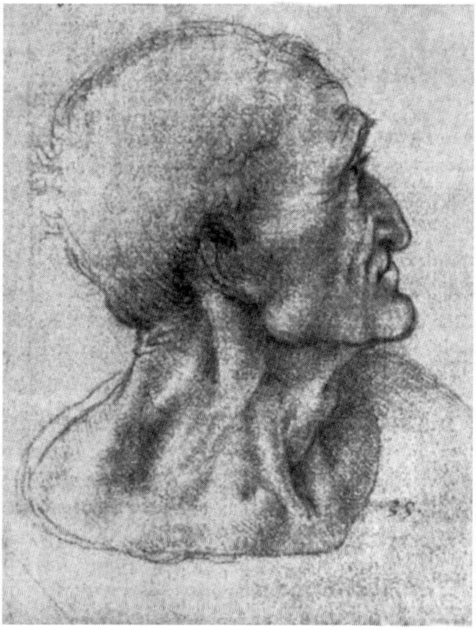

Abb. 19: Judas Iskariot, Studien Leonardo da Vincis zum letzten Abendmahl

Doch eigentlich sollte man aufgrund der z.T. deutlich divergierenden Aussagen des NT mit all diesen Vorstellungen vorsichtig sein, denn weder das Motiv des Judas noch die Handlung, die als „Verrat" bezeichnet wird, sind eindeutig festzustellen. In den ntl. Texten kommt das Wort „Verrat" nur an einer einzigen Stelle vor. Ansonsten ist von „überliefern" die Rede und dieses Wort ist theologisch geprägt. Schon gar nicht kann davon die Rede sein, Jesu habe Judas in seine Jüngerschar aufgenommen, weil er einen Verräter zur Erfüllung des Heilswerkes brauchte. Eine solche Vorstellung suggeriert das Johannesevangelium. Schon das Vorherwissen Jesu stellt ein Problem dar. Judas war jedenfalls nicht als Verräter vorherbestimmt, denn dies würde bedeuten, dass er zu einer Marionette Gottes wird, dem keine freie Entscheidung zusteht. Irgendeine Schuld wäre ihm in einem solchen Fall jedenfalls nicht zu attestieren. Doch der Reihe nach.

20.1 Wie erklärt sich der Name Judas Iskariot?

Am Wahrscheinlichsten ist, dass er einen Zunamen erhalten hat, um ihn von dem „anderen“ Judas, Sohn des Jakobus (Lk 6,16; Apg 1,13), zu unterscheiden. Nicht alle, aber doch einige Jünger erhalten einen Zunamen, wie etwa Simon Petrus, Simon Kananäus, d.h. Simon der Eiferer oder Simon der Zelot. Iskariot könnte der Name seines Vaters sein (vgl. Joh 6,71; 13,26: Judas, [Sohn] des Simon Iskariot), es könnte eine Anspielung auf seinen Verrat beinhalten (hebr. šaqar = Lüge, Trug). Am wahrscheinlichsten handelt es sich bei Iskariot jedoch um eine Herkunftsbezeichnung: Judas ist der ʾiš qerijot, der Mann (iš) aus Qerijot. Der Name Qerijot ist angeblich für eine Ortschaft im Stammesgebiet von Judäa verbürgt.

20.2 Was sagen die Evangelien über ihn?

An der Gestalt des Judas ist deutlich erkennbar, wie sich sein „Image“ mit fortschreitender Zeit zunehmend verschlechtert. Im ältesten Evangelium, dem des Mk, verkauft Judas seinen Meister nicht einfach für Geld. Das Angebot, ihm etwas auszuzahlen, kommt von den jüdischen Autoritäten und ist keine Forderung des Judas. Es heißt auch nur kurz und bündig, dass er Jesus ausliefern wollte. Wie, wo und auf welche Weise dies geschehen soll, wird nicht beantwortet. Nach Mk 14,11 sieht es so aus, dass er eine günstige Gelegenheit ausgekundschaftet habe. Diese scheint dann in Mk 14,43 gekommen zu sein: Judas kommt mit einer bewaffneten Schar in den Garten und sorgt für die Identifizierung Jesu durch seinen (Begrüßungs-)Kuss. Woher er von dem Aufenthalt Jesu im Garten weiß, nachdem er doch die Mahlrunde zeitig verlassen hatte, ist nicht bekannt. Der Kuss zur Identifikation wäre eigentlich unnötig, denn durch die tägliche Predigt im Tempel (Mk 14,49) musste Jesus eigentlich jedermann bekannt sein.

Deutlich anders sieht die Version des Mt aus. Nachdem Mt auf das Mk-Evangelium aufbaut, dürfte es der Evangelist sein, der seine Version neu erzählt. Hier heißt es jedenfalls, dass Judas seinen „Judaslohn“ als Voraussetzung für seine Tat einforderte (Mt 26,15). Dem Leser wird damit suggeriert, Judas habe aus Geldgier gehandelt. Die jüdischen Autoritäten bieten daraufhin 30 Silberstücke. Dies ist ein Betrag, der für einen Sklaven bezahlt worden wäre. Mt hat dabei keineswegs über Mk hinausgehende andere Informationsquellen zur Verfügung, sondern orientiert sich an dem Propheten Sacharja (11,12), wo genau dieser Betrag genannt wird. Im Gegensatz zu Mk wird Judas von Jesus bereits bei Tisch als derjenige identifiziert, der ihn überliefern werde. Die weitere Erzählung orientiert sich dann wieder deutlich an Mk. Über Mk hinausgehend bereut Judas später seine Tat und erhängt sich, nachdem er zuvor die 30 Silberstücke in den Tempel geworfen hatte. Auch hierzu findet sich eine Anspielung in Sach (11,13). Da es „Blutgeld“ ist, darf man es angeblich nicht dem Tempelschatz einverleiben. Daher kaufen die Hohepriester und die Ältesten von dem Geld einen Acker als Begräbnisplatz für die Fremden, für die, welche außerhalb der Gemeinschaft stehen, so wie Judas.

Bei Lukas ist es nicht die Geldgier, die Judas zum „Verrat“ treibt, sondern die Macht des Bösen (Lk 22,3). Geld bekommt Judas, ähnlich Mk, nicht aufgrund einer Forderung, sondern als Angebot der jüdischen Honoratioren Damit stellt sich für die lukanische Darstellung des Judas die Frage nach Freiheit einerseits und Bestimmung andererseits in besondere Weise. Bei Lk scheint der Aufenthaltsort Jesu Gegenstand des „Verrats“ zu sein, denn es heißt in 22,39, Jesu halte sich gemäß einer Gewohnheit dort auf; der lk Judas kennt also den Ort. Zu einem Kuss kommt es bei Lk nicht mehr. So viel Intimität ist nicht mehr opportun. Jesus begibt sich freiwillig in die Hände seiner Gegner.

Der Tod des lk Judas wird nicht mehr im Evangelium, sondern im Zweitwerk des Lk, der Apostelgeschichte, überliefert. Hier ist es Judas selbst, der sich einen Acker kauft. Dort kommt er zu Fall, sein Leib bricht auf und die Eingeweide treten heraus. Er stirbt einen schmachvollen Tod, wie es einem Gottesfeind gebührt. Auch hierzu finden sich Referenzstellen, z.B. in Weisheit 4,19. Besonders „anschaulich“ erzählt der Bischof Papias aus dem 2. Jahrhundert vom Tod des Judas:

> *Als hervorragendes Beispiel von Gottlosigkeit wandelte Judas in dieser Welt, der zu einem solchen Fleischesumfang angeschwollen war, daß er nicht einmal, wo ein Wagen leicht durchfährt, hindurchgehen konnte, ja nicht einmal die Masse seines Kopfes. Denn seine Augenlieder, heißt es, seien dermaßen angeschwollen gewesen, daß er überhaupt das Licht nicht mehr sah, und seine Augen konnten auch nicht von einem Arzt mit Hilfe eines Augenspiegels erblickt werden; so tief lagen sie von der äußeren Oberfläche. Sein Schamglied erschien aber durch Mißgestaltung überaus widerlich und groß, und es gingen dadurch aus dem ganzen Körper zusammenfließend Eiterteile und Würmer zu (seinem) Schimpf ab, allein schon durch die natürlichen Bedürfnisse. Als er dann nach vielen Qualen und Strafen an privatem Orte, wie es heißt, gestorben war, sei der Ort von dem Geruch bis jetzt öde und unbewohnt gewesen; ja es könne bis zum heutigen Tage keiner an der Stelle vorübergehen, ohne sich die Nase mit den Händen zuzuhalten. So stark erfolgte der Ausfluß durch sein Fleisch auf die Erde. (Neutestamentliche Apokryphen, hrsg. von E. Hennecke, Tübingen ²1924, 130)*

Dieser Darstellung bei Papias ähnlich sind die Ausführungen des Flavius Josephus, der in seinen Antiquitates (XVII,6,5) vom Tod Herodes des Großen spricht. Offensichtlich handelt es sich bei dieser Todesart um einen Topos, d.h. eine verbreitete, mit bestimmten Zügen ausgestattete Erzählung, die mit verschiedenen Personen in Verbindung gebracht wird.

Die Differenzen zwischen Mt und Lk sind jedenfalls derart, dass sie nicht zu überbrücken sind. Jeder der beiden bietet eine andere Darstellung vom Tod des Judas. Am negativsten wird Judas im Johannesevangelium dargestellt. Er ist ein Teufel (Joh 6,70), der schon vor dem Mahl vom Teufel infiziert ist, um Jesus zu verraten (Joh 13,2). Beim Mahl selbst wird Judas eindeutig als der „Verräter" identifiziert, doch die übrigen Jünger verstehen dies nicht und halten Judas nicht auf (13,28). Zudem wird Judas als Dieb vorgeführt, der die Kasse führte, sich aber daraus angeblich bediente (Joh 12,5f). Immerhin wird bei Joh klar, was Judas nun „verraten" habe. Dazu heißt es in Joh 18,2, dass er den Ort kannte, an den sich Jesus nach dem Mahl begab. Dorthin sei er angeblich mit seinen Jüngern oft gegangen.

In besonderer Weise wird bei Joh das Vorherwissen Jesu bemüht:

> *Joh 13,18 Ich rede nicht von euch allen, ich weiß, welche ich erwählt habe; aber damit die Schrift erfüllt würde: „Der mit mir das Brot ißt, hat seine Ferse gegen mich aufgehoben".*

Das Problem, dass Judas damit fast zwangsläufig und unausweichlich zum Übeltäter wird, wurde oben schon angesprochen. Eine derartige Vorherbestimmung, der er kaum entrinnen kann, entspricht freilich nicht dem Gedanken der Freiheit des Menschen. Vom Tod des Judas ist bei Joh allerdings nicht mehr die Rede. Sein Schicksal ist ungewiss, aber das ist es letztlich bei Mt und Lk auch.

Jesus wird mit Hilfe des Judas „überliefert", und damit seinem Schicksal zugeführt. Dieses Wort „überliefern" ist dabei nicht auf das Handeln des Judas beschränkt, wie sich beispielsweise in der Leidesansage Jesu in Mk 9,31 (vgl. Mt 17,22; Lk 9,44) zeigt:

> *Mk 9,31 Denn er lehrte seine Jünger und sprach zu ihnen: Der Sohn des Menschen wird überliefert in der Menschen Hände, und sie werden ihn töten; und nachdem er getötet worden ist, wird er nach drei Tagen auferstehen.*

„Überliefern" steht hier für die ganze Passion Jesu und so wird auch durch die Sprache verdeckt, worin nun das Wirken des Judas bestand. Auch das Handeln Jesu an Judas ist kein „historischer Bericht". Vielmehr werden an Judas verschiedene Typen von Menschen dargestellt, wie sie durchaus auch unter den Jüngern vorgekommen sein können.

Zusammenfassung

Zu Judas bietet Mk die älteste Erzählung. Sie berichtet noch nichts von der Geldgier des Judas und davon, dass Judas Jesus für 30 Silberlinge verkauft habe. Sowohl Mt wie auch Lk erweitern die Erzählung des Mk auf je eigene Weise. Bei Mt spielen atl. Bezüge, besonders aus dem Propheten Sacharja eine Rolle, Lk verwendet den Topos des „Gottesfeindes“, der auf schmerzhafte und schmähliche Weise zu Tode kommt. Beiden gemeinsam ist nur, dass der Kauf eines Ackers eine Rolle gespielt hat.

Die jüngste Fassung bei Joh zeichnet Judas als den Verräter, der dem Teufel verfallen ist. In diesem Punkt berührt sich Joh mit Lk. Obwohl er durch Jesu Vorhersage schon in der Mahlrunde identifiziert wird, ergreifen die übrigen Elf keine Gegenmaßnahmen. Scheinbar haben sie das Ganze überhaupt nicht verstanden.

Fragt man nach dem Objekt des Verrats kommt man gleichfalls nicht besonders weit. Jesus ist allen bekannt, denn er lehrt ja täglich am Tempel (Mk). Der Ölgarten, in den Jesus nach dem Mahl geht, ist auch kein geheimer Ort, denn es entspricht seiner Gewohnheit, dorthin zu gehen. Was also könnte Judas überhaupt verraten haben? Bei genauer Betrachtung geht es nicht um „Verrat“, sondern um die „Überlieferung“ Jesu. Diese aber ist schon in der frühchristlichen Überlieferung ein „theologischer Ausdruck“, der keine historischen Hintergründe mehr erkennen lässt. Vorherbestimmt zu dieser Tat ist Judas nicht. Er ist auch kein notwendiger Heilsmittler.

21. Wie kommt es zu Anklage und Prozess Jesu?

Die Anklage Jesu vor Pilatus durch die jüdischen Vertreter musste einen politischen Hintergrund haben. Wegen irgendwelcher Querelen um das Gesetz oder um den Einbruch des Reiches Gottes wäre Pilatus kaum davon zu überzeugen gewesen, dass dieser Jesus gekreuzigt werden müsse. Freilich ist zu berücksichtigen, dass Pilatus mit Menschen, die sich in irgendeiner Weise gegen die Staatsmacht sperrten, kurzen Prozess machte. Es wird ihm also nicht besonders schwergefallen sein, Jesus auf die Anklage der Jerusalemer Aristokraten hin ans Kreuz zu bringen, ggf. auch ohne ordentlichen Prozess. Die Darstellungen der Evangelien, die übereinstimmend eine zögerliche Haltung des Pilatus im Prozess Jesu überliefern, dürften daher kaum der Historie entsprechen. Gleichwohl musste ein Anklagepunkt gefunden werden. Die Evangelien geben aber hierzu sehr unterschiedliche Auskünfte. Mit zunehmender zeitlicher Entfernung von den historischen Ereignissen ist im Folgenden, angefangen von Mk über Mt und Lk bis hin zu Joh, die Tendenz festzustellen, Pilatus von einer Schuld am Tode Jesu zu *ent*lasten und stattdessen die jüdischen Führer bzw. das jüdische Volk pauschal zu *be*lasten. Zunehmend wird betont, dass Pilatus Jesus freigeben will, keine Schuld an ihm findet, sich ausdrücklich von seinem Tod distanziert (die sprichwörtlich gewordene Händewaschung bei Mt 27,24) und sich schließlich nur dem lautstarken Protest der Ankläger Jesu beugt und Jesus verurteilt. Bei Joh geschieht dies gar erst infolge massiver Erpressung durch die jüdischen Ankläger. Auf der Suche nach einem Grund für Jesu Tod sind wir trotz der pilatusfreundlichen Tendenzen in den Evangelien ausschließlich auf diese verwiesen.

In der Darstellung des Markus, des ältesten Evangelisten, heißt es, dass Jesus vom Hohepriester einige christologische Titel vorgehalten werden und Jesus den Aussagen des Hohepriesters zustimmt, sich also als Messias, Sohn Gottes und Menschensohn bekennt:

> *Mk 14,61 Er aber schwieg und antwortete nichts. Wieder fragte ihn der Hohepriester und spricht zu ihm: Bist du der Christus, der Sohn des Hochgelobten? 62 Jesus aber sprach: Ich bin es! Und ihr werdet den Sohn des Menschen sitzen sehen zur Rechten der Macht und kommen mit den Wolken des Himmels. 63 Der Hohepriester aber zerriß seine Kleider und spricht: Was brauchen wir noch Zeugen? 64 Ihr habt die Lästerung gehört. Was meint ihr? Sie verurteilten ihn aber alle, daß er des Todes schuldig sei.*

Gegen die Historizität spricht, dass der Hohepriester hier eine Häufung verschiedener Titel für Jesus nennt, die erst nach Ostern und im Munde eines Christen Sinn machen, nicht aber in der Rede eines Juden. Unter den jüdischen Zeitgenossen wurde jedenfalls nirgends die Identität des Menschensohnes mit dem Messias behauptet. Dennoch gibt es eine Beziehung zwischen beiden, weil den Ausführungen im Buch Daniel und dann vor allem dem äthiopischen Henochbuch zufolge dieser „Menschensohn" die Aufgabe und Würde erhält, die dem Messias zukommt. Es ist auch zu beachten, dass Christus = Messias und „Sohn des Hochgelobten" ursprünglich anders zu verstehen sind, als dies im Laufe der Geschichte und durch die frühen christologisch geprägten Konzilien ausgesagt wird.

Sohn des Hochgelobten/Sohn Gottes war nach 2Sam 7,14 jeder Davidide, d.h. jeder gesalbte König (Maschi^{a}ch, griech. Christus = der Gesalbte). Sohn Gottes war laut Hos 11, 1 aber auch Israel als Ganzes und jeder Israelit (s.u.). Mit der Behauptung, Jesus habe sich als Messias ausgegeben, hätte man durchaus bei Pilatus in politische Hinsicht punkten können; eine Gotteslästerung war die Inanspruchnahme dieses Titels aber nicht.

Ob eine wenig wahrscheinliche Selbstbezeichnung Jesu als Menschensohn eine Blasphemie darstellt, kann nicht exakt beantwortet werden, denn von der Verwendung der Bezeichnung im Buch Daniel ca. 168 v. Chr. bis zur Zeit Jesu ist ein langer Weg. Das Buch Henoch, in dem häufiger vom Menschensohn die Rede ist, lässt nur erahnen, wie aus der Aussage „einer wie ein Mensch" in Daniel *der Titel* einer endzeitlichen Figur werden konnte.

Eine andere Anklage steht viel eher im Verdacht, im Prozess gegen Jesus die Hauptrolle gespielt zu haben. Es ist doch merkwürdig, dass es bei Mk heißt:

> *Mk 14,56 Denn viele legten falsches Zeugnis gegen ihn ab, und die Zeugnisse waren nicht übereinstimmend. 57 Und einige standen auf, legten gegen ihn falsches Zeugnis ab und sprachen: 58 Wir hörten ihn sagen: Ich werde diesen Tempel, der mit Händen gemacht ist, abbrechen, und in drei Tagen werde ich einen anderen aufbauen, der nicht mit Händen gemacht ist. 59 Und auch so war ihr Zeugnis nicht übereinstimmend.*
> *Vgl. Mt 26,60 ... Zuletzt aber traten zwei falsche Zeugen herbei 61 und sprachen: Dieser sagte: Ich kann den Tempel Gottes abbrechen und in drei Tagen ihn wieder aufbauen.*

Entweder waren die Zeugnisse falsch, weil sie nicht übereinstimmten, oder die Zeugen trugen die gleiche Aussage vor, die Zerstörung des Tempels – dann stimmten diese Aussagen aber überein und die Zeugen waren keine Falschzeugen. Es ist also merkwürdig, dass dieser angeblich falsche Spruch Jesu im Rahmen des Prozesses überliefert wird, obwohl er offenbar überhaupt nicht rechtsrelevant ist. Auffällig an diesem Ausspruch ist zudem, dass er von jedem der vier Evangelisten überliefert wird, freilich an jeweils unterschiedlichen Stellen in den Schriften und in unterschiedlichem Wortlaut und damit auch in verschiedener Deutung. Lk erwähnt den Spruch freilich nicht im Prozess Jesu sondern in der Apg im Munde der Ankläger gegen Stephanus (Apg 6,14: *...denn wir haben ihn sagen hören: Dieser Jesus, der Nazoräer, wird diese Stätte zerstören und die Gebräuche verändern, die uns Mose überliefert hat.*)

Die Tatsache der Überlieferung dieses Satzes in allen vier Quellen einerseits wie die unterschiedlichsten Versuche seiner Interpretation andererseits – obwohl die Aussage gleichzeitig ein Falschzeugnis sein soll – deuten darauf hin, dass dieser Aussage ein historischer Kern innewohnt. Es ist müßig zu fragen, ob dieser noch rekonstruiert werden kann; es wird dabei immer unterschiedliche Ergebnisse geben. Doch davon abgesehen dürfte ein entscheidendes Wort die Wut der Ankläger entzündet haben, denn laut Mk bezeichnet Jesus den Tempel als τὸν χειροποίητον [ton cheiropoiæton], d.h. als den von Händen gemachten. Was im Deutschen und im Griechischen zunächst gar nicht spektakulär zu sein scheint, wird brisant, wenn man berücksichtigt, dass insbesondere in der prophetischen Götterkritik (aber keineswegs nur dort) die Götzenbilder als „von Händen gemacht" bezeichnet werden (vgl. Jes 31,7; 37,19; 44,10-20). Diese Bilder können dem Menschen keine Hilfe bringen, denn sie sind ja durch Menschenhand hergestellt.

Es bedarf nicht viel Phantasie, um zu vermuten, dass so mancher Zuhörer Jesu bei der Wendung „von Händen gemacht" die atl. Götzenkritik mithörte und zu dem Ergebnis kommen konnte, Jesus habe den Tempel als Götzentempel bezeichnet. Ein wie auch immer gearteter, und sei es auch nur verbaler, Angriff auf den Tempel musste von der Priesterschaft als Angriff auf die Hierokratie und damit auf das sehr fragile Gemeinwesen verstanden werden. Dies in der aktuellen Form zu erhalten war aber nicht nur das Ziel der jüdischen Aristokratie, sondern auch der römischen Staatsmacht.

Ein Beleg für die Richtigkeit dieser Hypothese liefert einmal mehr Josephus Flavius in einer Notiz, die sich mit einem Mann namens Jesus ben Ananias beschäftigt, der in der Zeit des ersten Aufstandes gegen Rom um 70 n. Chr. umherlief und Weherufe über Jerusalem und die Stadt ausstieß. Man ließ ihn geißeln und erklärte ihn dann für verrückt. Er kam bei der Belagerung Jerusalems durch ein römisches Geschoss zu Tode (Josephus, Bellum VI,300-309 = VI, 5,3).

Zusammenfassend gesagt ist Jesus wegen der unpolitischen Botschaft vom barmherzigen, menschenfreundlichen Gott, der von sich aus auf den (sündigen) Menschen zugeht ohne vorher ein Entsühnungsopfer am Tempel zu verlangen, von der Upperclass in Jerusalem als politischer Aufrührer gefangen genommen und an Pilatus überstellt worden. Pilatus hat Jesus dann vermutlich ohne große Gewissensbisse zum Tode verurteilt und kreuzigen lassen.

Zusammenfassung

Der Anklagegrund für den Tod Jesu ist nicht mit letzter Sicherheit zu ermitteln. Vor ca. 30 bis 40 Jahren legte man großen Wert auf eine negative Abgrenzung Jesu vom Judentum: Es sei das völlig andere Verständnis des Gesetzes gewesen, das die Ankläger gegen ihn vorgebracht hätten, vor allem aber natürlich sein Messiasanspruch, der als Blasphemie verurteilt worden wäre.

Davon ist heute keine Rede mehr, denn die ntl. Forschung geht davon aus, dass sämtliche Messiastitel nachösterlich sind, mithin auch jene, die der Hohepriester beschuldigend gegen Jesus in den Mund nimmt. Mit hoher Wahrscheinlichkeit dürfte Jesus wegen tempelkritischer Äußerungen angeklagt und hingerichtet worden sein, zumal die Botschaft vom voraussetzungslos barmherzigen Gott die Bedeutung des Tempels als Heils- oder Sühnort in Frage stellt.

22. Welche Aussagen bieten das so genannte Testimonium Flavianum und andere außerneutestamentlichen Schriften über Jesus?

Nachdem im vorausgehenden Abschnitt vermehrt auf die Werke des Josephus verwiesen wurde, darf ein knapper Text nicht unterschlagen werden, der von Jesus selbst handelt. Er wird als Testimonium Flavianum, als Zeugnis des [Josephus] Flavius bezeichnet, findet sich in den Antiquitates XVIII, 63f und lautet:

> *Um diese Zeit lebte Jesus, ein weiser Mann, wenn man ihn überhaupt einen Menschen nennen darf. Er vollbrachte nämlich ganz unglaubliche Taten und war der Lehrer aller Menschen, die mit Lust die Wahrheit aufnahmen. So zog er viele Juden und auch viele Heiden an sich. Dieser war der Christus. Und obgleich ihn Pilatus auf Betreiben der Vornehmsten unseres Volkes zum Kreuzestod verurteilte, wurden doch seine früheren Anhänger ihm nicht untreu. Denn er erschien ihnen am dritten Tage wieder lebend, wie gottgesandte Propheten dies und tausend andere wunderbare Dinge von ihm vorhergesagt hatten. Und bis auf den heutigen Tag besteht das Volk der Christen, die sich nach ihm nennen, fort.*

Während man den Text früher in Gänze als christlichen Einschub in das Werk des Josephus betrachtete, argumentiert man heute vorsichtiger und differenzierter. Man geht davon aus, dass der Text in Teilen ursprünglich und lediglich christlich überarbeitet ist. Immerhin berichtet Josephus ja auch von Johannes dem Täufer – warum sollte er dann nicht auch von Jesus erzählen.

Als christliche Überarbeitung vermutet man die Wendungen:

> *...wenn man ihn überhaupt einen Menschen nennen darf; ...und war der Lehrer aller Menschen, die mit Lust die Wahrheit aufnahmen; ...dieser war der Christus; denn er erschien ihnen am dritten Tage wieder lebend, wie gottgesandte Propheten dies und tausend andere wunderbare Dinge von ihm vorhergesagt hatten.*

Somit verbleibt der folgende Text als vermutlich ursprünglich:

> *Um diese Zeit lebte Jesus, ein weiser Mann. Er vollbrachte nämlich ganz unglaubliche Taten. So zog er viele Juden und auch viele Heiden an sich. Und obgleich ihn Pilatus auf Betreiben der Vornehmsten unseres Volkes zum Kreuzestod verurteilte, wurden doch seine früheren Anhänger ihm nicht untreu. Und bis auf den heutigen Tag besteht das Volk der Christen, die sich nach ihm nennen, fort.*

Davon abgesehen gibt es kaum außerbiblische Zeugnisse über Jesus selbst und sein Wirken. Der römische Historiker und Klatschreporter Sueton etwa stellt nur fest, dass es Christen in Rom gegeben hat und es dort zu Streitigkeiten zwischen Christen und Juden kam: *„Da die Juden unter ihrem Anführer Chrestos beständig Unruhe stifteten, vertrieb er sie aus Rom“* (Sueton, Claudius 25). Natürlich war Christus nicht in Rom und zu der Zeit des Claudius (41 – 57 n. Chr.) schon gar nicht, denn sein Tod fällt unter die Regentschaft des Tiberius (14 – 37 n. Chr.). Vermutlich war Sueton aber nicht hinreichend über die Vorgänge informiert und wusste nur von Auseinandersetzungen zwischen Juden und Christen.

Der Historiker Tacitus schreibt über die Christenverfolgung unter Nero nach dem Brand Roms, für den man Nero persönlich verantwortlich machte:

> *Also schob Nero, um diesem Gerede ein Ende zu machen, die Schuld auf andere und bestrafte sie mit den ausgesuchtesten Martern. Es waren jene Leute, die das Volk wegen ihrer Schandtaten haßte und mit dem Namen „Christen“ belegte. Dieser Name stammt von Christus, der unter Tilerius vom Prokurator Pontius Pilatus hingerichtet worden war. Dieser verderbliche Aberglaube war für den Augenblick unterdrückt worden, trat aber später wieder hervor und verbreitete sich nicht nur in Judäa, wo er aufgekommen war, sondern auch in Rom, wo alle Greuel und Abscheulichkeiten der ganzen Welt zusammenströmen und geübt werden (Tacitus, Annalen XV, 44)*

D.h., die zeitgenössischen Historiker wissen zwar um die Ausbreitung des Christentums und um die beginnende Kirche, Tacitus sogar etwas über den Kreuzestod unter Pontius Pilatus, aber nichts von Jesus Christus, seiner Botschaft oder gar von der Auferstehung.

Zusammenfassung

Außerneutestamentliche Zeugnisse über Jesus gibt es nur wenige und diese befassen sich fast ausschließlich mit der Existenz der Christen in ihrem Berichtszeitraum. Alleine das so genannte Testimonium Flavianum bietet einen kleinen Abschnitt über Jesus, der dem über Johannes beim gleichen Verfasser nicht unähnlich ist. Jesus erscheint dort als ein außergewöhnlicher Mann, als Wundertäter, der bis in die Gegenwart des Verfassers hinein von seinen Jüngern verehrt wird. Verbürgt ist zudem sowohl bei Tacitus wie auch bei Josephus sein Tod unter Pontius Pilatus. Weitere Belege sind noch weniger ausführlich als die beiden genannten.

23. In welcher Weise wurde das Todesurteil an Jesus vollstreckt?

Nach übereinstimmenden Berichten aller vier Evangelien starb Jesus in Jerusalem am Kreuz, an einem Freitagnachmittag. Gewöhnlich wird die Uhrzeit mit 15:00 Uhr angegeben. Ob er dabei mit Stricken am Kreuz befestigt wurde oder mit Nägeln, ist nicht überliefert. Es heißt einfach nur: *Sie schlugen ihn ans Kreuz.*

Die Kreuzigung war eine überaus grausame Hinrichtungsart und wurde an römischen Bürgern nicht vollzogen. Es war die Strafe für kriminelle Sklaven, für Räuber und in Israel auch für Messiasaspiranten, die Josephus Flavius ohnedies häufig als „Räuber" bezeichnet. In Israel habe der Makkabäer Alexander Jannäus oder Jannai 800 seiner Gegner aus der Partei der Pharisäer kreuzigen lassen. Diese Maßnahme löste in Israel völlige Fassungslosigkeit und schließlich auch massive Proteste aus, denn dergleichen war nie vorher geschehen, dass ein Regent seine eigenen Landsleute auf diese Weise hinrichten ließ. Es mag hinzukommen, dass es im AT in Dtn 21,22f heißt: Verflucht ist, wer am Holze hängt. Damit war zwar nicht die Kreuzigung gemeint, sondern das Aufhängen von (bereits toten) Hingerichteten zur Abschreckung, aber noch Paulus greift in seiner Verkündigung Jesu auf diesen Vers zurück.

Diese Strafe ist schon alt und wurde nicht von den Römern „erfunden". Woher sie genau stammt, ist ungewiss: vielleicht wurde sie von den Phöniziern (heute Libanon) erstmals verwendet. Im größeren Maße angewandt wurde sie in jedem Falle von den Persern. Man geht davon aus, dass die Delinquenten ursprünglich, nur an einem Baum oder Pfahl festgebunden, verdursteten, falls sie nicht schon vorher von Wildtieren oder freilaufenden Hunden zerfleischt wurden. Im Laufe der Zeit wurden die Verurteilten dann auch angenagelt, wobei das Kreuz nicht unbedingt die Form eines T, eines Kreuzes † oder Y haben musste, sondern auch ohne Querbalken verwendet wurde, also einfach nur ein Pfahl. Gegebenenfalls genügte auch ein Baum.

Bei Jesus heißt es, dass Pilatus ihn vor der Kreuzigung auch noch geißeln lies. Schon die Geißelung allein konnte zum Tod führen. Der zu Geißelnde erhielt eine bestimmte Anzahl von Schlägen mit einer Peitsche mit mehreren Lederriemen. An den Enden der Riemen konnten Haken aus Metall, scharfe Steine oder Knochenstücke befestigt sein, die sich in die Haut gruben. Im Judentum war die Anzahl der Schläge auf 40 begrenzt (Dtn 25,3). Um diese Anzahl nicht zu überschreiten, wurden schon in neutestamentlicher Zeit nur 39 Schläge gegeben wie in 2Kor 11,24 zu lesen ist (*Von den Juden habe ich fünfmal vierzig Schläge weniger einen bekommen*). Ob die Soldaten, bei denen es sich mit hoher Wahrscheinlichkeit um Nichtjuden handelte, diese Weisung aus Dtn berücksichtigten, ist nicht bekannt. Jesus, zu dieser Zeit mit ca. 37 bis 40 Jahren schon im vorgerückten Alter, scheint eine gute Konstitution gehabt zu haben, nicht nur weil er die Geißelung überlebte, sondern danach auch noch den Kreuzesbalken – vermutlich handelte es sich „nur" um den Querbalken – trug. Dass ihm letztlich ein gewisser Simon von Zyrene helfen musste, ist dabei nicht weiter erstaunlich angesichts der überstandenen Tortur.

Vor der Kreuzigung wurde der Verurteilte völlig entkleidet und ihm damit die letzte Würde genommen. Dass Jesus dabei eine Sonderrolle einnahm und tatsächlich, wie auf vielen Abbildungen dargestellt, mit einem Lendenschurz versehen wurde, ist wenig wahrscheinlich. Freilich waren der Phantasie der ausführenden Soldateska keine Grenzen gesetzt. Wenn der Verurteilte angenagelt wurde, trieb man den Nagel allerdings nicht durch die Handflächen, wie es immer wieder auf Bildern oder an Schnitzwerken zu sehen ist, denn die Handflächen wären sofort ausgerissen. Sie können einen Menschen nicht tragen. Vielmehr wurde der Nagel oberhalb der Hand, am Handgelenk, angesetzt; dort befinden sich starke Bänder, die in der Lage sind, das Gewicht des Menschen zu halten. Ggf. war es auch möglich, zwischen den beiden Knochen des Unterarmes, d.h. zwischen Elle und Speiche zu nageln.

Das Kreuz war nicht unbedingt sehr hoch; es genügte, wenn der Verurteilte wenige Zentimeter über dem Erdboden hing. Es ging nur darum, dass sich der Delinquent nicht dauerhaft mit den Füßen abstützen konnte. Gleichwohl befestigte man unter den Füßen oder auch auf der Höhe des Gesäßes eine Stütze, so dass sich der Verurteilte für eine gewisse Zeit dort ausruhen und die Arme entlasten konnte. Dies war jedoch nur für einen Augenblick möglich, ehe sich das Gewicht wieder mehr oder weniger hauptsächlich auf die Arme verlagerte. Derartige „Hilfen" dienten jedoch nicht dazu, die Qualen zu erleichtern, sondern das Leiden zu verlängern und dazu gehört auch das bei Jesus beschriebene Tränken des Verurteilten. Wenn es daher heißt, ein Soldat benetzte einen Schwamm mit Essigwasser und reichte ihn Jesus, so ist dies zunächst kein Akt besonderer Grausamkeit, denn mit Essigwasser oder vergorenem Wein gab er Jesus das übliche durststillende Getränk der einfachen Leute zu trinken. Es ist freilich auch keine Spur des Mitleids, denn den Durst zu stillen bedeutete ebenfalls, das Leiden zu verlängern. Je nachdem, ob der Verurteilte vorher erst noch gegeißelt worden war, trat der Tod nach einem mehr oder weniger langen Zeitraum ein. In Israel scheint man dafür Sorge getragen zu haben, dass – zumindest in Friedenszeiten – der Gekreuzigte noch am gleichen Tag wieder abgenommen wurde – wie es heißt, um durch das Hängen der Verurteilten oder der Toten das Land nicht zu verunreinigen. Der Gekreuzigte starb an Atemnot, dem Zusammenbruch des Kreislaufes, mangelnder Durchblutung des Gehirns, Blutverlust oder an Sepsis. Wollte man den Tod schnell herbeiführen, so zerschlug man dem Gekreuzigten Schien- und Wadenbein, so dass der Körper alleine an den Armen hing – so geschehen mit den beiden „Räubern", die mit Jesus zusammen gekreuzigt wurden. Aber auch hier gab es offensichtlich noch andere Möglichkeiten den Tod herbeizuführen oder zumindest zu testen, ob der derart Gehenkte schon tot war: Ein

Soldat, so das Johannesevangelium, stach Jesus mit der Lanze in die Seite. Falls er nicht schon vorher tot war, so war er es spätestens jetzt. Natürlich ist es den Evangelien, und hier besonders dem Johannes wichtig, nachzuweisen, dass Jesus wirklich tot war. Möglicherweise kursierten in der Zeit des Evangelisten Johannes gegen Ende des ersten Jahrhunderts bereits Gerüchte, Jesus sei gar nicht gestorben.

Zusammenfassung

Die schon lange vor den Römern praktizierte Kreuzigung ist eine äußerst grausame Strafe. Sie wurde gegen aufsässige Sklaven (Spartakusaufstand), Räuber, Aufständische und Mörder verhängt. Der Tod trat oft nach einer längeren Leidenszeit ein – je nach Konstitution des Verurteilten, vorausgehender Geißelung und den klimatischen Bedingungen – ggf. erst nach einigen Tagen. Den Evangelien, besonders dem des Joh, geht es um den Nachweis, dass Jesus tatsächlich tot war.

24. Wo und wie wurde Jesus begraben?

Die Grablegung ist ebenfalls nicht völlig frei von apologetischen Einflüssen. Auch diese dient dazu, den Tod Jesu eindeutig festzuhalten. Bestätigt wird der Tod Jesu auch durch den Engel, der bei der Auferweckung sagt: Was sucht ihr den Lebenden bei den Toten.

Den Evangelien zufolge wurde Jesus noch am Tag der Kreuzigung am Abend begraben, in einem dem Hinrichtungsplatz sehr nahe liegenden Grab, das laut den Texten einem reichen Ratsherrn namens Joseph von Arimatäa gehörte und vorher noch nicht belegt, also jungfräulich war. Arimatäa, hebräisch Ramatajim oder einfach nur Rama, liegt im Bergland von Mittelpalästina im Bereich des Stammes Ephraim und ist auch der Geburts- und Begräbnisort des Propheten Samuel. Der Darstellung der Evangelien zufolge könnte es sich bei dem Grab Jesu um eine begehbare Höhle mit einem oder mehreren Bank- oder Troggräbern gehandelt haben, d.h. an den Seiten der Grabkammer befanden sich aus dem Stein herausgeschlagene Bänke oder Tröge, auf bzw. in die die Toten gelegt wurden. Sie waren nur in ein Leichentuch gehüllt. Dort verblieben die Leichen bist die Weichteile verwest waren. Die Knochen erhielten dann ein Zweitbegräbnis in einem Ossuarium, d.h. einer Knochenkiste, deren Kantenlänge gerade so war, dass der längste Knochen eines Menschen, der Oberschenkelknochen, darin Platz hatte. Die Ossuarien verblieben in der Grabkammer oder wurden eigens in einer größeren Anlage zusammengestellt. Danach konnte die frei gewordene Bank wieder neu belegt werden. Verschlossen wurden derartige Gräber zumeist mit einem runden Stein, der in einer Rinne lief und vor den Eingang der Höhle oder Kammer gerollt wurde.

Mit einem kleineren Stein, den man in die Rinne klemmte, wurde gewährleistet, dass das Grab verschlossen blieb. Es trifft im Übrigen nicht zu, dass Gekreuzigte grundsätzlich einfach in einem Massengrab verscharrt wurden, wie immer wieder behauptet wird. Bei Bauarbeiten fand man in der Ortschaft Giv'at ha Mivtar, einem nördlich von Jerusalem gelegenen Vorort, ein Ossuarium, in dem sich ein mit einem Nagel durchbohrtes Fersenbein befand – eindeutig der Fuß eines Gekreuzigten. Die Gebeine wiesen Spuren von Salböl auf, sodass davon ausgegangen werden kann, dass sie zum Zweitbegräbnis gesalbt und damit höchst ehrenhaft bestattet wurden. Der Name des Gekreuzigten, der sich auf dem Ossuarium eingraviert findet, lautet Johanan ben Ezechiel. Es kann daher

Abb. 20: Ossuarium aus dem Hecht Museum, Israel

davon ausgegangen werden, dass die Evangelien zuverlässig berichten, wenn sie vom Begräbnis Jesu in einem ordentlichen Grab erzählen. Es verdient auch Erwähnung, dass sich im vierten Gottesknechtslied des Jesaja, das ohnedies eine ganze Reihe von auffälligen Bezügen zur Person Jesu und ihrem Schicksal enthält, in einer Textvariante der Satz findet: *Bei den Reichen* gab man ihm sein Grab:

> *Jes 53,9: Bei den Ruchlosen gab man ihm sein Grab, bei den Verbrechern seine Ruhestätte, obwohl er kein Unrecht getan hat und kein trügerisches Wort in seinem Mund war (EÜ).*

Oder:

> *Und man gab ihm bei Gottlosen sein Grab, aber bei einem Reichen ist er gewesen in seinem Tod, weil er kein Unrecht begangen hat und kein Trug in seinem Mund gewesen ist (ELB).*

Hier stellt sich einmal mehr die Frage, ob von dem reichen Ratsherrn Josef von Arimathäa die Rede ist, weil es so in Jes 53,9 in einer Textvariante geschrieben steht, oder ob sich hier eine zufällige Übereinstimmung findet. D.h. Jesus wurde tatsächlich von dem reichen Josef begraben. Die Übereinstimmung mit Jes 53,9 wäre Zufall, wurde aber später von den Zeugen durchaus reflektiert und vielleicht im Hinblick auf Jes 53 zugespitzter formuliert.

Weitere Textpassagen aus Jes 53 korrespondieren ebenfalls mit den Angaben der Evangelien, z.B. die Aussage, Jesu habe sich im Prozess gegenüber Pilatus nicht verteidigt, sondern geschwiegen:

> *vgl. Jes 53,7 Er wurde mißhandelt, aber er beugte sich und tat seinen Mund nicht auf wie das Lamm, das zur Schlachtung geführt wird und wie ein Schaf, das stumm ist vor seinen Scherern; und er tat seinen Mund nicht auf.*

Auch zu Geißelung und zum Lanzenstoß des Soldaten gegen den am Kreuz hängenden Jesus gibt es eine Entsprechung, verknüpft mit dem Gedanken eines stellvertretenden Leidens, der schon früh in den nachösterlichen Texten auftaucht:

> *Jes 53,5 Doch er war durchbohrt um unserer Vergehen willen, zerschlagen um unserer Sünden willen. Die Strafe lag auf ihm zu unserm Frieden, und durch seine Striemen ist uns Heilung geworden.*

Wie es zu diesen Übereinstimmungen zwischen Jesu Passion und dem vierten Gottesknechtslied aus Jes 53 kommt, wird sich kaum endgültig beantworten lassen. Natürlich ist es denkbar, dass die Passion Jesu in Anlehnung an Jes erzählt wird, aber sie kann natürlich auch historisch so abgelaufen sein, und somit den Aussagen des Gottesknechtsliedes weitgehend entsprochen haben. Immerhin ist es denkbar, dass sich Jesus in seinem Selbstverständnis nach den Aussagen des Liedes ausgerichtet hat. Eine Scheidung von Historie und Kerygma, von Ereignis und Verkündigung, ist hier kaum vorstellbar.

Diese und andere Textstellen lassen die Frage nach dem Selbstverständnis Jesu aufkommen: Für wen halten die Leute den Menschensohn – diese Frage stellt Jesus den Aposteln. Für wen aber hielt er sich selbst?

Zusammenfassung

Nach seiner Kreuzigung wurde Jesus nach der ntl. Überlieferung in einem nahegelegenen Felsengrab beigesetzt, das mit einem Rollstein verschlossen wurde. Derartige Gräber waren keineswegs selten und sind bis zum heutigen Tag zu besichtigen.

Das Grab gehörte angeblich einem Sympathisanten Jesu, dem reichen Ratsherren Josef von Arimathäa, und es sei jungfräulich, d.h. vorher noch nicht belegt gewesen. Die Lage der heutigen hl. Stätten ist nicht hundertprozentig sicher, aber eben auch nicht unwahrscheinlich. Im Übrigen bestehen zwischen der ntl. Darstellung der Ereignisse und dem vierten Gottesknechtslied in Jes 53 sehr viele Übereinstimmungen, die im NT untrennbar mit den dortigen Erzählungen verwoben sind.

25. Wenn Jesus der Sohn Gottes ist: Wusste er dann schon im Voraus über alles Bescheid?

Zu allen möglichen Anlässen wird die Frage gestellt, ob Jesus eine Art hellseherisches Vorherwissen hatte. Es heißt dann gewöhnlich: Er war doch Gottes Sohn und wusste daher um die Ereignisse in der Zukunft. „Bewiesen" wird dies doch auch in der Schrift durch seine drei Leidensweissagungen oder auch in seinen Worten über Jerusalem in der so genannten kleinen Markusapokalypse in Mk 13.

Eine solche Vorstellung von Jesu Vorwissen schafft natürlich eine ganze Reihe von Problemen. Angenommen, Jesus wusste tatsächlich von Anfang an über die Pläne des Judas Bescheid und hat diesen dennoch zum Jünger berufen, wie es besonders das Joh Ev. zur Sprache bringt (Joh 6,64. 70f; 18,4), dann würde Judas instrumentalisiert worden sein; er wäre prädestiniert für seine Tat, die er unausweichlich erfüllen musste, indem er wie eine Marionette an den Fäden hängt, die Gott in der Hand hält. Von freiem Willen kann dabei überhaupt nicht mehr die Rede sein und somit auch nicht von einer Verantwortung des Judas.

Noch schwieriger wird es für Jesus selbst: Wie kann man angesichts eines mutmaßlichen Vorherwissens von einem heilvollen Tod sprechen, wenn doch von vornherein klar gewesen sein musste, dass das Leiden ein vorübergehendes ist und er nach seinem Tod, meinetwegen auch am dritten Tag, in die himmlische Herrlichkeit aufgenommen wird? Unter diesen Umständen wird der Darstellung der Kreuzigung aus „Das Leben des Brian" ihre karikierende Spitze genommen. Dann könnte der Gekreuzigte tatsächlich am Kreuz singen: Allways look on the bright side of life" und zu seinen Jüngern sagen: Also Jungs, macht euch keine Gedanken; in drei Tagen bin ich wieder da. Das Zitat des Psalms 22 am Kreuz *„mein Gott, mein Gott. Warum hast Du mich verlassen?"* geriete zur Persiflage.

Nein, Jesus hat seinen Tod durchlitten, wie ihn jeder andere Mensch durchschreiten muss. Da gibt es kein Vorherwissen auf ein Happy End.

In diesem Kontext muss ein Blick auf das Bekenntnis der frühen christologischen Lehrentscheidungen geworfen werden. Das Konzil von Chalzedon hat zur „Natur" Jesu formuliert:

> *Ein und derselbe ist Christus, der einziggeborene Sohn und Herr, der in zwei Naturen unvermischt, unveränderlich, ungetrennt und unteilbar erkannt wird, wobei nirgends wegen der Einung der Unterschied der Naturen aufgehoben ist, vielmehr die Eigentümlichkeit jeder der beiden Naturen gewahrt bleibt und sich in einer Person und einer Hypostase vereinigt.*

Es heißt dort also, dass beide Seiten, die „menschliche" und die „göttliche" je für sich in voller Eigenständigkeit (unvermischt) existiert haben.

Natürlich musste Jesus irgendwann klar gewesen sein, dass er ins Fadenkreuz der jüdischen Aristokratie geraten ist und möglicherweise hat er bei seinem Jerusalembesuch, insbesondere bei der „Tempelreinigung" geahnt, dass er gefangen und hingerichtet werden wird. Aber das hätte sich jeder Mensch an seinen fünf Fingern abzählen können, dass dieses sein Auftreten und seine Worte höchst gefährlich waren.

Die Leidensweissagungen wurden ihm also nachösterlich in den Mund gelegt, ebenso die markinische Vorstellung der Kreuzesnachfolge. Und was die kleine Markusapokalypse Mk 13 betrifft, so lief schon in der Zeit Jesu das Judentum auf einen Krieg mit Rom zu. Anhaltspunkte dafür gab es unter den verschiedenen Prokuratoren genügend. Es ist eher schon außergewöhnlich, dass es bis zum Jahre 68 dauerte, ehe der jüdische Aufstand losbrach. Auch dazu bedurfte es keiner besonderen hellseherischen Fähigkeiten. Mk 13 dürfte zwar erst nachösterlich sein, kann aber in der Grundaussage auch schon von Jesus angedeutet worden sein.

Zusammenfassung

Jesus hatte als „Sohn Gottes" kein besonderes Vorwissen über sein Schicksal. Allenfalls musste er mit der Zuspitzung der Ereignisse damit rechnen, dass er auf der „schwarzen Liste" der jüdischen Tempelaristokratie und vielleicht auch der Römer stand. Er konnte ebenso wenig davon ausgehen, dass er in drei Tagen auferstehen würde. Jesus ist ganz Mensch; er lebt wie ein Mensch und stirbt wie ein Mensch. Die zwei Naturen Jesu, so sagt es das Konzil von Chalzedon, bestehen unvermischt nebeneinander.

26. Lässt sich das „Selbstbewusstsein" Jesu rekonstruieren?

Die vermutlich meistgestellte Frage im Blick auf Jesus lautet: Hat sich Jesus als Messias verstanden und als solcher auch benommen?

Wie oben schon angesprochen ist davon auszugehen, dass die verschiedensten Titulaturen, die für Jesus adaptiert wurden, nicht von ihm selbst in Anspruch genommen wurden. Bezeichnungen für Jesus wie „Messias", „Sohn Davids" oder „Menschensohn", wie sie beispielsweise der Hohepriester im Verhör Jesu als Anklagepunkt herausstreicht, sind Namen für den Erhöhten, den Auferstandenen. Es sind christologische Bekenntnisse der nachösterlichen Gemeinde, die versucht, dem Ereignis der Auferstehung in einer Bezeichnung Jesu gerecht zu werden. Dazu gehören dann auch die zumindest in den Evangelien weniger häufigen Titel wie „Herr", „Retter" „Prophet" oder „Arzt". Lange Zeit versuchte man wenigstens noch die Bezeichnung „Menschensohn" als Selbstaussage Jesu zu behaupten, aber A. Vögtle hat in seiner einschlägigen Publikation (Gretchenfrage) dafür argumentiert, dass eher die nachösterliche Verwendung wahrscheinlich ist.

Da die Auferstehung Jesu nicht definier- und beschreibbar ist, sah sich die frühe Kirche genötigt, eine möglichst umfängliche Sammlung von Titulaturen bereitzustellen, um den verschiedenen Aspekten der neuen Rolle Jesu als Auferstandenem gerechtzuwerden, wohl wissend, dass eine oder zwei Bezeichnungen diese Bedeutung nicht umfassend zum Ausdruck bringen können.

Damit ist jedoch die Frage nach dem Selbstverständnis Jesu äußerst erschwert, zumal nicht geklärt werden kann, ob Jesus selbst die eine oder andere Bezeichnung in seinem Verhalten grundgelegt – oder provoziert hat, die dann nach Ostern erst zur Entfaltung kam. Anders gesagt: Hat Jesus in seinem Auftreten nicht in der einen oder anderen Weise den Weg für ein späteres Bekenntnis bereitet?

Es wurde oben schon festgestellt, dass Jesus durch die Auswahl der Zwölf aus seinem Jüngerkreis in prophetischer Symbolhandlung die Sammlung des Zwölfstämmevolkes darstellt, wie sie nach einschlägigen Prophetenaussagen für die Zeit der Königsherrschaft Gottes angekündigt wird. Auch wenn diese Zusammenführung der Stämme in erster Linie aus dem Handeln Gottes selbst erwächst, kann dieser die endzeitliche Aufgabe auch seinem Messias übertragen. Mit dieser Symbolhandlung wird demnach offenkundig, dass sich Jesus ermächtigt sah, nicht nur das Kommen des Reiches Gottes in seinen Handlungen in die Gegenwart hineinreichen zu lassen, sondern auch messianische Aufgaben zu übernehmen.

In eine nur scheinbar andere Richtung deuten Aussagen wie etwa bei der Heilung des Gelähmten: „Deine Sünden sind dir vergeben". D.h. Jesus vergibt keine Sünden, sondern sagt die Sündenvergebung durch Gott zu. Das ist ein wichtiger Unterschied, der aber auch deutlich macht, wo sich Jesus selbst einordnet: Er nimmt für sich in Anspruch, im Sinne Gottes zu handeln, ja mehr noch, von Gott zu seinem Handeln legitimiert zu sein. Deshalb kann er das Königreich Gottes in die Gegenwart hereinholen, deshalb kann er auch den Satan und die menschen- und gottfeindlichen Mächte entmachten. Leider verrät er uns nicht ausdrücklich, mit welcher Vollmacht er auftritt (Mk 11,28 parr, d.i. die Parallelstellen aus Mt und Lk). Für die Verfasser des NT ist dies aber ohnehin klar: Er handelt im Auftrag Gottes bzw. als dessen bevollmächtigter Stellvertreter, der bei Joh „der Sohn“ genannt wird.

Zusammenfassung

Die Frage nach dem Selbstbewusstsein Jesu lässt sich nur rudimentär herausarbeiten. Trifft es zu, dass er keine messianischen oder göttlichen Titel für sich beansprucht hat, so verbleiben nur einige wenige Verhaltensweisen Jesu, die Ansätze bieten können. Vor allem die Berufung der Zwölf kann als „messianischer Akt der Endzeit“ verstanden werden, nimmt sie doch die Wiederherstellung der zwölf Stämme Israels zeichenhaft vorweg. Die Zusage des Erbarmens Gottes, seiner Menschenliebe, ist nicht messianisch einzuordnen, belegt aber ein außergewöhnliches Selbstbewusstsein Jesu in dem Sinne, dass er sich berechtigt weiß, derartige Zusagen im Namen Gottes zu machen.

27. Was sagt das NT zur Auferstehung Jesu?

Ein oder zwei Engel klären die Frauen darüber auf, dass Jesus „auferstanden“ sei.

Warum erzählt wird, dass verschiedene Frauen am ersten Tag der Woche zum Grab gekommen seien, um den schon ordentlich Begrabenen zu salben, ist unbekannt, denn nach bisherigem Kenntnisstand pflegte man Tote in Israel nicht zu salben, auch zur Zeit Jesu nicht. Jedenfalls finden die Frauen das Grab offen und leer. Damit endet die historisch fassbare Geschichte des Jesus von Nazareth und es beginnt die „Geschichte“ des Jesus Christus.

Der Ausdruck „auferstanden/auferweckt“ könnte auch mit „aufgestanden“ übersetzt werden, denn er wird üblicherweise dazu verwendet, das Aufstehen vom Schlaf auszusagen. Das klingt zwar sehr banal und wenig spektakulär, aber man hatte offensichtlich keinen anderen Begriff zur Verfügung, um dieses Ereignis in seiner Beispiellosigkeit zu umschreiben. Ein daraus folgendes „Missverständnis“ begegnet dem Leser in Joh 11. Dort meinen die Jünger, Jesus wolle den verstorbenen Lazarus vom Schlaf aufwecken:

> *Joh 11,11 Dies sprach er, und danach sagt er zu ihnen: Lazarus, unser Freund, ist eingeschlafen; aber ich gehe hin, damit ich ihn aufwecke. 12 Da sprachen die Jünger zu ihm: Herr, wenn er eingeschlafen ist, so wird er geheilt werden. 13 Jesus aber hatte von seinem Tod gesprochen: sie aber meinten, er rede von der Ruhe des Schlafes.*

In der Folgezeit „erscheint“ der Gekreuzigte seinen Jüngern mehrfach, in Jerusalem einerseits, in Galiläa andererseits. Lk ist besonders daran gelegen, die *Leibhaftigkeit* des Auferstandenen zu behaupten und zu erzählen, vermutlich um dem Vorwurf zu begegnen, es handele sich um eine Geistererscheinung:

> *Lk 24,37 Sie aber erschraken und wurden von Furcht erfüllt und meinten, sie sähen einen Geist. 38 Und er sprach zu ihnen: Was seid ihr bestürzt, und warum steigen Gedanken auf in euren Herzen? 39 Seht meine Hände und meine Füße, daß ich es selbst bin; betastet mich und seht! Denn ein Geist hat nicht Fleisch und Bein, wie ihr seht, daß ich habe.*

Einige Erscheinungen finden am See Genezareth statt und legen die Vermutung nahe, dass die Jünger nach ihrer Flucht bei der Kreuzigung für eine gewisse Zeit ihr altes Leben als Fischer wieder aufgenommen haben, ehe sie durch die Erscheinungen zum Glauben an die Auferstehung kamen. Die Flucht der Jünger nach Galiläa kann als Zeichen der Feigheit verstanden werden – unbegründet war sie keinesfalls, denn man pflegte in vergleichbaren Fällen nicht nur den Rädelsführer, sondern auch seine Gefolgsleute hinzurichten, sofern sich diese zu erkennen gaben und man ihrer habhaft werden konnte.

Wie lange in der Folgezeit derartige Erscheinungen stattfanden und wann sie überhaupt anfingen, lässt sich nicht mit Sicherheit sagen – angeblich erschien Jesu der Maria von Magdala als erster Zeugin bereits innerhalb der ersten zwei bis drei Tage nach der Kreuzigung. Die Erscheinungen vor den Jüngern können durchaus später stattgefunden haben. Die lk Geschichte der Jünger von Emmaus hilft hier auch nicht weiter, denn gerade diese Erzählung ist für jene Generation bestimmt, die nicht mehr von Erscheinungen „profitieren" konnte. Die Kernaussage lautet: In der Schrift und im Brotbrechen ist der Auferstandene präsent, dort begegnet er der Gemeinde die sich in seinem Namen versammelt. Es bedarf keiner Erscheinungen mehr! Das soll freilich nicht heißen, die Erzählung besäße keinen historischen Kern. Vermutlich hatten zwei Jünger tatsächlich auf dem Weg nach oder in Emmaus eine Begegnung mit dem Auferstandenen. Verschiedene Ortschaften im hl. Land streiten sich bis zur Stunde um den Anspruch, das „wahre" Emmaus zu sein, wobei die Frage letzten Endes nicht mit Sicherheit beantwortet werden kann, weil v.a. die Distanzangaben des Lukas nicht verifiziert werden können. Vom Namen her käme am ehesten das arabische Dorf Ammwas westlich von Jerusalem in Frage.

Es ist heute auch nicht mehr zu bestimmen, was mit der Rede von den „Erscheinungen" gemeint ist oder wie man sich dieses Widerfahrnis vorzustellen hat. Die ntl. Texte sprechen mehrfach davon, dass der Auferstandene nicht sofort als Jesus erkannt wurde. Maria Magdalena meint im Garten vor dem Grab, wo sie dem Auferstandenen begegnet, dieser sei der Gärtner. Auch die Jünger beim Fischfang wie auch Petrus beim Seewandel erkennen ihn nicht oder zumindest nicht sogleich. Die Ursache hierfür könnte sein, dass natürlich niemand von den Zeugen mit der Auferstehung des Gekreuzigten gerechnet hat. In Kapitel 25 ging es ja bereits um die Frage, inwieweit Jesus ein Vorherwissen zuzuschreiben ist. Hier sei nur noch einmal festgestellt, dass es sich bei den Leidensweissagungen um nachösterliche Aussagen handelt, die dem geschichtlichen Jesus in den Mund gelegt wurden. Die wahrscheinlichere Erklärung für das Nichterkennen ist darin zu sehen, dass die Erscheinung – oder wie Paulus in Gal 1,16 sagt, die Offenbarung des Auferstandenen durch Gott – zwar in irgendeiner Weise etwas Sichtbares meint (ich habe den Herrn gesehen: Joh 20,18), aber gleichzeitig außergewöhnlich war. Gewissermaßen wird der Auferstandene erst auf den zweiten Blick als solcher erkennbar.

Während nun die Evangelien die Erscheinung des Auferstandenen vielfach erzählen, häufig als Ereignis am See Genezareth, geht es in der Briefliteratur stets nur um das Bekenntnis des Geschehens: Gott hat Jesus von den Toten auferweckt.

Zusammenfassung

Bald, möglicherweise schon wenige Tage nach der Grablegung des Gekreuzigten, kommt es zu Erscheinungen des Auferstandenen. Mangels anderer sprachlicher Ausdrucksmöglichkeiten spricht man vom Aufstehen oder Aufwecken von den Toten wie vom Aufstehen vom Schlaf. Während die Briefliteratur nur vom Faktum an sich spricht (Gott hat Jesus von den Toten auferweckt), kleiden die Evangelien dieses „Ereignis" in Erzählung.

Umstritten ist des Weiteren die Frage, ob das Grab Jesu leer war. Diese Fragestellung mag zwar überraschen, aber vor dem Hintergrund der Aussagen Jesu im Streitgespräch mit den Sadduzäern in Mk 12 sowie der Aussagen des Paulus in 1 Kor 15 kann das *leere* Grab nicht als selbstverständlich gelten.

28. War das Grab Jesu tatsächlich leer?

Vielfach wird die Ansicht vertreten, dass das Grab unbedingt leer gewesen sein müsse, um die Auferweckung Jesu glaubhaft verkündigen zu können. Aber genau genommen besagt ein leeres Grab nicht mehr oder weniger als genau dies: dass das Grab leer ist. Die Evangelien jedenfalls gehen grundsätzlich davon aus. Mt bietet sogar eine Geschichte über erfolglose Grabwächter, die verhindern sollten, dass das Grab von den Jüngern geleert wird. Bei Mt heißt es, die führenden Köpfe der Juden seien nach der Kreuzigung zu Pilatus gegangen und hätten um eine Grabwache gebeten, weil ihnen irgendwie zu Ohren gekommen sei, dass Jesus auferstehen werde. Für seine Gegner ist eine solche Aussage natürlich völlig unglaubwürdig. Pilatus genehmigt aber zur Sicherheit eine Wache, die vor dem Grab postiert wird. Selbstredend kann diese Wache die Auferstehung sowie das Verlassen des Grabes nicht verhindern, denn in diesem Augenblick sind die Wachen selbst „wie tot“. Um die Auferstehungsbotschaft zu unterdrücken, arbeiten die jüdischen Behörden einen Bericht aus, den sie den Wachen mit entsprechenden finanziellen Anreizen, sprich: Bestechung, mit auf den Weg geben und den sie in der Öffentlichkeit verbreiten sollen. Die Unglaubwürdigkeit dieser Aussage ist kaum zu überbieten. Die Wachen sollen sagen: Seine Jünger hätten den Leichnam gestohlen, während sie selbst schliefen. Auf Posten zu stehen und einzuschlafen kostet normalerweise den betreffenden Soldaten den Kopf – deshalb auch das Versprechen der Behörden, bei Pilatus alles zu ihren Gunsten zu regeln. Die Aussage selbst aber ist an sich schon völlig unhaltbar: Woher wollen sie wissen, dass die Jünger den Leichnam stahlen, wenn sie doch schliefen? Mt entkräftet mit dieser ganzen Geschichte die unter Juden „bis zum heutigen Tag“ umlaufende Aussage, die Jünger hätten den Leichnam gestohlen und nur deshalb sei das Grab leer gewesen. In der Tat findet sich diese Aussage bis heute in einigen Jesusbüchern jüdischer Autoren. Das leere Grab sagt also per se nichts darüber aus, warum es leer ist. Es scheint aber tatsächlich erforderlich gewesen zu sein, auf das leere Grab zu verweisen, um die Auferweckung glaubhaft zu machen, sonst hätte sich Mt nicht solche Mühe gemacht.

Das ist aber nur die eine Seite der Medaille. Nimmt man die schon genannten Erläuterungen des Paulus zur Auferstehung aus 1Kor 15 ernst und ebenso das Streitgespräch Jesu mit den Sadduzäern über die Auferstehung aus Mk 12, so scheint es gerade *nicht* zwingend zu sein, auf ein leeres Grab zu verweisen. Denn dort heißt es, dass der Auferstehungsleib – soweit man überhaupt von einem solchen sprechen kann – in Diskontinuität zu unserem „biologischen“, materiellen Körper steht. Paulus sagt kurz und bündig in 1Kor 15,50: Das Verwesliche, also der Körper, kann nicht in die Unverweslichkeit eingehen. „Dort“ werden wir mit einem unverweslichen Leib existieren. Um dies auszusagen, bemüht er den Unterschied zwischen „psychischem Leib“, den er als vergänglich bezeichnet und einem „geistigen“, unvergänglichen Leib. Noch knapper heißt es in Jesu Aussage im Streitgespräch: Wir werden sein wie die Engel, ohne irgendwelche Bedürfnisse, die wir jetzt haben. Deswegen lautet der entsprechend Passus im Glaubensbekenntnis eben auch: Der Christ glaubt an die Auferstehung des Leibes. Doch genauso wie ein Mensch heutzutage in der Alltagssprache zwischen Körper und Leib kaum groß unterscheidet und beides, mehr oder weniger, synonym betrachtet, so wird man möglicherweise auch in der Zeit Jesu geredet und gedacht haben, so dass ein leeres Grab die Akzeptanz der Auferstehungsbotschaft wohl deutlich erhöht haben dürfte.

Zusammenfassung

Zwar sagen die Evangelien aus, das Grab Jesu sei leer gewesen, aber letzten Endes beweist dies natürlich nicht die Auferstehung des Gekreuzigten, denn der Tote konnte ja auch aus dem Grab entnommen worden sein. Nach Aussage Jesu in Mk 12 und Paulus in 1Kor 15 geht der Tote in einen „unvergänglichen“, geistigen Leib über. So gesehen bedurfte es des leeren Grabes nicht, doch hat es zweifelsohne die Glaubhaftigkeit der Auferstehung deutlich erhöht.

29. Auferstanden oder auferweckt?

Eine häufig diskutierte Frage ist in diesem Kontext auch, ob man von Auferstehung oder Auferweckung reden muss. Dabei liegt gegebenenfalls die Vorstellung zugrunde, Jesus als Sohn Gottes sei aus eigener Kraft auferstanden. Schon vom Dogma her ist dies aber völlig undenkbar: Wenn Jesus wahrer Mensch war, dann hat er nicht nur gelitten wie ein Mensch und ist gestorben wie ein Mensch, er ist auch tot wie ein Mensch und kann daher nicht von sich aus ins Leben zurückkehren, weder ins irdische noch ins himmlische. Eine „Selbsterweckung" steht auch gegen die jüdische Tradition, die selbstverständlich als Basis und Verstehenshintergrund der Auferweckung herangezogen werden muss. Dort heißt es im Achtzehnbittengebet in der zweiten Bitte:

> *Du bist mächtig in Ewigkeit, Herr, belebst die Toten, du bist stark zum Helfen. Du ernährst die Lebenden mit Gnade, belebst die Toten in großem Erbarmen, stützest die Fallenden, heilst die Kranken, befreist die Gefesselten und hältst die Treue denen, die im Staube schlafen. Wer ist wie du, Herr der Allmacht, und wer gleichet dir, König, der du tötest und belebst und Heil aufsprießen läßt. Und treu bist du, die Toten wieder zu beleben. Gelobt seist du, Ewiger, der du die Toten wieder belebst! (http://buber.de/cj/judaica/18bitten; 23.11.2016)*

Das genaue Alter dieses Gebetes ist leider nicht bekannt. Mutmaßungen gehen aber dahin, dass dieser Text, freilich noch nicht im ausformulierten Umfang von 18 Bitten, um die Zeitenwende entstand. Die angesprochenen Themen finden sich jedenfalls schon in der Mischna (um 200 n. Chr.). Der Glaube an die einzelnen Aussagen kann zudem ohnedies älter sein und wenn Jesus im Streitgespräch mit den Sadduzäern von der Totenauferweckung spricht, die aber vermutlich nicht von allen Gruppierungen des Judentums geteilt wird, so kann dies als Nachweis gelten, dass Totenauferweckung zur Zeit Jesu offensichtlich schon Glaubensgut und Gesprächsthema war, zumindest in bestimmten Kreisen.

Die Frage, ob es nun „auferstanden" oder „auferweckt" heißen muss, stellt sich somit inhaltlich nicht. Nur Gott kann von den Toten auferwecken. Die beiden Begriffe sind keine Alternativen, obwohl auch im griechischen Urtext zwei verschiedene Worte verwendet werden. Am ehesten können die beiden Begriffe in der Art wiedergegeben werden, dass man „auferwecken" als Handeln Gottes, als Vorgang versteht und „auferstehen" als das Ergebnis dieses Vorgangs. Für den alltäglichen Sprachgebrauch kann man beide Worte jedoch synonym verwenden.

Ein echtes Problem gibt es hingegen in Bezug auf die Chronologie des Geschehens: Wenn es im Glaubensbekenntnis heißt, Jesus sei „am dritten Tag" auferstanden von den Toten, so stellt sich doch die Frage, woher man das eigentlich weiß! Es war ja niemand bei der Auferstehung dabei (zur apologetischen Grabwächtergeschichte s.o.). Das Grab wurde lediglich am dritten Tag leer vorgefunden. Wann sich die Auferweckung ereignet hat, wissen wir daher, streng genommen, nicht. Gleichzeitig ist jedoch fraglich, ob man bei diesem „Ereignis", „Vorgang", „Geschehen" etc., in dem sich ein Zusammentreffen von Geschichte und übergeschichtlichem Wirken ereignet, überhaupt von einem chronologisch fassbaren „Zeitpunkt" sprechen und dafür Termini verwenden kann, die eine geschichtliche Dimension haben. Und trotzdem ist stets vom „dritten Tag" die Rede, selbst im alten Bekenntnis, das bereits Paulus in 1 Kor 15 zitiert.

Zusammenfassung

Auferstehen und Auferwecken drücken keine unterschiedlichen Vorgänge aus. Grundsätzlich ist es Gott, der die Toten lebendig macht. Entgegen diverser Hollywood-Darstellungen von der Auferstehung von Untoten, Mumien oder Vampiren kann der Tote nicht aus eigener Macht ins Leben zurückkehren.

30. Was sagt die vorpaulinische Auferstehungsformel in 1 Kor 15 aus?

Der Text lautet:

> *1Kor 15,3 Denn ich habe euch vor allem überliefert, was ich auch empfangen habe: daß Christus für unsere Sünden gestorben ist nach den Schriften; 4 und daß er begraben wurde und daß er auferweckt worden ist am dritten Tag nach den Schriften; 5 und daß er Kephas erschienen ist, dann den Zwölfen. 6 Danach erschien er mehr als fünfhundert Brüdern auf einmal, von denen die meisten bis jetzt übriggeblieben, einige aber auch entschlafen sind. 7 Danach erschien er Jakobus, dann den Aposteln allen; 8 zuletzt aber von allen, gleichsam der unzeitigen Geburt, erschien er auch mir. 9 Denn ich bin der geringste der Apostel, der ich nicht würdig bin, ein Apostel genannt zu werden, weil ich die Gemeinde Gottes verfolgt habe. 10 Aber durch Gottes Gnade bin ich, was ich bin; und seine Gnade mir gegenüber ist nicht vergeblich gewesen, sondern ich habe viel mehr gearbeitet als sie alle; nicht aber ich, sondern die Gnade Gottes, die mit mir ist.*

Die vielen mit „dass“ eingeleiteten Sätzen verstärken die Behauptung des Paulus, er habe diese Überlieferung „empfangen“, d.h. aus der Tradition, denn im griechischen Text bedeuten diese Sätze, dass es sich um ein Zitat handelt. Man bezeichnet dieses „dass“ als „rezitativum“, d.h. als Merkmal der Zitation. Entsprechend lässt sich der Text ziemlich einfach in Strophenform darstellen, eine Form, welche die Wiedergabe aus dem Gedächtnis sicher begünstigte:

1Kor 15,3 Denn ich habe euch vor allem überliefert, was ich auch empfangen habe:

> *daß Christus für unsere Sünden gestorben ist*
> *nach den Schriften;*
> *4 und daß er begraben wurde.*
> *Und daß er auferweckt worden ist am dritten Tag*
> *nach den Schriften;*
> *5 und daß er Kephas erschienen ist,*
> *dann den Zwölfen.*
> *6 Danach erschien er mehr als fünfhundert Brüdern auf einmal, von denen die meisten bis jetzt übriggeblieben, einige aber auch entschlafen sind. 7 Danach erschien er Jakobus, dann den Aposteln allen; 8 zuletzt aber von allen, gleichsam der unzeitigen Geburt, erschien er auch mir. 9 Denn ich bin der geringste der Apostel, der ich nicht würdig bin, ein Apostel genannt zu werden, weil ich die Gemeinde Gottes verfolgt habe. 10 Aber durch Gottes Gnade bin ich, was ich bin; und seine Gnade mir gegenüber ist nicht vergeblich gewesen, sondern ich habe viel mehr gearbeitet als sie alle; nicht aber ich, sondern die Gnade Gottes, die mit mir ist.*

Traditionell ist dieser Text wahrscheinlich nur im Bereich der oben als Strophe abgedruckten Zeilen; der übrige Teil lässt sich jedenfalls nicht mehr strophisch darstellen. Schon die Erscheinung vor den Zwölfen geht über die Strophe hinaus, dürfte aber noch zum ältesten Bestand gehören. Spätestens ab V.8 schreibt Paulus selbst. Für die Verse 6 und 7 ist Tradition, also eine Vorlage des Paulus möglich, aber nicht unbedingt nachweisbar.

Ich möchte mich erst einmal auf den älteren Teil des Textes beschränken. Dort heißt es, Tod und Auferstehung seien gemäß den Schriften erfolgt. Folglich ist zu überlegen, welche Schriften hier gemeint sein könnten. Für die Todesaussage findet man in Jes 53 einen Korrespondenztext. Dort, im so genannten Gottesknechtslied, ist davon die Rede, dass der Gottesknecht stellvertretend bzw. die Sünden sühnend stirbt:

> *53,4 Jedoch unsere Leiden – er hat sie getragen, und unsere Schmerzen – er hat sie auf sich geladen. Wir aber, wir hielten ihn für bestraft, von Gott geschlagen und niedergebeugt.*
> *53,10b-12: Wenn er sein Leben als Schuldopfer eingesetzt hat, wird er Nachkommen sehen, er wird seine Tage verlängern. Und was dem HERRN gefällt, wird durch seine Hand gelingen. 11 Um der Mühsal seiner Seele willen wird er Frucht sehen, er wird sich sättigen. Durch seine Erkenntnis wird der Gerechte, mein Knecht, den Vielen zur Gerechtigkeit verhelfen, und ihre Sünden wird er sich selbst aufladen. 12 Darum werde ich ihm Anteil geben unter den Großen, und mit Gewaltigen wird er die Beute teilen: dafür, daß er seine Seele ausgeschüttet hat in den Tod und sich zu den Verbrechern zählen ließ. Er aber hat die Sünde vieler getragen und für die Verbrecher Fürbitte getan.*

Diesen Text wird die Glaubensformel in 1Kor 15 meinen, wenn sie davon spricht, dass der Tod „nach der Schrift“ erfolgte. Auch das Begräbnis hätte das Prädikat „nach der Schrift“ (vgl. Jes 53,9) erhalten können, doch dieser Verweis fehlt hier merkwürdigerweise. Man kann darüber rätseln, warum überhaupt das Begräbnis genannt wird. Ein Grund wird sicher sein, dass man damit den tatsächlichen Tod Jesu behaupten will, denn dieser gilt immer wieder einmal als umstritten – bis heute. Spätere Tradenten, wie z.B. 1Petr 3,19; 4,6 sowie das nichtkanonische Petrusevangelium (35) aus dem 2. Jahrhundert sagen aus, Jesus habe den Geistern bzw. den Toten gepredigt (s.u.).

Für die Auferstehung/Auferweckung – oder die Auferstehung/Auferweckung am *dritten Tag* – wird man nicht so einfach eine atl. Referenzstelle finden. Der Bezug auf den dritten Schöpfungstag nach Gen 1, an dem das Gras und die Fruchtbäume wachsen, hilft nicht weiter. Überlegt wurde auch, die drei Tag von der letzten Sichel des abnehmenden über den Neumond bis zur ersten Sichel des zunehmenden Mondes als Grundlage der Aussage zu nehmen. So sehr dies auch thematisch passend zu sein scheint, wird damit nicht beantwortet, inwiefern hier ein Ereignis „nach der Schrift“ stattfindet. Dass es sich dabei nicht um einen kalendarischen Zeitraum handelt, ist wahrscheinlich, denn abgesehen vom Petrusevangelium wird nirgends eine Auferstehung „beschrieben". Lediglich in der Kunst finden sich einige Beispiele, am bekanntesten wohl das Auferstehungsbild des Aschaffenburger Malers Matthias Gothart Nithart.

Dass zwischen Auferstehung und Himmelfahrt 40 Tage verstrichen seien, behauptet Lukas nur in seiner Apostelgeschichte – im Gegensatz zu seiner Ausführung in seinem Evangelium. Die Vorstellung, Jesus sei in den Himmel hinein auferstanden, kann jedenfalls nicht vorschnell abgetan werden. Ist Himmelfahrt nicht einfach eine Umschreibung der Aussage, Jesus sei zur Rechten des Vaters inthronisiert worden, und dies unmittelbar in seinem Tod?

Letztlich bleibt nur eine Textstelle aus dem AT, auf die hier verwiesen werden kann. Es handelt sich um eine Aussage aus dem Buch Hosea:

> *Hos 6,1 Kommt und laßt uns zum HERRN umkehren! Denn er hat zerrissen, er wird uns auch heilen; er hat geschlagen, er wird uns auch verbinden. 2 Er wird uns nach zwei Tagen neu beleben, am dritten Tag uns aufrichten, daß wir vor seinem Angesicht leben.*

Abb. 21: Matthias Grünewald: Isenheimer Altar, zweite Schauseite, rechter Flügel: Auferstehung, 1512-1516

Es ist wahrscheinlich, dass sich die Glaubensformel auf diesen Vers bezieht. Gott ist es, der nach drei Tagen den Geschlagenen wieder aufrichtet, ja es heißt hier sogar ausdrücklich: neu belebt. Gleich zweimal findet sich in diesem Vers das hebräische Wort für leben, ḥajah.

Der erste Abschluss der Formel nennt die Erscheinung des Auferstandenen vor Petrus. Spätestens an dieser Stelle wird deutlich, dass es sich bei diesem Text um eine Glaubensformel handelt und nicht um die Auflistung von historischem Geschehen, denn selbstverständlich ging man bis ins 2. Jahrhundert, gestützt auf das Joh-Evangelium, davon aus, dass es Maria Magdalena war, die als erste eine Osteroffenbarung empfing. Der Schluss der Emmauserzählung bietet dabei die Begründung, weshalb man anstelle von Maria den Petrus (vgl. Lk 24,34) als Erstzeugen setzt:

> *Lk 24,10 Es waren aber die Maria Magdalena und Johanna und Maria, des Jakobus Mutter, und die übrigen mit ihnen. Sie sagten dies zu den Aposteln. 11 Und diese Reden schienen ihnen wie Geschwätz, und sie glaubten ihnen nicht.*

Frauen sind ganz einfach in jener Zeit nicht zeugnisfähig. Hätten die frühen Glaubenszeugen ihren Glauben mit einer Aussage von Frauen begründet, hätte dies nicht nur die Boten, sondern auch das Glaubenszeugnis selbst restlos desavouiert.

Der zweite Abschluss, der über die Strophenstruktur hinausgeht, nennt als weitere Offenbarungszeugen die Zwölf. Dies ist freilich etwas merkwürdig, denn zur Zeit der Erscheinungen dürfte Judas bereits nicht mehr zum Kreis der Apostel gezählt haben. Matthias, der an Judas Stelle Nachgewählte, kann aber noch nicht zu den Zwölfen gehört haben, denn Offenbarungszeuge zu sein ist laut Apg eine Voraussetzung für das Apostolat. Die Erscheinung vor den „Zwölfen" ereignete sich somit *vor* der Nachwahl des Matthias. Am besten wird man diesen Sachverhalt so erklären, dass die Zahl „Zwölf" noch von Jesus her als feste Größe betrachtet wurde, sodass man auch dann von ihr sprach, wenn es tatsächlich nur Elf waren. Im Übrigen nimmt die Bedeutung der Zwölf nach Ostern ganz schnell ab. Während man Judas noch durch einen Neugewählten ersetzte, kommt dies im Jahre 44, in dem Jakobus auf Befehl von Herodes Agrippa I. hingerichtet wurde, schon nicht mehr in Betracht. Für ihn besorgt man keinen Nachfolger, weil im Zuge der fortgeschrittenen Zeit den Zwölfen in ihrer ursprünglichen Bedeutung, als Platzhalter der Zwölf Stämme, keine Bedeutung mehr zukam. Beachtenswert ist daneben auch, dass in dieser Formel nicht von „Aposteln" die Rede ist. Diese werden in den Folgeversen (1Kor 15,7) eigens benannt und sind keineswegs mit den Zwölfen identisch. Ausdrücklich und ausschließlich die Zwölf als Apostel zu bezeichnen, ist eine „Spezialität" des Lukas, der deshalb in seiner Apg Paulus die Bezeichnung „Apostel" abspricht. Die Tatsache, dass Paulus wiederholt in seinen Schreiben betont, er sei ebenfalls ein Apostel, macht wahrscheinlich, dass er seinen Apostelanspruch tatsächlich immer wieder gegenüber Gegnern verteidigen musste. Paulus geht offensichtlich von einer anderen Apostelvorstellung aus als Lk.

Im weiteren, gegenüber dem strophischen Aufbau sekundären Text, werden noch andere Offenbarungszeugen genannt, so etwa eine Gruppe von 500 Menschen zeitgleich. Vielleicht ereignet sich diese Erscheinung im Kontext von Pfingsten. Der Hinweis darauf, dass die meisten davon noch leben, bedeutet wohl, dass man sie zur Zeit des Paulus durchaus noch nach ihren Erfahrungen fragen kann. Bevor Paulus sein eigenes Offenbarungserlebnis nennt, das mit dem Damaskuserlebnis identisch sein dürfte, erwähnt er noch Jakobus, den Herrenbruder (der andere Jakobus gehört ja bereits zu den Zwölfen), sowie eben die Apostel als offensichtlich größere und von den Zwölf zu unterscheidende Gruppe.

Am ehesten wird dabei das Offenbarungserlebnis des Paulus ein tragfähiges Zeugnis sein, denn im Gegensatz zu allen anderen ist Paulus eben kein Sympathisant Jesu gewesen. Er verfolgt vielmehr die Kirche, wie immer man auch seinen Zug nach Damaskus bewerten mag.

Zusammenfassung

In 1Kor 15 übernimmt Paulus eine ihm bereits vorliegende Bekenntnisformel, die einerseits die Schriftgemäßheit von Passion und Auferstehung belegen möchte, andererseits aber auch Auferstehungszeugen nennt, die nach Aussage des Paulus noch nach ihrem „Erlebnis" befragt werden können. Auffällig dabei sind vor allem folgende Punkte: Das Bekenntnis spricht von „den Zwölfen", obwohl es zum Zeitpunkt des Geschehens des Erzählten, mit Wahrscheinlichkeit nach dem Ausfall des Judas, nur elf Jünger waren. Zum Zweiten differenziert das Bekenntnis zwischen den Zwölfen einerseits und den „Aposteln" andererseits. Wenn man bedenkt, dass in Röm 16,7 auch von einem uns ansonsten unbekannten Apostelehepaar namens Junia und Andronikus gesprochen wird, dürfte es noch weitere Apostel gegeben haben. Zum dritten wird der „Herrenbruder" Jakobus ausdrücklich erwähnt: In einer kurzen Zeit nach Ostern scheint die Verwandtschaft Jesu eine gewisse Rolle gespielt haben.

31. Was ist unter „Erscheinungs"- oder „Offenbarungserlebnis" und „Auferstehungszeugnis" zu verstehen?

Wie oben schon angedeutet, handelt es sich dabei um ein „Geschehen", das weniger der realen Beobachtung und Erfahrung als vielmehr dem Bereich der Metaphysik [jenseits der Physik] oder der Transzendenz [(die erfahrbare) Wirklichkeit übersteigend] zuzuschreiben ist, auch wenn dies nicht anders als mit der Begrifflichkeit des Alltagslebens ausgesagt werden kann. Damit ist Auferstehung kein „historisches" Ereignis und kann als solches auch nicht „bewiesen" werden. Trotzdem muss man gleichzeitig von einem „Ereignis" sprechen, da die Wirkungen dieses Geschehens in irgendeiner Weise in der Geschichte erfahren wurden. Diese Wirkungen sind Gegenstand der Auferstehungszeugnisse; diese sind selbstverständlich als geschichtliche Ereignisse festzumachen. Die ntl. Texte sprechen von „Auferstehung" wie vom Aufwachen vom Schlaf. Das ist auch nicht weiter verwunderlich, denn offensichtlich stand für das, was den Zeugen widerfuhr, keine andere oder bessere Umschreibung zur Verfügung. Vielleicht kann man das Problem und seine Lösung besser am Himmelfahrtsgeschehen illustrieren. Wenn von der Himmelfahrt die Rede ist, sprechen die Texte der Evangelien aber auch 1Thess 4,17 von Wolken, auf denen der Auferstandene zum Himmel auf- oder herniederfährt. Das ist auch gut alttestamentlich, denn in Ps 104,3 heißt es, dass Gott selbst sich der Wolken als Wagen bedient. J" ist der Wolkenreiter, der auf ihnen dahinfährt. Wir wissen heute selbstverständlich, dass die Wolken nichts anderes sind als Wasserdampf. Der trägt nicht, auf dem kann niemand zum Himmel gleich einem Aufzug hinauffahren, es sei denn, man spricht schon hier, wohl durchdacht, von einem nicht physischen Leib. Trotzdem erscheint diese Rede für uns heute von vorneherein als bildhaft, ungeachtet entsprechender Darstellungen nur wenige Jahrhunderte früher, in der Zeit des Barock. Würden wir heute von Himmelfahrt sprechen, so würden wir mit großer Wahrscheinlichkeit Raketen, fliegende Untertassen oder besser noch „das Beamen" aus Raumschiff Enterprise zur Hilfe nehmen, um das Ereignis zu vermitteln. „Beamen" ist letztlich ein dreidimensionales Telefax: Ein Körper wird in seine Atome oder besser: seine Elementarteilchen zerlegt, transportiert, und an seinem Zielort wieder dreidimensional zusammengebaut. Mit der Übermittlung der Teilchen muss natürlich auch der „Bauplan", das Koordinatensystem, übermittelt werden: Wo hat jedes Teilchen seinen Platz? Denn niemand will sein Auge plötzlich auf dem Knie wiederfinden. Wir hätten somit heute andere Möglichkeiten, uns Himmelfahrt vorzustellen und auch andere Möglichkeiten, diese zu umschreiben.

Aufgrund des griechischen neutestamentlichen Sprachgebrauchs kann man zum Thema Auferstehung nur so viel sagen, dass mit der Begrifflichkeit, die von

Erscheinung oder vom „Sehen" des Auferstandenen spricht, eine sinnliche, augenfällige Wahrnehmung verbunden ist. Genau so will es auch Lk verstanden wissen, der in besonderer Weise betont, dass es sich bei den Erscheinungen nicht um Halluzinationen oder vergleichbare, nur „geistige" Bildgebung handelt. Deshalb betont der Auferstandene, er sei kein Geist. Er kann zwar plötzlich in verschlossenen Räumen erscheinen, steht somit außerhalb physischer Beschränkungen, isst aber auch mit den Jüngern und signalisiert damit eine physische Gegenwart. Dies erweckt den Eindruck – wie etwa auch der Aussendungsbefehl des Auferstandenen bei Mt – Jesus sei nach seinem Tod noch einmal hier aufgetaucht, „herumgelaufen", habe mit den Jüngern gesprochen und ihnen Aufträge gegeben.

In der Realität hat man sich das Ganze so vorzustellen, dass aus dem Glauben an die Auferstehung Jesu, der auf den Erscheinungen beruht, die Notwendigkeit der Völkermission zwingend geschlossen wird. Das AT schreibt mehrfach davon, dass am Ende der Zeit alle Völker Heilsadressaten Gottes sind. Da mit der Auferweckung Jesu das Ende der Zeit angebrochen ist, gilt es, diese Botschaft allen Menschen zu verkünden, unabhängig von Gesetz und Beschneidung. Die sehr materialistisch anmutenden Begegnungen mit dem Auferstandenen sind dem Anliegen der Evangelisten geschuldet, jede Vermutung einer rein geistigen Begegnung abzuwehren und die „Leibhaftigkeit" des Auferstandenen zu beteuern. Letztlich sind die Erzählungen vom Auferstandenen in den Evangelien nicht mehr aber auch nicht weniger als eine narrative, d.h. erzählerische Entfaltung der bei Paulus mit dürren Worten ausgesagten Auferstehungsbotschaft: Gott hat ihn von den Toten auferweckt; Jesus ist auferstanden; er wurde mir geoffenbart; er erschien u.a.

Wie immer man sich das vorzustellen hat: Die Auferweckung, oder besser gesagt: ihre Bezeugung, ist der – einzige – Grund des christlichen Glaubens. Ohne diesen Glauben bleibt Jesus von Nazareth ein bedeutender aber letzten Endes gescheiterter Mensch, der vor ca. 2000 Jahren gelebt hat. Er hat die Utopie einer Liebe zwischen Gott und Mensch als Grundlage unseres Lebens verkündet, konnte sich jedoch damit letztlich nicht durchsetzen. Sein Tod zeigt an, dass seine Idee in unserer Welt nicht zu verwirklichen ist.

Mit der Auferweckung, die seine Bestätigung durch Gott bedeutet, weist seine Botschaft in eine ganz andere Richtung: Sie ist eine stete Forderung an Christen, diese Utopie voranzubringen, wohlwissend, dass die Menschheit damit nicht zur Vollendung geführt werden kann. Die Botschaft ist und bleibt eine vorläufige, ihre endgültige Durchsetzung ist des Menschen Sache nicht.

Mit dieser Bestätigung fällt freilich auch ein neues Licht auf den Boten, der nunmehr selbst zum Gegenstand der Verkündigung wird. Ohne Ostern gibt es kein Evangelium, keine „frohe Botschaft". Und so entspinnt sich zwar nicht allein durch Ostern, aber wesentlich dadurch beflügelt, die Reflexion über diesen Boten. Zu Recht unterscheidet man daher zwischen der Christologie von unten, d.h. den Überlegungen, welche die Menschen schon vor Ostern über Jesus angestellt haben, und jenen, die in den Evangelien in seiner Verkündigung der Königsherrschaft Gottes, seinen Wundern und auch seinen Streitgesprächen aufscheint. Auf der anderen Seite steht die Christologie von oben, d.h. die Christologie, die mit und durch Ostern hervorgerufen wird. Der Tod Jesu stellt dabei einen Graben zwischen beiden Überlegungen dar, doch wird dieser Graben durch die Auferstehung weitestgehend zugeschüttet.

Zusammenfassung

Die Rede von „Erscheinungs“- oder „Offenbarungserlebnis“ und vom „Auferstehungszeugnis“ sind der Versuch, das einerseits „historische“ Ereignis der Auferstehung Jesu und noch mehr dessen Folgen in Gestalt von „Begegnungen“ mit diesem zum Ausdruck zu bringen, andererseits aber auch zu sagen, dass dieses „Ereignis“ wie auch der Auferstandene selbst außerhalb unserer physikalischen Gegebenheiten steht. Letzten Endes geht es um die Bezeugung der Tatsächlichkeit der Auferstehung und des Auferstandenen.

32. Wie versuchen die nachösterlichen Boten den Auferstandenen zur Sprache zu bringen?

Die Christologie von oben scheint vielfältiger und reicher zu sein: Dies resultiert aus der Tatsache, dass die Bedeutsamkeit des Boten nicht mehr ausschließlich durch eigentliche Rede ausgesagt werden kann. Ihr verdanken wir z.B. bildhafte Aussagen, Allegorien oder auch metaphorische Rede. Dazu gehört auch eine Fülle von (Ehren-) Titeln, die dem Auferstandenen erst jetzt, nach Ostern, zugeschrieben werden. Diese überschneiden sich z.T. in ihrer Bedeutsamkeit, stehen sich aber mitunter auch konkurrierend und unvereinbar gegenüber.

32.1 Wer oder was ist ein Menschensohn

Oben wurde schon darauf hingewiesen, dass „der Menschensohn" ursprünglich nicht mit dem Messias gleichgesetzt werden kann. Die Rede vom „Menschensohn" meint zunächst einmal, dass es sich einfach um einen Menschen handelt. Jeder Mensch ist Sohn eines Menschen und damit ein Menschensohn. In diesem Sinne spricht der Deuteengel im Buch Ezechiel, der dem Propheten seine Visionen erklärt, diesen an. Im Hebräischen ist einfach vom bæn-'adam, Sohn eines Menschen, die Rede.

Ganz anders sieht es in dem recht jungen Buch Daniel aus, das im 2. Jahrhundert vor Christus verfasst wurde. Dort erzählt der Prophet Daniel in 7,13 von „Gesichten" der Nacht, einer nächtlichen Vision, in der auf den Wolken des Himmels einer „wie eines Menschen Sohn" erscheint (k^{e}bar [bar ist aramäisch und bedeutet Sohn] 'ænoš), der zu dem „Alten an Tagen", d.h. Gott, geführt wird. Die Szene spielt sich im Himmel ab und nach weit verbreiteter Ansicht handelt es sich bei diesem Wesen, das wie ein Mensch aussieht, um einen Engel, genauer um den Völkerengel Israels. Diese Rede beruht auf der Vorstellung, dass die verschiedenen Völker einen Stellvertreterengel im Himmel haben. Dem Engel Israels kommt laut der Prophetie ein besonderer Rang zu, denn ihm wird im Folgevers Dan 7,13 Herrschaft, Ehre und Königtum als ewige Herrschaft verliehen. Dieser Menschensohn ist also kein endzeitlicher Richter, aber durchaus ein endzeitlicher Herrscher. Man beachte aber, dass es hier immer noch heißt: „Wie ein Mensch", so dass man hier noch nicht von einem Titel für ein himmlisches Wesen sprechen kann! Angelegt ist hier allerdings bereits die Funktion eines ewigen, endzeitlichen Herrschers, und damit ist auch eine funktionelle Nähe zum endzeitlichen Messias gegeben. Trotzdem bleibt festzuhalten, dass im atl. Kanon, weder im hebräischen noch im christlichen, eine endzeitliche, „Menschensohn" genannte Figur existiert.

Eine solche erscheint erst in der außerkanonischen, so genannten „zwischentestamentarischen“ Literatur, d.h. in Werken, die chronologisch zwischen dem Abschluss des Alten und Anfang des Neuen Testaments anzusiedeln sind. In erster Linie ist hier das äthiopische Henochbuch zu nennen. Darin ist an verschiedenen Stellen vom „Menschensohn“ die Rede und dabei liegt hier nicht mehr die Vorstellung eines einem Menschen vergleichbaren Wesens zugrunde. So weit dies an der deutschen Übersetzung des (äthiopischen) Textes beurteilt werden kann, ist vielmehr von einer eigenständigen Gestalt die Rede, die nunmehr den Titel „Menschensohn“ trägt und im endzeitlichen Kontext eine Rolle spielt.

Die Verwendung der Bezeichnung ist in jedem Falle auf einen engen geographischen und ethnischen Raum begrenzt. Deutlich wird dies an der Tatsache, dass Paulus den Begriff kein einziges Mal in seinen Briefen verwendet. Natürlich resultiert dies auch aus der Vorliebe des Paulus für die Bezeichnungen „Kyrios“ = Herr sowie „Christus“ = Messias = Gesalbter, aber wenn er nie vom Menschensohn spricht, dann vermutlich deshalb, weil ihm als Diasporajude diese Gestalt nicht geläufig ist und/oder seine Adressaten diese nicht kennen. Für die Heidenchristen, die er vorzugsweise missioniert, dürfte dies ohnehin der Fall sein.

Umso mehr findet sich die Bezeichnung in der dem Judenchristentum nahestehenden und vermutlich aus dessen Kreisen sich entwickelnden Logienquelle Q. Diese Quelle, die heute nicht mehr vorliegt, stammt mutmaßlich aus den Händen jener judenchristlichen Missionare, die im geographischen Bereich des von Juden bewohnten Palästina umherzogen. Dort also wird die Gestalt des Menschensohnes sehr geläufig gewesen sein.

32.2 Was versteht das NT unter der Bezeichnung „Kyrios“, Herr?

Das Judentum hat im Alten Testament verschiedene Bezeichnungen für Gott verwendet: Es nennt ihn El/Gott, Elohim, Schaddai/der Höchste u.a. Dabei wird bisweilen auch ein Name genannt, den Gott am brennenden Dornbusch dem Mose mitgeteilt hat, und dieser Name lautet JHWH. Was genau damit gemeint ist, entzieht sich unserer Kenntnis. Vielleicht liegt hier die semitische Sprachwurzel HJH zugrunde, die so viel bedeutet wie: er ist, ist da, ist geworden o.ä. Vielleicht bedeutet der Name aber auch gar nichts und dieser Gott heißt schlichtweg so: JHWH. Nun gibt es aber im AT ein Gebot, dass man den Namen Gottes nicht unnütz aussprechen soll. Um diesem Gebot Rechnung zu tragen, spricht man am besten den Namen *überhaupt nicht* aus und ersetzt diesen Namen durch die Bezeichnung „Gott“ oder „Herr“/Adonaj. Diese Bezeichnung brachte keine Probleme mit sich, so lange man hebräisch bzw. ab dem 6. Jahrhundert v. Chr. aramäisch sprach.

Im Laufe der Zeit wurde das Volk zu groß für das kleine Land Israel/Palästina und viele Menschen wanderten aus. Viele verloren aber auch ihre Heimat, weil sie von Großmächten deportiert wurden, in die Sklaverei verkauft wurden oder schlichtweg kein Auskommen mehr hatten und sich deshalb als Soldaten verdingten oder ganz einfach ins „Ausland" zogen, um dort einen Beruf auszuüben. In dieser Zeit, besonders in der Epoche der griechisch-römischen Welt ab dem 3. Jahrhundert v. Chr. bildete sich die griechischsprachige Diaspora, denn Griechisch war die Umgangs- und Verkehrssprache in weiten Teilen des römischen Reiches. Mit zunehmender Abwesenheit vom Mutterland Israel verschwand auch die in Israel zu dieser Zeit gesprochene Umgangssprache, das Aramäische, ein dem Hebräischen nahestehender semitischer Dialekt. Man sprach eben vermehrt nur noch Griechisch. Deshalb entstand über einen längeren Zeitraum hinweg, beginnend eher im 3. als dem 2. Jahrhundert v. Chr. eine Übersetzung des Alten Testaments ins Griechische – zunächst nur der Tora, der ersten fünf Bücher, dann im Laufe der Zeit auch der anderen Teile des hebräischen Alten Testaments. Es kamen noch etliche andere Bücher hinzu, die heute z.T. nicht mehr Bestandteil der Hl. Schrift sind. Diese griechischen Übersetzungen bezeichnet man als Ganzes als Septuaginta, abgekürzt LXX, d.i. die römische Zahl für 70. Die Zahl steht für die angeblichen 70 Übersetzer, die laut Entstehungslegende (vgl. Aristeasbrief) an diesem Text mitgearbeitet haben sollen.

Diese Übersetzung gibt den Gottesnamen JHWH grundsätzlich mit KYRIOΣ (kyrios), d.h. „Herr", wieder. Für einen Juden, der das AT kannte, klang somit bei der Bezeichnung Jesu als „Herr/Kyrios" stets der Gottesname mit. Ein Nichtjude dagegen hörte dabei die hoheitsvolle Anrede, die man z.B. gegenüber dem Kaiser gebrauchte. Auf Jesus angewandt handelt es sich um eine Ehrenbezeichnung, die sowohl im jüdisch-griechischen wie auch im griechisch-römisch heidnischen Umfeld verstanden wurde. Vor allem bei Lukas findet sich in seiner Kindheitsgeschichte eine versteckte Gegenüberstellung von dem „Herrn Kaiser Augustus" und dem „Herrn Jesus Christus". Nicht der Kaiser ist der große Friedensbringer und „Soter", d.h. Retter, sondern das Kind aus Bethlehem. Deshalb sieht sich Paulus auch genötigt zu sagen: *Phil 2,11 Jesus Christus ist der Herr!* – und verwahrt sich damit gegen jede Verehrung eines anderen göttlichen oder irdischen Herrn. „KYRIOΣ" meint somit etwas anderes als Herr Maier oder Herr Müller, sondern ist eine hoheitsvolle Anrede, wie sie so in heutiger Zeit kaum mehr gebraucht wird. Zumindest ist der eben skizzierte Hintergrund nicht mehr der unsere. Die Frage ist daher, ob man die alte Anrede weiter verwenden oder nicht besser eine heute halbwegs adäquate Bezeichnung einführen soll. Wenn man traditionell weiterhin „Kyrios" gebraucht, ist es mehr oder weniger erforderlich, die eben genannte Begründung zu liefern. Das gleiche oder noch viel mehr gilt für die Bezeichnung „Menschensohn", „Christus" und letzten Endes auch für „Gottessohn".

Mit der jährlich einmaligen Nennung des Gottesnamens JHWH durch den Hohepriester wurde bewusst dem Gebot des Dekalogs Rechnung getragen, das da lautet: „Du sollst den Namen Gottes nicht für unnütz aussprechen". An dieser

Titulatur wird sichtbar, dass die Hoheitsbezeichnungen, die man Jesus beigegeben hat, keineswegs beliebig sind, sondern der Umwelt und ihren Adressaten Rechnung tragen. Jede der Bezeichnungen bedient dabei einen Ausschnitt aus den möglichen Messias- und Gottesvorstellungen und beschreibt doch niemals das Ganze. Die große Zahl und Verschiedenheit an Titulaturen (Christus, Soter, der Sohn, Sohn Gottes, Davidssohn u.v.m.) versuchen daher ein breites Spektrum an möglichen Vorstellungen abzudecken. Die Nomenklatur auf eine einzige Bezeichnung zu begrenzen oder eine zu bevorzugen, wird daher der Bedeutungsbreite Jesu nicht gerecht.

Zum Schluss soll noch kurz von der Bezeichnung „Sohn" die Rede sein.

32.3 Der Sohn (Gottes)

Die Bezeichnung „Sohn Gottes" geht mit hoher Wahrscheinlichkeit auf 2Sam 7 zurück, auf die Davidsverheißung, die auch – nach ihrem Verkünder – „Natanverheißung" genannt wird:

> *2Sam 7,8 Und nun, so sollst du zu meinem Knecht, zu David, sagen: So spricht der HERR der Heerscharen: Ich selbst habe dich von der Weide genommen, hinter der Schafherde weg, daß du Fürst sein solltest über mein Volk, über Israel. 9 Und ich bin mit dir gewesen überall, wohin du gegangen bist, und habe alle deine Feinde vor dir ausgerottet. Und ich mache dir einen großen Namen gleich dem Namen der Großen, die auf Erden sind. 10 Und ich setze für mein Volk, für Israel, einen Ort fest und pflanze es ein, daß es an seiner Stätte sicher wohnt und nicht mehr in Unruhe gerät und die Söhne der Ruchlosigkeit es nicht mehr unterdrücken wie früher, 11 und zwar seit dem Tag, da ich Richter über mein Volk Israel bestellt habe. Und ich verschaffe dir Ruhe vor all deinen Feinden. So verkündigt dir nun der HERR, daß der HERR dir ein Haus machen wird. 12 Wenn deine Tage erfüllt sind und du dich zu deinen Vätern gelegt hast, dann werde ich deinen Nachkommen, der aus deinem Leib kommt, nach dir aufstehen lassen und werde sein Königtum festigen. 13 Der wird meinem Namen ein Haus bauen. Und ich werde den Thron seines Königtums festigen für ewig. 14 Ich will ihm Vater sein, und er soll mir Sohn sein. Wenn er verkehrt handelt, werde ich ihn mit einer Menschenrute und mit Schlägen der Menschenkinder züchtigen. 15 Aber meine Gnade soll nicht von ihm weichen, wie ich sie von Saul habe weichen lassen, den ich vor dir weggetan habe. 16 Dein Haus aber und dein Königtum sollen vor dir Bestand haben für ewig, dein Thron soll feststehen für ewig. 17 Nach all diesen Worten und nach diesem ganzen Gesicht, so redete Nathan zu David.*

Diese Verheißung ist so, wie sie hier ausgesagt wird, nicht eingetroffen: Zwar hat gemäß V. 12f der unmittelbare Nachkomme Davids, nämlich Salomon, Gott ein Haus, d.h. den Tempel gebaut, aber V. 16 erfüllt sich nicht: Auch wenn in der

Folgezeit immer wieder Davididen den Thron bestiegen haben, d.h. es gab eine ununterbrochene Dynastie bis zum Untergang des Reiches Juda im Jahre 586 v. Chr., so finden sich danach, nach dem Exil, keine davidischen Herrscher mehr. Nicht zuletzt aus dieser Prophetie des Natan erwächst in der Folgezeit die Hoffnung eines endzeitlichen Messias, eines Davididen, der mit dem ewigen Königtum auf dem Thron Davids die Worte des Natan erfüllen sollte. Der Davidide galt dieser Prophetie zufolge als der Gesalbte/Messias Gottes auch als „Sohn" Gottes. Sofern Jesus als Davidssohn und Messias bezeichnet wurde, war er somit auch „Sohn" Gottes. Aber vermutlich versteht schon das Joh-Evangelium die Sohnschaft Jesu nicht mehr in ihrem ursprünglichen atl. Sinn.

Es ist keinesfalls etwas Außergewöhnliches, den König als „Sohn Gottes" zu bezeichnen. Die Thronnamen eines Pharao etwa geben dazu beredte Auskunft. Der jeweilige regierende Pharao war Sohn Gottes, und zwar mit der Thronbesteigung. In der Regel hatte ein Pharao ja durchaus mehrere Söhne. Die konnten natürlich nicht alle Göttersöhne sein; dieses Privileg war demjenigen vorbehalten, dem es gelang, den Thron zu besteigen. Abgesehen von der damaligen Kindersterblichkeit, die vor dem Palast nicht Halt machte, dürfte es am Königshof und auch im Harem ein Hauen und Stechen um die Thronfolge gegeben haben, ehe dann einer der Prinzen sein Ziel erreichte. Erst jetzt erwies sich am Erfolg des Betreffenden, dass er der von Gott erwählte neue Pharao war und somit derjenige, der einst durch die Zeugung des Gottes in der Person des Pharao ins Leben gerufen wurde. Wir haben also keine Adoption zum Sohn Gottes im Augenblick der Thronbesteigung, sondern mit der Thronbesteigung den Beweis, dass der angehende König von Anfang an von Gott gezeugt worden war. Die Inthronisation lüftet somit ein von Anfang an bestehendes Geheimnis.

In Israel dürfte dies anders sein. Zwar wird auch hier erst im Augenblick der Inthronisation offenbar, wer denn nun der Auserwählte und mithin der Sohn Gottes sei, aber nirgends findet sich ein Hinweis darauf, dass der Vorgänger seinen Sohn als Gott gezeugt habe. Der König wird mit der Inthronisation zum Sohne Gottes (vgl. Ps 2,5-8), also mit der Einsetzung des Königs in sein Amt. Seine Aufgabe ist es laut 2Sam 7, im Auftrag und in Stellvertretung Gottes sein [Gottes!] Volk zu weiden (vgl. Ez 34), der Hirte über Israel zu sein, Gerechtigkeit zu üben, Sicherheit und Frieden zu garantieren, den gesellschaftlich Schwachen beizustehen und ihnen zu ihrem Recht zu verhelfen. Möglicherweise war der König auch Letzt- und Appellationsinstanz bei Gerichtsverfahren:

> *2Sam 15,2 Und frühmorgens machte Absalom sich auf und stellte sich an den Rand des Weges zum Tor. Und es geschah: Jeden Mann, der einen Rechtsstreit hatte und zum König kam, um eine Rechtsentscheidung zu suchen, den rief Absalom an und sagte: Aus welcher Stadt bist du? Und sagte der: Dein Knecht ist aus einem der Stämme Israels! – 3 dann sagte Absalom zu ihm: Siehe, deine Anliegen sind gut und recht; aber du hast beim König niemanden, der dich anhört. 4 Dann sagte Absalom weiter: Würde man mich doch als Richter im Land einsetzen! Bei mir*

würde jedermann Eingang finden, der einen Rechtsstreit hat und Rechtsentscheidung sucht; ich würde ihn gerecht sprechen!

Der Charakter der Stellvertretung wird an manchen Stellen umso deutlicher, weil zunächst Gott selbst als Hirte bezeichnet wird.

Freilich ist auch noch ein anderer Gebrauch von „Sohn" zu beobachten, wenn es etwa in Hos 11,1 heißt:

Als Israel jung war, gewann ich es lieb, und aus Ägypten habe ich meinen Sohn gerufen.

Hier ist demnach ganz Israel und damit jeder Israelit als Sohn angesprochen. Es findet gewissermaßen eine „Demokratisierung" der Bezeichnung statt, die ursprünglich nur dem Herrscher zugebilligt wurde. Den Satz aus Hos 11,1 hat Mt aufgegriffen. Er begründet damit die Rückkehr der Heiligen Familie aus Ägypten. „Sohn" meint hier im mt Kontext natürlich nicht „Israel" und ist auch nicht Bezeichnung der Familie, sondern steht für das vor Herodes geflohene Kind.

All diesen Belegen ist zu entnehmen, dass der Messias, der gesalbte (davidische) König auch gleichzeitig „Sohn" Gottes war. Mit der Bezeichnung Jesus als Messias kommt auch ihm die Bezeichnung „Sohn" zu, nach atl. Vorstellungen im Sinne einer Herrschaftsausübung in Stellvertretung Gottes. Der Gedanke einer wie auch immer zu definierenden Einheit von Vater und Sohn liegt der atl. Vorstellung von „Sohn" freilich noch fern.

Dies waren nur einige Beispiele für Hoheitstitel, die dem Auferstandenen im Laufe der frühen Kirche beigegeben wurden und mit deren Hilfe man versuchte, die vielfältigen Facetten, die im Begriff der Auferstehung nur unzureichend ausgedrückt werden konnten, zu versprachlichen. Es soll nicht unterschlagen werden, dass noch viele andere Bezeichnungen verwendet wurden, um der Bedeutung Jesu gerechtzuwerden, wie etwa „Hirte" und „Fürst" [Hægemon] in Mt 2,6; „Sohn Davids" (Lk 2,11), „Retter" und „Herrscher" [Archægos], „Hohepriester" (besonders im Hebräerbrief) und andere.

Zusammenfassung

Im Anschluss an die Auferstehung kommt es zu einer Vielzahl von Vorstellungen und Deutungen den Auferstandenen betreffend. Diese Vielzahl resultiert sicher aus der Theologie oder besser Christologie der ntl. Schriftsteller sowie daraus, welche Vorstellungen man bei den Adressaten der Botschaft als bekannt voraussetzen konnte. Mehr noch aber resultiert sie aus der Analogielosigkeit der Auferstehung und des Auferstandenen, der nunmehr mit den unterschiedlichsten Bezeichnungen und Prädikationen verkündet wird. Dazu greift man natürlich auf jüdisch-alttestamentliche Vorstellungen zurück, aber ebenso auf Aussagen, die der griechischen Welt entstammen. Offensichtlich war man der Auffassung, dass ein einzelner Name oder eine eindimensionale Aussage die Bedeutung des Auferstandenen nicht erfassen kann.

33. Woher kommt die frühe Kirche nach Tod und Auferweckung Jesu? Hat sie Jesus zeitlebens schon gegründet, trotz seiner Naherwartung des Reiches Gottes?

Stellt man die Frage nach einer Handlung oder nach einem Wort Jesu, das als Kirchengründung infrage käme, tut man sich schwer, denn es kommen verschiedene Gelegenheiten in Betracht. Da wären z.B. die Berufung und Aussendung der Zwölf zu nennen, die Erwähnung von Kirche im Kontext des Primats und des Messiasbekenntnis Petri in Mt 16, die Stiftung der Eucharistie im Kontext des Abendmahles, der nachösterliche Auftrag Jesu an Petrus, seine Lämmer oder Schafe zu weiden oder auch der Missionsbefehl am Ende des Mt-Evangeliums.

Zur Grundung der Kirche zählen unter katholischer Perspektive natürlich in erster Linie die sieben Sakramente, die mehr oder weniger direkt auf Jesus zurückgeführt werden. Das „Weniger" betrifft vor allem die Krankensalbung, die nur kurz im Jakobusbrief einmal angesprochen wird (Jak 5,14: *Ist jemand krank unter euch? Er rufe die Ältesten der Gemeinde zu sich, und sie mögen über ihm beten und ihn mit Öl salben im Namen des Herrn*) sowie die Firmung. Normalerweise gehören Taufe und Geistausgießung zusammen, in der Apg jedoch wird ein Fall genannt, bei dem zwar getauft wurde, die Herabrufung des Geistes dagegen erst in einem weiteren Akt erfolgt:

> *Apg 8,12 Als sie aber dem Philippus glaubten, der das Evangelium vom Reich Gottes und dem Namen Jesu Christi verkündigte, ließen sie sich taufen, sowohl Männer als auch Frauen. 13 Auch Simon selbst glaubte, und als er getauft war, hielt er sich zu Philippus; und als er die Zeichen und großen Wunder sah, die geschahen, geriet er außer sich. 14 Als die Apostel in Jerusalem gehört hatten, daß Samaria das Wort Gottes angenommen habe, sandten sie Petrus und Johannes zu ihnen. 15 Als diese hinabgekommen waren, beteten sie für sie, damit sie den Heiligen Geist empfangen möchten; 16 denn er war noch auf keinen von ihnen gefallen, sondern sie waren allein getauft auf den Namen des Herrn Jesus. 17 Dann legten sie ihnen die Hände auf, und sie empfingen den Heiligen Geist!*

Die übrigen fünf Sakramente scheinen hingegen unmittelbar von Jesus eingesetzt worden zu sein – zusätzlich sogar noch die Einrichtung des Primats des Petrus.

Bei näherer Überlegung kommen jedoch Zweifel auf. Es wurde schon mehrfach betont, dass Jesus den Einbruch der Königsherrschaft Gottes nicht nur in *unmittelbarer* Zukunft erwartete, sondern diese in den von ihm gewirkten Zeichen bereits in die Gegenwart hineinreichen sah. Deshalb stellt sich die Frage, ob Jesus überhaupt ein Interesse daran haben konnte, eine Gemeinschaft von Nachfolgern ins Leben zu rufen. Angesichts der verschiedenen Nachfolgeworte scheint dies zweifelsfrei so zu sein und auch die Berufung der Zwölf sowie die Predigt Jesu zu größeren Personenkreisen deuten darauf hin. Bedenkt man jedoch den von Jesus intendierten Zweck, den er mit der Berufung der Zwölf verband, so wird deutlich, dass gerade diesen Männern nur im Kontext der Endzeit eine Funktion zukommt: Stellvertreter der zwölf Stämme Israels zu sein. Dabei konnte Jesus freilich nicht den Anspruch erheben, dass jeder der Zwölf aus einem anderen Stamm Israels stammte, denn die zehn Nordstämme gab es schlichtweg nicht mehr, und so muss allein die Zahl genügen, um Israel als ehemaliges Zwölfstämmevolk zu repräsentieren. Zugegebenermaßen ist das Ende der Welt und der Anfang der Königsherrschaft Gottes nicht angebrochen, der eigentliche Zweck der Zwölf, das Wiedererstehen des Zwölfstämmevolkes, hat sich demnach auch noch nicht ereignet. Damit werden die Zwölf einerseits überflüssig und genau dies wird in der Apg auch deutlich: Die aus dem Kreis der Zwölf ausscheidenden Männer werden nicht durch neue ersetzt. Von Petrus, Johannes und Jakobus dem Herrenbruder abgesehen interessiert sich die Apg überhaupt nicht für die Übrigen. Andererseits aber bleibt ihre Aufgabe unerfüllt und verlängert sich in die Zukunft hinein, über Tod und Auferstehung Jesu hinaus.

So gesehen kommt ihnen doch über die Zeit der Gegenwart Jesu hinaus Relevanz zu – ohne dass sich deswegen das daraus abgeleitete System von Amtsträgern unmittelbar auf die Einsetzung durch Jesus berufen könnte. Die Ämter sind freilich schon soziologisch eine Notwenigkeit, die aus dem zunehmenden Wachstum der frühen Kirche resultieren. Sie sind erforderlich, um einen immer größer werdenden Kreis von Menschen in irgendeiner Weise zu betreuen, zu organisieren und auch zu verwalten. Die Übernahme der Bekleidung staatlicher Beamter des römischen Reiches durch die Priester stellt einen augenfälligen Beleg für ihre verwaltungstechnischen Aufgaben dar.

Ob der Anspruch berechtigt ist bzw. war, derartige Funktionen als „Dienst" zu bezeichnen, sei dahingestellt. Im Laufe der Geschichte wurden die „Dienste" bisweilen in einer Weise ausgeübt, die die Bedeutung des Wortes konterkarierte. Auch ntl. Anweisungen wie Mt 23,9 (*Ihr sollt auch nicht jemanden auf der Erde euren Vater nennen; denn einer ist euer Vater, nämlich der im Himmel*) u.a. wurden nicht immer besonders ernst genommen. Natürlich ist die Frage der Berechtigung des Begriffs auch sehr stark von individuellen Einstellungen und Verhaltensweisen der Amtsträger abhängig. Defizite in der Einstellung gab es offensichtlich schon zur Zeit Jesu. Dies wird in den Bemühungen der Mutter der beiden Zebedäussöhne erkennbar, die für sie wichtige „Posten" reserviert haben möchte (Mt 20,20-24).

Der Auftrag, zu taufen, geht auf den Auferstandenen zurück, wenn man einmal davon absieht, dass Jesus laut Joh-Evangelium selbst getauft hat bzw. seine Jünger. Es wurde allerdings oben schon festgestellt, dass kaum damit zu rechnen ist, der Auferstandene habe noch eine gewisse Zeit – bis zu 40 Tage laut Apg – weiterhin agiert, gepredigt oder Aufträge vergeben. Vielmehr sind die Auferstehungserzählungen als narrative Umsetzung der frühchristlichen Auferstehungs- oder besser

Erscheinungsbekenntnisse zu verstehen. Sie sind in hohem Maße apologetisch und versuchen jenes Widerfahrnis zum Ausdruck zu bringen, das den Jüngern in Form der „Begegnung“ mit dem Auferstandenen zufiel.

Die Aufträge des Auferstandenen wie überhaupt die Fortführung bzw. der Neubeginn der Mission sind das Resultat dieser Begegnungen. Eindeutig vermeldet dies Paulus: Wenn er nachdrücklich sagt, es gebe kein anderes Evangelium als das, welches er im Zuge der Offenbarung Jesu erhalten habe (Gal 1), dann gehen die *Inhalte* des pln Evangeliums nicht etwa auf ein Vier-Augen-Gespräch mit dem Auferweckten zurück, sondern das sogenannte Damaskuserlebnis beinhaltet für Paulus die Notwendigkeit und den Auftrag zur Heidenmission. Er hat in der Jesusbegegnung erkannt, dass der Auferstehung eschatologische Bedeutung zukommt. Das Eschaton aber, und das wusste Paulus aufgrund seines Jude-Seins vermutlich auch schon vorher, ist kein Ereignis, das sich für Israel allein und auf dieses beschränkt ereignet, sondern weltumspannende Bedeutung besitzt. Somit ist es erforderlich allen, auch den Heiden, die Möglichkeit zu geben, im und durch den Glauben an Jesus Christus am Heil Gottes Anteil zu haben.

Die Einbeziehung der Heiden mochte sich für Paulus, wie gesagt, auch aus den Aussagen von Propheten ergeben, die am Ende der Zeit die Verehrung J“s durch alle Völker, ggf. nach der Völkerwallfahrt zum Zion, thematisieren (Ps 99; Jes 2,3 par Mich 4,2). Tod und Auferstehung Jesu implizieren daher fraglos und unbestritten die Mission unter den Heiden bzw. unter allen Nationen und somit eine „Sammlung“ der Menschen als Kirche, als zum Herrn gehörige Gemeinschaft, so die Bedeutung von „Kirche“. Eine unmittelbare Anordnung Jesu ist sie allerdings expressis verbis nicht, und schon gar nicht des vorösterlichen, historischen Jesus.

Die Sündenvergebung geht, wie die Taufe, primär auf den Auferstandenen zurück und wird laut Joh 20,23 den Jüngern zugesprochen. Die entsprechenden Aussagen im Kontext der Primatsaussage Mt 16,16-19 bedürfen später einer eigenen Analyse (s. Kapitel 34). Freilich finden sich zahlreiche ntl. Belegstellen, dass Jesus selbst schon Sünden vergeben hat, präzise gesagt, Menschen die Sündenvergebung durch Gott zugesprochen hat (Mt 9,2 vgl. Mk 2,5: *Deine Sünden sind dir vergeben*: 3. Person Plural – ein Passivum divinum). Die frühchristlichen Gemeinden haben offensichtlich diese Vollmacht schon sehr bald für sich übernommen, und zwar zunächst nicht beschränkt auf Amts- oder Funktionsträger, wenn es in Mt 9,6 heißt: *Als aber die Volksmengen es sahen, fürchteten sie sich und verherrlichten Gott, der solche Vollmacht* ***den Menschen*** *(Plural) gegeben hat.*

Zuvor war von der Sündenvergebungsvollmacht des Menschensohnes die Rede, die im Schlusswort der Szene von der Heilung des Gelähmten auf *„die Menschen“* ausgedehnt wird. Es ist dabei weder davon die Rede, *wie* die Sündenvergebung erfolgen soll, noch davon, *welche Sünden* einer ausgesprochenen Vergebung durch „die Menschen“ bedürfen, und das kann heißen: durch eine gewisse Öffentlichkeit, vergeben werden oder vergeben werden müssen. Sündenvergebung durch ein öffentliches Bekenntnis vor der Gemeinde, durch Bußübungen und Fasten, durch Versöhnungsgottesdienste oder Ohrenbeichte und schließlich durch einen zeitweisen Ausschluss von den Sakramenten sind Praktiken, die sich im Laufe der Geschichte herausgebildet haben.

Im 3./4. Jahrhundert kam es sogar zu Auseinandersetzungen darüber, ob überhaupt eine Sündenvergebung möglich ist. Im konkreten Fall ging es um die so genannten „Lapsi", d.h. Christen, die unter Verfolgung ihre Zugehörigkeit zu Christus leugneten und sich ggf. durch die Beschaffung von entsprechenden Zertifikaten als Nichtchristen auswiesen, um sich zu retten. Die Rückkehr in die Kirche nach Ende der Verfolgung wurde von einem rigoristischen Zweig der Kirche untersagt. Nach entsprechenden innerkirchlichen Auseinandersetzungen schuf man jedoch Möglichkeiten, die „Lapsi" nach Probezeit und Katechumenat, d.h. zum Teil mehrjährigem „Religionsunterricht", wieder aufzunehmen. Zeitweise ließen sich Christusgläubige aber auch erst im vorgerückten Alter taufen, um einem Ausschluss bei Fehlverhalten vorzubeugen.

Besondere Relevanz kommt der Eucharistie zu, ist sie doch einerseits selbst schon Sakrament und wird andererseits mit der Priesterweihe in Verbindung gebracht. Zudem ist sie das Sakrament, das von Jesus selbst durch sein letztes Mahl initiiert wurde, unabhängig davon, ob es nun ein Paschamahl war oder nicht und auch unabhängig vom nicht rekonstruierbaren „historischen" Wortlaut. Jedenfalls findet sich in den Ausführungen zum gemeinsamen Mahl in Korinth schon in frühester Zeit, schon vor Paulus, die Aufforderung zur Wiederholung des Mahles. Dabei bietet Paulus im Korintherbrief (1Kor 11,23-29) eine schon relativ formelartige Fassung, die mit hoher Wahrscheinlichkeit in den Gemeinden, in denen Paulus auftrat, Verwendung fand. Mit 1Kor 11,23 (*Denn ich habe von dem Herrn empfangen, was ich auch euch überliefert habe...*) macht er deutlich, dass er hierbei auf eine ältere Überlieferung zurückgreift. Entgegen der Aussage des Paulus handelt es sich freilich nicht um einen direkten Empfang vom Herrn: Er war beim letzten Abendmahl schließlich nicht dabei.

Zusammenfassung

Einen ausdrücklichen Beleg für eine nachösterliche Kirche haben wir von Jesus nicht – mit Ausnahme der Primatzusage an Petrus in Mt 16. Ob es sich dabei allerdings um eine „echte" Szene handelt, die unmittelbar auf Jesus zurückgeht, muss noch durchleuchtet werden. (Schon vorab sei verraten: Sie ist es mit hoher Wahrscheinlichkeit nicht). Das Fehlen eines solchen Beleges sollte freilich nicht verwundern, denn wenn Jesus vom Einbruch des Reiches Gottes schon in die Gegenwart hinein gesprochen hat, dann gibt es keine Zeitspanne für eine Kirche.

Trotzdem: Mission und Taufe müssen als unmittelbare Folge der Auferstehung gesehen werden, denn das endzeitliche Ereignis der Auferstehung verlangt geradezu nach der Verkündigung an die Heiden, da diese in der Endzeit durchaus eine Rolle spielen. Ebenso gewinnt das als Abschiedsmahl verstandene Abendmahl nachösterlich eine bleibende Relevanz. Die Kirche geht somit unmittelbar aus der Auferstehung Jesu hervor.

34. Geht die Sonderrolle des Petrus unmittelbar auf die Zeit mit Jesus zurück?

Simon, genannt Petrus, spielt im Neuen Testament eine ganz besondere Rolle. In den Jüngerlisten wird er durchgehend an erster Stelle genannt, bei Mk und Mt ist er auch der Erstberufene. Woher rührt diese besondere Stellung des Simon?

Es ist gut möglich, dass Petrus tatsächlich der erste Jünger Jesu war, aber es ist ebenso wenig auszuschließen, dass er im Rahmen der Evangelien deshalb an exponierter Stelle steht, weil er der erste der Zwölf war, der eine Begegnung mit dem Auferstandenen hatte. Die dem Erlebnis des Petrus vorausgehende Auferstehungserscheinung vor Maria von Magdala soll damit freilich keineswegs bestritten werden.

Im zweiten Fall würde die besondere nachösterliche Bedeutung des Petrus in die Zeit Jesu zurückprojiziert. Schließlich kommt aber auch eine dritte Variante in Betracht: Petrus war zur Zeit Jesu schon der erste der Jünger und blieb es auch nach Ostern, weil er die erste Ostererscheinung für sich in Anspruch nehmen kann. Letztlich ist diese Frage nicht mehr zu beantworten. In der sicher sehr alten Auferstehungsformel, die wir in 1Kor 15,3b-5 vorfinden, heißt es jedenfalls in V. 4bf:

> *...daß er auferweckt worden ist am dritten Tag nach den Schriften; 5 und daß er Kephas erschienen ist, dann den Zwölfen.*

Abb. 22: Maria von Magdala unterweist die Apostel, englische Buchmalerei aus dem 12. Jahrhundert, heute in der Dombibliothek in Hildesheim

Dass hier von „Kephas" die Rede ist und nicht von „Petrus" spielt zunächst einmal keine Rolle. „Kephas" ist der Name, den Paulus gewöhnlich gebraucht, wenn er von Petrus spricht. „Kepha" ist eher als „runder Stein" zu übersetzen, so wie das griechische „Petros".

Neben der genauen Analyse der Wortbedeutung stellt sich natürlich die Frage, weshalb Simon diesen Beinamen bekommt. Nach Mt 16,16-18 scheint dies klar zu sein:

Mt 16,18 Aber auch ich sage dir: Du bist Petrus [Petros = Stein], *und auf diesem Felsen* [Petra = Felsen] *werde ich meine Kirche* [ἐκκλησία] *bauen, und die Pforten des Hades werden sie nicht überwältigen.* (eigene Übersetzung)

Petrus ist der Fels, auf dem die Kirche aufruht. Auch an anderer Stelle des NT (Lk 6,48) wird schon einmal von einem Felsen als tragfähigem Untergrund für den Bau eines Hauses gesprochen. Das ist ja auch durchweg nachzuvollziehen, aber trägt Simon seinen Beinamen ursächlich wegen der Benennung durch Jesus im Kontext des Petrusbekenntnisses aus Mt 16?

Manche Exegeten stellen Überlegungen an, dass Petrus zunächst einmal „Edelstein" bedeutet. Petrus wäre demnach der wertvollste Stein unter den Jüngern, der mit seiner Strahlkraft neue Wege aufweist. Nach anderen Auslegungen kommt er zu diesem Beinamen, weil er als besonders starrköpfig galt, sodass „Petrus" auf einen Charakterzug des Mannes schließen ließe. Die traditionelle Deutung freilich vertritt die Auffassung, dass Petrus, wie in Mt 16, von „Petra", dem „Felsen", abgeleitet ist. Man kann dies durch ein Wort aus dem Lk-Evangelium untermauern, wo Jesus vor seiner Passion zu Petrus sagt:

Lk 22,32 Ich aber habe für dich [Petrus] gebetet, daß dein Glaube nicht aufhöre. Und wenn du einst zurückgekehrt bist, so stärke deine Brüder!

Petrus gilt demnach als der feste, massive Grund, auf dem die christliche Gemeinschaft aufruht. Er ist der nachösterliche Grundstein, auf dem Kirche aufgebaut wird – nachdem ansonsten Jesus selbst als der Grund-, Eck- oder Schlussstein der Kirche gilt. Hierin liegt bereits ein erstes und grundlegendes Problem: Wer ist denn nun der Grundstein der Kirche? Petrus oder Jesus selbst? Und wie steht es mit dem Vers Eph 2,20, demzufolge keineswegs nur Petrus, sondern alle Apostel und sogar die atl. Propheten das Fundament des Kirchenbaus sind (*Ihr seid auf das Fundament der Apostel und Propheten gebaut; der Schlussstein ist Christus Jesus selbst*)?

Als Zweites ist zu bemerken, dass dieses schöne Wortspiel – du bist Petrus und auf diesen Felsen (Petra) will ich meine Kirche bauen – nur im Griechischen so recht funktioniert, auch wenn eine aramäische Vorlage dazu nicht völlig auszuschließen ist. (vgl. Luz, Matthäus 452.457). Ist der Ursprung griechisch, dann kann Jesus schwerlich Urheber dieses Wortspiels sein, denn er spricht, wie auch Petrus, aramäisch. Zuweilen wird zwar behauptet, dass Jesus als Wanderarbeiter auch in der nahe gelegenen hellenistischen Stadt Sep(p)horis/Zippori gearbeitet habe und deshalb auch Griechisch sprechen konnte. Ein Beweis für diese These ist nicht zu erbringen, so dass diese Vermutung eher aus apologetischem Interesse entstanden sein dürfte: Man könnte damit größere Teile der Evangelien Jesus direkt im griechischen Originaltext zuschreiben. Die Gemeinden als Tradenten und Übersetzer fielen aus und die Evangelien könnten dann auch deutlich früher entstanden sein. Diese Möglichkeit ist deshalb in Abrede zu stellen, weil zumindest die Zuhörer Jesu keineswegs griechischsprachig gewesen sein dürften. Zudem finden sich in den Evangelien diverse Aramaismen, d.h. Worte und Konstruktionen, die aus der aramäischen Sprache stammen.

Um die Sonderrolle des Petrus genauer definieren zu können, ist es daher unumgänglich, den Abschnitt aus Mt 16 insgesamt einer eigenen Untersuchung zu unterziehen.

Mt 16	Mk 8
16,13 Als Jesus in das Gebiet von Cäsarea Philippi kam, fragte er seine Jünger: Für wen halten die Leute den Menschensohn?	8,27 Jesus ging mit seinen Jüngern in die Dörfer bei Cäsarea Philippi. Unterwegs fragte er die Jünger: Für wen halten mich die Menschen?
14 Sie sagten: Die einen für Johannes den Täufer, andere für Elija, wieder andere für Jeremia oder sonst einen Propheten.	28 Sie sagten zu ihm: Einige für Johannes den Täufer, andere für Elija, wieder andere für sonst einen von den Propheten.
15 Da sagte er zu ihnen: Ihr aber, für wen haltet ihr mich? 16 Simon Petrus antwortete: Du bist der Messias, der Sohn des lebendigen Gottes!	29 Da fragte er sie: Ihr aber, für wen haltet ihr mich? Simon Petrus antwortete ihm: Du bist der Messias!
17 Jesus sagte zu ihm: Selig bist du, Simon Barjona; denn nicht Fleisch und Blut haben dir das offenbart, sondern mein Vater im Himmel.16, 18 Ich aber sage dir: Du bist Petrus, und auf diesen Felsen werde ich meine Kirche bauen, und die Mächte der Unterwelt werden sie nicht überwältigen. 19 Ich werde dir die Schlüssel des Himmelreichs geben; was du auf Erden binden wirst, das wird auch im Himmel gebunden sein, und was du auf Erden lösen wirst, das wird auch im Himmel gelöst sein.	
20 Dann befahl er den Jüngern, niemand zu sagen, dass er der Messias sei.	30 Doch er verbot ihnen, mit jemand über ihn zu sprechen.
21 Von da an begann Jesus, seinen Jüngern zu erklären, er müsse nach Jerusalem gehen und von den Ältesten, den Hohenpriestern und den Schriftgelehrten vieles erleiden;	31 Dann begann er, sie darüber zu belehren, der Menschensohn müsse vieles erleiden und von den Ältesten, den Hohenpriestern und den Schriftgelehrten verworfen werden;
er werde getötet werden, aber am dritten Tag werde er auferstehen...	er werde getötet, aber nach drei Tagen werde er auferstehen...

Der Abschnitt Mt 16 wurde nach der Zwei-Quellen-Theorie von Mt aus dem Mk-Ev übernommen.

Er gliedert sich in:

1. Frage nach der Meinung der Leute über Jesus
2. Messiasbekenntnis des Petrus
3. Schweigegebot
4. Leidensvoraussage
[5. Einspruch des Petrus.]

Diese fünf Teile finden sich sowohl bei Mk wie auch bei Mt. Mt bietet unter (2) allerdings deutliche Erweiterungen im Vergleich zu Mk: Das Bekenntnis des Petrus wird ausgebaut, darauf folgt die Seligpreisung des Petrus durch Jesus mit der „Kirchengründungszusage/Primatszusage", der Binde- und Lösegewaltzusage und dem Schlüsselwort, das Petrus, auch figürlich und in der Kunst, als den „Schlüsselmann" ausweist.

Da diese Erweiterungen ausschließlich bei Mt vorliegen, handelt es sich um mt Sondergut. Ob der Evangelist selbst der Autor der Verse ist oder diese ganz oder teilweise aus einer eigenen Überlieferung geschöpft hat, muss noch erörtert werden. Immerhin finden sich einige Worte wie auch Vorstellungen, die semitischen (hebr. bzw. aram.) Ursprung erkennen lassen, wie „Bar Jona", „Fleisch und Blut", „die Himmel" im Plural, die „Schlüssel des Himmelreiches" sowie die Vorstellung vom „Binden und Lösen". Es werden hier ganz verschiedene Bilder verwendet, die inhaltlich keineswegs unmittelbar auseinander hervorgehen oder sich aufeinander beziehen: Jedes Bild bringt eine neue, eigene Vorstellung hinzu.

Im Einzelnen:

17 *Jesus sagte zu ihm: Selig bist du, Simon Barjona*	Bar Jona = aram.: Sohn des Jona – so wird Petrus sonst bei Mt nie genannt; mglw. ist Jona eine Abkürzung für „Johannes": *Vgl. Joh 1,42 Er führte ihn zu Jesus. Jesus blickte ihn an und sagte: Du bist Simon, der Sohn des Johannes, du sollst Kepha(s) [Stein, selten: Fels] heißen.* Auffallend ist, dass auch im Joh-Ev Petrus in jener Situation mit Vatersnamen angesprochen wird, in der ihm der Beinamen „Petrus/Kephas" gegeben oder dieser bestätigt wird.
denn nicht Fleisch und Blut haben dir [das] offenbart, (apekalypsen soi) *sondern mein Vater in den Himmeln.*	Fleisch und Blut (Semitismus): Gemeint ist „nicht aus dir selbst" oder „nicht von Menschen". Offenbaren: bei Mt nur noch 11,25.27 par Lk 10,21 (Q) Eine Parallele findet sich allerdings in Gal 1,16: *... seinen Sohn in mir zu offenbaren, damit ich ihn durch das Evangelium unter den Heiden verkündige, ging ich alsbald nicht mit Fleisch und Blut zu Rate,...* D.h. es handelt sich um einen frühchristlichen Ausdruck im Kontext der Auferstehungserfahrung! Himmel ist hebr. ein Pluralwort Vom „Vater in den Himmeln" spricht Mt üblicherweise: Es handelt sich um eine mt Wendung mit 33 Belegen.

18a *Ich aber (kago) sage dir:*	Bei κἀγω handelt es sich um die Zusammenziehung der Worte και und εγω. Man nennt dies eine „Krasis".
Du bist Stein (sy ei Petros), und auf diesen Felsen (kai epi taytæ tæ petra)	Es handelt sich hier um eine sogenannte „Namensätiologie", durch die der (neue) Name „Petrus" (Petrus ist kein zeitgenössischer Eigenname!) erklärt wird. Das Bild vom Bau auf Felsen/Stein findet sich ntl. auch in Q in Lk 6,48 *Er ist wie ein Mann, der ein Haus baute und dabei die Erde tief aushob und das Fundament auf einen Felsen stellte. Als nun ein Hochwasser kam und die Flutwelle gegen das Haus prallte, konnte sie es nicht erschüttern, weil es gut gebaut war.* vgl. Mt 7,24 *Wer diese meine Worte hört und danach handelt, ist wie ein kluger Mann, der sein Haus auf Fels baute...* v.a. aber Eph 2,20 *Ihr seid auf das Fundament der Apostel und Propheten gebaut; der Schlussstein ist Christus Jesus selbst.*
werde (griechisches Futur!) ich meine Kirche bauen,	Das Futur verweist auf eine zukünftige Handlung.
18b *und die Mächte (wrtl.: Pylai = Pforten) der Unterwelt (wrtl: hadoy = Hades) werden sie nicht überwältigen.*	Die – übliche – Deutung des *„sie"* auf die *Kirche* ist nicht die einzig mögliche: Auch der Bezug auf den *Felsen* (πέτρα = Petra) Petrus oder auf die *Glieder der Kirche* (im Hinblick auf die Auferstehung: die Unterwelt kann sie nicht festhalten) sind denkbar. Die Aussage könnte somit eine eschatologische Komponente haben. Die „Pforten" stehen hier pars pro toto für den Scheol/den Hades als solchen.

Ein Wort sei gesagt zu den „Pforten der Unterwelt". Der Begriff findet sich auch in:

> *Jes 38,10 Ich sagte: In der Mitte meiner Tage muß ich hinab zu den Pforten der Unterwelt, man raubt mir den Rest meiner Jahre*
> (ἐγὼ εἶπα ἐν τῷ ὕψει τῶν ἡμερῶν μου ἐν πύλαις ᾄδου [en Pylais hadou] καταλείψω)

Der griechische Hades, hebräisch der Scheol, hat nichts mit der Hölle (das Wort Hölle kommt vom Tal Gehinom in Jerusalem, arab. Gehenna), Satan o.Ä. zu tun: Da in der frühen und mittleren Zeit des AT ursprünglich alle Toten in den Hades, die Unterwelt, hinabsteigen müssen, kann es kein Strafort sein. Vielmehr werden Ungerechtigkeiten, gute und böse Taten im Hier und Jetzt durch den Tun-Ergehen-Zusammenhang ausgeglichen: Der Gute ist von Gott gesegnet, der Böse dagegen nicht. Der Scheol ist grundsätzlich der Bereich des Todes. Der Text besagt demnach, dass der Tod die Kirche nicht überwältigen wird. Dies aber dürfte bedeuten, dass der Kirche dauernder Bestand verheißen wird.

Mit V. 19 wechselt das Bild: Es wird ein völlig neuer Gedanke ins Spiel gebracht. Es heißt da:

> *Ich werde dir die Schlüssel des Himmelreiches geben.*

Die Schlüssel verleihen dem Besitzer, Türhüter oder Verwalter Vollmacht über die Räume. Dass es überhaupt eines Schlüssels zum Himmelreich bedarf, geht offensichtlich auf die Vorstellung zurück, es sei, ähnlich dem Scheol, mit Toren versehen und diese könnten geöffnet oder geschlossen werden. Die Beziehung zwischen irdischem Verhalten und dem (jenseitigen/endzeitlichen) Ergehen im Himmelreich kommt in den Evangelien mehrfach zur Sprache, z.B. in der Rede vom Bekenntnis zum Menschensohn in Lk 12,8:

> *Ich sage euch aber: Jeder, der sich vor den Menschen zu mir bekennen wird, zu dem wird sich auch der Sohn des Menschen vor den Engeln Gottes bekennen...*

Entsprechend wird in Mt 16,19b zu Petrus gesagt:

> *Was du auf Erden binden wirst, das wird auch im Himmel gebunden sein, und was du auf Erden lösen wirst, das wird auch im Himmel gelöst sein.*

Freilich scheint diese Vollmacht nicht ausschließlich Petrus zugeeignet zu sein:

> *Mt 18,18 Amen, ich sage euch: Alles, was **ihr** [gemeint sind die Jünger] auf Erden binden werdet, das wird auch im Himmel gebunden sein, und alles, was **ihr** auf Erden lösen werdet, das wird auch im Himmel gelöst sein.*
> *Vgl. Joh 20,23 Wem ihr [auch hier sind es die Jünger] die Sünden vergebt, dem sind sie vergeben; wem ihr die Vergebung verweigert, dem ist sie verweigert.*

Vermutlich bezieht sich das „Binden und Lösen“ wie auch das Schlüsselwort auf entsprechende Vorstellungen der jüdisch-rabbinischen Tradition, die vom Auferlegen des Bannes und der Befreiung davon spricht.

Wie schon beim Binden und Lösen ist festzustellen, dass auch die Schlüsselgewalt keineswegs alleine auf Petrus beschränkt ist, sondern in einem Weheruf Jesu auch den Schriftgelehrten attestiert wird:

> *Mt 23,13: Wehe euch, ihr Schriftgelehrten und Pharisäer, ihr Heuchler! Ihr verschließt den Menschen das Himmelreich. Ihr selbst geht nicht hinein; aber ihr laßt auch die nicht hinein, die hineingehen wollen.*
> *(vgl. Lk 11,52 Weh euch Gesetzeslehrern! Ihr habt den Schlüssel (der Tür) zur Erkenntnis weggenommen. Ihr selbst seid nicht hineingegangen, und die, die hineingehen wollten, habt ihr daran gehindert.)*

Dabei ist nicht die Rede davon, dass die Gewalt der Schriftgelehrten nun auf Petrus übergehen wird. Dazu sagt der Text nichts.

Anzumerken ist noch, dass – vergleichbar oben beim Felsenwort – auch die Abfolge der im Weiteren verwendeten bildhaften Rede nicht zwingend ist: Nach dem Wort von den Schlüsseln erwartet man Aussagen zum Öffnen und Schließen. Stattdessen wird im Folgesatz das neue Bild vom Binden und Lösen in den Raum gestellt. In der Rede vom Binden und Lösen geht es um das Verbieten und Erlauben, d.h. um die Lehrautorität zur Gesetzesauslegung, ggf. auch verbunden mit dem Aspekt einer (richterlichen) Entscheidung wie z.B. in Mt 18,15-17:

> *Wenn aber dein Bruder an dir gesündigt hat, so gehe hin und weise ihn zurecht unter vier Augen. Hört er auf dich, so hast du deinen Bruder gewonnen. 16 Hört er aber nicht, so nimm noch einen oder zwei mit dir, damit jede Sache auf der Aussage von zwei oder drei Zeugen beruhe. 17 Hört er aber diese nicht, so sage es der Gemeinde. Hört er aber auch die Gemeinde nicht, so gelte er dir wie ein Heide und Zöllner. 18 Amen ich sage euch, alles was ihr auf Erden binden werdet...*

Das Schlüsselwort und das Wort vom Binden und Lösen stehen sich somit zwar inhaltlich nahe, sind aber keinesfalls identisch. Welche Aufgabe kommt Petrus also auf der Basis des vorausgehenden Textes bei Mt zu? Oder anders gefragt: Was meint Mt mit der „Schlüsselgewalt“ sowie der Binde- und Lösegewalt?

- Petrus erhält, wie ein Rabbi, von Jesus die Autorität bindende (Lehr- und Auslegungs-) Entscheidungen zu treffen.
- Petrus soll im Gegensatz zu den Schriftgelehrten *andere* Entscheidungen treffen, die den Menschen den Zugang zum Himmelreich ermöglichen und nicht verwehren: Er soll Lehr- oder auch Gesetzesentscheidungen im Sinne Jesu auslegen, die den Zugang zum Reich Gottes eröffnen. Er schließt als Schlüsselmann nicht den Bau der Kirche auf und zu, sondern das „Himmelsgebäude“.
- Simon ist als „Fels“ Garant der Lehre Jesu und in dieser Weise auch „Fels“ der Kirche. Diese Rolle wird vor allem dann interessant, wenn sich alternative oder konkurrierende Lehren entwickeln, und das geschieht erst in nachösterlicher Zeit.

Die Kirche ist zwar nicht das Reich Gottes/Himmelreich, aber:

- Wie im NT verschiedentlich (!) deutlich wird, hat die irdische Zugehörigkeit zum Kreis um Jesus Relevanz für die Zugehörigkeit zum Reich Gottes: Bei Paulus scheinen getaufte Christen sogar weitgehend identisch mit der endzeitlichen Heilsgemeinde zu sein. Bei Mt ist dies ausdrücklich nicht der Fall (vgl. das Gastmahlsgleichnis: Der Mensch mit nicht hochzeitlichem Gewand wird hinausgeworfen, obwohl er zunächst im Festsaal sitzt – ähnlich das Gleichnis vom Unkraut unter dem Weizen bei Mt 13!).
- Trotz allem ist diese Rolle, Aufgabe oder Vollmacht des Petrus nicht „exklusiv“, wie der oben zitierte Text Mt 18,18 zeigt. Vermutlich wird hier ein allgemeingültiges Wort, das *allen* Gemeindemitgliedern gilt, nachträglich noch einmal *besonders dem Petrus* zugesprochen (wie auch in Eph 2,20) und mit dessen Namen in Verbindung gebracht. Eine (nachträgliche) Beschränkung der Bindegewalt oder des Fundaments *allein auf Petrus* ist vom NT her nicht zwingend.
- Eine „Kirchengründung“ und damit die Übertragung der Vollmachten auf Petrus macht zu einem Zeitpunkt Sinn, wenn die Binde- und Löse-, also Lehrgewalt, nicht mehr bei Jesus selbst liegt. Das aber bedeutet, dass der vorliegende Abschnitt zur Sonderrolle des Petrus in Mt 16 mit hoher Wahrscheinlichkeit aus

der nachösterlichen Zeit der Kirche stammt, ungeachtet ob Mt der Autor ist oder diese Aussage in Gänze oder in Teilen aus der Tradition übernimmt.

Somit bestätigt sich auch aus inhaltlichen Gründen, dass Petrus aufgrund seiner Führungsrolle, die er nicht ausschließlich, aber auch seiner nachösterlichen Funktion als Erstzeuge der Auferweckung verdankt, eine kirchenbegründende Aufgabe zugesprochen wird: Eine Sonderrolle mag er daher auch schon im Kreis der Zwölf eingenommen haben, aber dies weiter zu hinterfragen, gleicht der Frage nach der Priorität von Ei und Henne: War Petrus der erste Auferstehungszeuge, weil er schon zur Zeit Jesu eine herausragende Stellung eingenommen hat oder bekommt er diese Stellung nachösterlich zugewiesen, weil er Erstzeuge des Auferstandenen ist? Hier wird man nicht weiterkommen. Möglicherweise ist auch gar nicht von einer Alternative auszugehen und die oben bereits genannte Variante 3 zutreffend: Petrus nahm schon zur Zeit Jesu eine herausragende Rolle ein, die die Primär-Erfahrung mit beeinflusste und nach Ostern seine Rolle bestätigte und vertiefte.

Zusammenfassung:

In den Aussagen des Mt-Evangeliums nimmt Petrus eine zentrale Stelle ein: Er fungiert als der Sprecher der Jünger, er geht über das Wasser, er fragt nach der Erklärung rätselhafter Jesus-Rede, er behauptet bis zuletzt, zu Jesus zu stehen (im Gegensatz zu allen anderen Jüngern – auch wenn er dies nicht einhält), und er gibt schließlich hier auch Antwort auf die Frage, wer Jesus sei, nachdem zuvor einige „Volksmeinungen" dargelegt werden, die einen gewissen Einblick in zeitgenössische Messiaserwartungen ermöglichen.

Die Wahrscheinlichkeit, den Text Mt 16 als Ganzes oder in Teilen dem historischen Jesus zuschreiben zu können, ist allerdings sehr gering. Wahrscheinlicher handelt es sich um eine nachösterliche Hervorhebung des Petrus und seiner unbestrittenen – wenngleich nachösterlichen – Zentralfunktion für die Sammlung der Jünger im Zuge seiner Primärerfahrung. Insofern ist Petrus Kirchen-„Fundament", dies freilich nicht aufgrund eines Jesus-Wortes, sondern aufgrund seiner österlichen und nachösterlichen Funktion und Stellung.

Inwiefern man daraus eine Sukzession in Gestalt des Papsttums begründen kann, ist freilich noch einmal ein ganz eigenes Thema: Das Fundament eines Baus legt man schließlich nur einmal, so wie man auch nur einmal einen Schluss- oder Eckstein (d.i. Jesus) setzt.

Und: Die Frage der Sukzession wird erst zu einer Zeit als apologetisches Argument für die Rechtgläubigkeit eingeführt, als erste abweichende Lehren auftauchen.

35. Ein Verständnisproblem: Was bedeutet Dreifaltigkeit oder Trinität?

Es scheint, als wäre im NT der Glaube an die Dreifaltigkeit schon fest verankert oder sogar schon vorgegeben: Am Ende des Mt-Evangeliums sendet Jesus die Jünger in alle Welt und gibt ihnen den Taufauftrag – Taufet sie im Namen des Vaters und des Sohnes und des Heiligen Geistes. In den älteren Paulusbriefen hingegen heißt es stets, dass die Gläubigen auf den Namen Jesu getauft werden.

Auch bei der Taufe Jesu scheint es schon um die Dreifaltigkeit zu gehen: Während der Geist in Gestalt einer Taube auf Jesus herabkommt, erschallt die Himmelsstimme: *Du bist mein geliebter Sohn* (MK 1, 11). Also muss die himmlische Stimme die des Vaters sein.

Das alles kommt etwas überraschend, denn das NT erklärt diesen Zusammenhang nicht und auch im AT findet sich nichts dazu, auch wenn die drei Besucher bei Abraham, die dann plötzlich nur noch einer sind, gerne mit der Dreifaltigkeit erklärt werden (vgl. Gen 18). Und so stellt sich die Frage, wie „Dreifaltigkeit" oder „Trinität" zu verstehen ist.

Eine gute Erklärung bietet eine Predigt von Dechant Franz Langstein zum Dreifaltigkeitssontag 2017 in Marburg St. Johannes (Kugelkirche):

> *Gott ist Vater – Sohn – Heiliger Geist. Wie kommen wir Christen dazu, so etwas zu sagen und zu bekennen? Ein Gott und doch drei Personen – irgendwie. Nicht wenige haben damit große Probleme.*
> *Dass wir an den Dreifaltigen Gott glauben, hat seinen Grund darin, dass wir an einen Gott, glauben, der sich offenbart. Ein Nicht-Dreifaltiger Gott könnte sich so nicht offenbaren. Das klingt zunächst provozierend, hängt aber davon ab, was wir unter „Offenbarung" verstehen. Das Zweite Vatikanische Konzil hat hier große Klarheit geschaffen. Vor dem Konzil glaubte man, dass Gott uns seine Gebote offenbart, seine Gesetze, die moralischen Weisungen usw.. Offenbarung war also das Bekanntgeben von Informationen. Nein, sagt das Konzil. Offenbarung greift viel weiter aus und meint viel mehr. Offenbarung ist nicht Mitteilung von Etwas, sondern Offenbarung ist Selbstmitteilung. Gott offenbart sich selbst, sein Wesen, sein Selbst. Und diese Selbstmitteilung Gottes begründet den Glauben an den Dreifaltigen Gott. Ich möchte das jetzt mal mit Ihnen durchexerzieren an einem Beispiel. Ich hoffe, ich kann mich dabei verständlich genug ausdrücken.*
> *Wir kennen von uns Menschen ja auch den Begriff der „Selbstmitteilung". Es gibt auch bei uns so etwas, dass wir nicht nur Informationen mitteilen, sondern uns selbst preisgeben. Schauen wir da mal genau hin, was da passiert, wenn ich mein Selbst mitteile: Da gibt es also jemanden. Einen Menschen. Eines Tages erwacht in ihm ein Gefühl, dass da ein anderer Mensch ganz besonders bedeutsam für ihn wird. Er entdeckt dieses Gefühl in sich. Und jetzt sucht er nach Begriffen, die dieses*

Gefühl benennen können. Er findet die Worte wie „Sympathie“, „Zuneigung“, vielleicht sogar „Liebe“. Dieses Gefühl in ihm gehört zu ihm und macht sein Wesen aus, ist aber nicht identisch mit seinem Wesen. Denn er war als Mensch schon vorher da, auch ohne das Gefühl. Aber jetzt gehört es zu ihm, zu seinem Wesen. Und er hat Worte gefunden für dieses Gefühl. Denn das braucht es, falls er dieses Gefühl mitteilen möchte.

Halten wir mal inne. Das Johannes-Evangelium sagt: „Im Anfang war das Wort, und das Wort war bei Gott und Gott war das Wort.“ Ist es nicht in Gott so ähnlich, dass zu seinem Wesen etwas gehört, für das es ein Wort gibt: Liebe. Und zwar von Anfang an.

Kommen wir zurück. Eines Tages beschließt der Mensch, seinem Gefühl gegenüber der anderen Person Ausdruck zu verleihen. In ihm leben ja bereits die Begriffe wie „Sympathie“, „Zuneigung“, „Liebe“. Er trifft sich mit diesem Menschen, für den er so viel empfindet und teilt sich ihm mit. Sein Selbst wird nun durch die Worte wie „Sympathie“, „Zuneigung“, „Liebe“ nach außen getragen. Ein innerer Wesenszug von ihm liegt nun öffentlich vor, ausgebreitet vor dem anderen. Sein intimes Selbst hat den schützenden Raum des Herzens verlassen und sich preisgegeben. Haben wir bei uns Menschen, wenn wir also unser Selbst mitteilen, nicht auch schon zwei? Einmal den, der sich selbst mitteilt, und einmal das, was er von sich selbst mitteilt? Und beides sind zwar zwei, und doch eins, weil das, was er mitteilt ganz zu ihm gehört und sein Wesen ist. Das schöne Wort „Selbstmitteilung“ sagt es. Ich teile mein Selbst mit. Das Selbst teilt nicht nur mit, es wird auch mitgeteilt. Um also von Offenbarung zu reden, brauche ich schon zwei, die aber doch eins sind. Das Selbst, das mitteilt, und das Selbst, das mitgeteilt wird. Sie sind verschieden und doch eins.

Das können wir auch auf Gott übertragen, wenn es im Johannes-Evangelium heißt: „Und das Wort ist Fleisch geworden“. Das innerste Wesen Gottes, dieses ewige Wort in Gott, wird nun öffentlich, nach außen preisgegeben. „Er kam in sein Eigentum, aber die Seinen nahmen ihn nicht auf“.

Kommen wir wieder zurück. Was passiert jetzt, wenn ein Mensch seine inneren Gefühle, also sein Wesen einem anderen mitteilt, also sein Selbst einem anderen mitteilt? Angenommen, der andere Mensch nimmt diese Worte nicht ernst, findet das albern, lacht darüber. Er lacht zwar über die Worte, aber der, der diese Worte gesprochen hat, fühlt sich in seinem Wesen verletzt. Weil diese seine Worte sein Wesen sind; ja, seine Worte sind er Selbst. Das heißt: Er fühlt sich mit diesen seinen Worten verbunden. Er liebt diese seine Worte. Und wenn jemand diese Worte beleidigt, dann fühlt er sich selbst beleidigt. Das heißt: Es gibt zwischen dem, der etwas sagt und dem, was er sagt, eine tiefe Verbundenheit. Er liebt das Gesagte. Und wenn jemand das Gesagte beleidigt, fühlt sich der, der das gesagt hat, selbst beleidigt.

Um auch hier wieder auf Gott zurückzukommen: Gott liebt das Gesagte. Er liebt das von ihm ausgegangene Wort, das er selbst ist. In der Taufe erschallt die Stimme vom Himmel: „Dies ist mein geliebter Sohn. An ihm habe ich Gefallen gefunden“. Und dabei schwebte der Geist Gottes auf ihn herab. Der Geist Gottes ist diese

Liebe, die zwar das Wort in die Welt entlässt, aber mit diesem Wort verbunden bleibt. Ähnlich wie der Mensch, der einem anderen ein Liebeswort sagt. Er ist mit dem Liebeswort so verbunden, dass er, wenn jemand dieses Wort lächerlich macht, sich zutiefst beleidigt fühlt.

Wenn wir also an den Gott glauben, der sich selbst offenbart und nicht einfach nur Infos mitteilt, dann kann eine solches Geschehen der Selbstoffenbarung nur möglich sein, wenn Gott dreifaltig ist. Denn auch bei uns Menschen ist es schon so. Es gibt den, der er selbst ist. Dieses Selbst kann er in einer Selbstmitteilung nach außen preisgeben: und das Preisgegebene wird von ihm geliebt, weil es zu seinem Wesen gehört. Wenn Gott sich mitteilt, dann ist er der Mitteilende, „Vater" sagen wir. Er teilt aber nur sich selbst mit, sein Innerstes Wesen, „Sohn", sagen wir. In ihm ist das Wesen Gottes öffentlich geworden. Und dieses Selbst, das der Vater mitteilt, wird natürlich auch von ihm geliebt, und diese Liebe nennen wir „Heiliger Geist". Der Geist Gottes kam in der Taufe auf Jesus herab, wird uns berichtet. Jesus ist die geliebte Selbstoffenbarung Gottes.

Wenn wir Christen also heute den Dreifaltigen Gott bekennen, dann drücken wir damit aus, dass Gott sich uns gegenüber selbst mitgeteilt hat. Er bleibt kein starres Gegenüber, sondern schenkt uns sein innerstes Wesen: Seine Liebe, seine Herrlichkeit, seine Ewigkeit, seine Fülle. Oder wie es im heutigen Evangelium heißt: „Gott hat die Welt so sehr geliebt, dass er seinen einzigen Sohn hingab, damit jeder, der an ihn glaubt, nicht zugrunde geht, sondern das ewige Leben hat.

Ein kaum geringeres Problem besteht darin, dass kaum mehr verständlich zu machen ist, warum Jesus sterben „musste".

36. Warum „musste“ Jesus sterben? – Ist er „für uns“, „für unsere Sünden“ gestorben?

Die historischen Hintergründe für Jesu Tod wurden oben schon dargestellt. Obwohl Jesus mit einer *theologischen* Botschaft aufgetreten ist, starb er den Tod eines *politischen* Aufrührers. „Man kann nicht nichtpolitisch sein“ pflegte einer meiner Lehrer zu sagen, aber das Verhalten Jesu geht noch darüber hinaus. Zu dieser Zeit gab es keine Trennung von Religion und Politik, gerade in Israel nicht, das von einem Hohepriester regiert wurde und somit die Regierungsform einer Hierokratie darstellte. Ein solches Herrschaftsmodell ist eigentlich nichts Besonderes. Auch mächtige Päpste haben stets danach gestrebt, noch über der weltlichen Macht des Kaisers zu stehen und das Ajatolla-Regime im Iran sowie die Bestrebungen des IS, einen Gottesstaat auszurufen, weisen in diese Richtung. In einem derartigen System ist ein Angriff gegen die Religion immer auch ein Angriff gegen den/die Herrscher – und umgekehrt. Die Worte Jesu gegen den Tempel – sofern sie der historische Grund für Jesu Tod sind – berührten zwangsläufig das ganze Staatssystem und die Stabilität desselben.

Und dennoch: Diese Sicht der Dinge spiegelt nur *eine* Dimension der Ereignisse wider, denn Jesus verstand sich eben nicht als politischer Aufrührer, sondern als „Theologe“. Er sprach vom Kommen der Königsherrschaft Gottes und der Endzeit. Daher muss es neben dem „historischen“ Grund für Jesu Tod auch einen „theologischen“ geben. Dieser ist weitaus schwieriger zu benennen, da uns die Kenntnis des religiösen Hintergrunds fehlt. Offensichtlich spielt dabei der Opfergedanke eine zentrale Rolle. Opfer sind der Versuch der Menschen, mit Gott „Kontakt“ aufzunehmen, ihn zu loben und zu preisen, ihm zu danken, ihn gewogen zu machen und um Vergebung zu bitten oder um sich überhaupt „kultfähig“ zu machen: für den Kontakt mit Gott seine schmutzigen Kleider ab- und Sonntagskleidung anzulegen.

Am Versöhnungstag, einem der höchsten und strengsten jüdischen Feiertage bis heute, wurde das ganze Volk von seinen Sünden gereinigt, es wurde „entsühnt“. Die Zeremonie am Versöhnungstag, oder richtiger: dem Tag der Bedeckung (Jom ha kippurim vgl. Lev 16. 23, 26-32) macht deutlich, dass und wie dies geschieht, wie die Schuld des Volkes zugedeckt und damit „unsichtbar“ gemacht wird. Man kann auch sagen: Sie wird weggenommen. Dieser Tag wird schon in der Schrift als strenger Fasttag ausgewiesen:

> *Lev 23,27 Doch am Zehnten dieses siebten Monats, da ist der Versöhnungstag. Eine heilige Versammlung soll er für euch sein, und ihr sollt euch selbst demütigen und sollt dem HERRN ein* ***Feueropfer*** *darbringen. 28 Und keinerlei Arbeit dürft ihr tun*

an eben diesem Tag; denn es ist der Versöhnungstag, um Sühnung für euch zu erwirken vor dem HERRN, eurem Gott. 29 Denn jede Person, die sich nicht demütigt an eben diesem Tag, die soll ausgerottet werden aus ihren Völkern. 30 Und jede Person, die irgendeine Arbeit tut an eben diesem Tag, eben diese Person werde ich umkommen lassen aus der Mitte ihres Volkes. 31 Keinerlei Arbeit dürft ihr tun: eine ewige Ordnung für eure Generationen in all euren Wohnsitzen. 32 Ein ganz feierlicher Sabbat soll er für euch sein, und ihr sollt euch selbst demütigen. Am Neunten des Monats, am Abend, vom Abend bis zum Abend, sollt ihr euren Sabbat feiern.

Die allgemeine Aussage, man solle ein Opfer darbringen, wird an anderer Stelle wesentlich ausführlicher beschrieben:

Lev 16,6 Und Aaron soll den Jungstier des ***Sündopfers****, der für ihn ist, herbeibringen und Sühnung erwirken für sich und für sein Haus.*

D.h. dass der Hohepriester vor dem Ritual sich selbst erst einmal entsühnen muss, ehe er dann durch die weiteren Maßnahmen auch das Volk entsühnen kann.

16,7 Und er soll die zwei Ziegenböcke nehmen und sie an den Eingang des Zeltes der Begegnung vor den HERRN stellen. 8 Und Aaron soll Lose werfen über die zwei Ziegenböcke, ***ein Los für den HERRN und ein Los für Asasel****. 9 Und Aaron soll den Ziegenbock herzubringen, auf den das Los für den HERRN gefallen ist, und ihn als Sündopfer opfern. 10 Und der Ziegenbock, auf den das Los für Asasel gefallen ist, soll lebendig vor den HERRN gestellt werden, um für ihn Sühnung zu erwirken, um ihn für Asasel in die Wüste fortzuschicken.*
11 Und Aaron bringe den Jungstier des Sündopfers, der für ihn ist, herbei und tue Sühnung für sich und für sein Haus und schlachte den Jungstier des Sündopfers, der für ihn ist. 12 Und er nehme eine Pfanne voll Feuerkohlen von dem Altar vor dem HERRN und seine beiden Hände voll von wohlriechendem, kleingestoßenem Räucherwerk und bringe es in den Raum innerhalb des Vorhangs. 13 Und er lege das Räucherwerk auf das Feuer vor den HERRN, damit die Wolke des Räucherwerks die Deckplatte, die auf dem Zeugnis ist, bedeckt und er nicht stirbt. 14 Und er nehme etwas von dem Blut des Jungstiers und sprenge es mit seinem Finger auf die Vorderseite der Deckplatte nach Osten zu, und vor die Deckplatte soll er siebenmal etwas von dem Blut mit seinem Finger sprengen.
15 Und er schlachte den Ziegenbock des Sündopfers, der für das Volk ist, und bringe sein Blut in den Raum innerhalb des Vorhangs und tue mit seinem Blut ebenso, wie er mit dem Blut des Jungstiers getan hat, und sprenge es auf die Deckplatte und vor die Deckplatte. 16 Und er erwirke Sühnung für das Heiligtum wegen der Unreinheiten der Söhne Israel und wegen ihrer Vergehen, nach allen ihren Sünden. Und ebenso soll er für das Zelt der Begegnung tun, das sich bei ihnen befindet mitten in ihren Unreinheiten. 17 Und kein Mensch soll in dem Zelt der Begegnung sein, wenn er hineingeht, um Sühnung im Heiligtum zu erwirken, bis er herauskommt. So erwirke er Sühnung für sich und für sein Haus und für die ganze Versammlung Israels. 18 Und er soll hinausgehen zu dem Altar, der vor dem HERRN

ist, und für ihn Sühnung erwirken. Und er nehme etwas von dem Blut des Jungstiers und von dem Blut des Ziegenbocks und tue es ringsherum an die Hörner des Altars.
19 Und er sprenge etwas von dem Blut siebenmal mit seinem Finger an ihn und reinige ihn und heilige ihn von den Unreinheiten der Söhne Israel.
20 Und hat er die Sühnung des Heiligtums und des Zeltes der Begegnung und des Altars vollendet, dann soll er den lebenden Ziegenbock herbeibringen. 21 Und Aaron lege seine beiden Hände auf den Kopf des lebenden Ziegenbocks und bekenne auf ihn alle Schuld der Söhne Israel und all ihre Vergehen nach allen ihren Sünden. Und er lege sie auf den Kopf des Ziegenbocks und schicke ihn durch einen bereitstehenden Mann fort in die Wüste, 22 damit der Ziegenbock all ihre Schuld auf sich trägt in ein ödes Land; und er schicke den Ziegenbock in die Wüste.
...16,26 Und wer den Ziegenbock für Asasel fortschickt, soll seine Kleider waschen und sein Fleisch im Wasser baden. Danach darf er ins Lager kommen. 27 Und den Jungstier des Sündopfers und den Ziegenbock des Sündopfers, deren Blut hineingebracht worden ist, um im Heiligtum Sühnung zu erwirken, soll man hinausbringen nach draußen vor das Lager und ihre Häute und ihr Fleisch und ihren Mageninhalt mit Feuer verbrennen. 28 Und der sie verbrennt, soll seine Kleider waschen und sein Fleisch im Wasser baden; danach darf er ins Lager kommen. 29 Und dies soll euch zu einer ewigen Ordnung sein: Im siebten Monat, am Zehnten des Monats, sollt ihr euch selbst demütigen und keinerlei Arbeit tun, der Einheimische und der Fremde, der in eurer Mitte als Fremder wohnt. 30 Denn an diesem Tag wird man für euch Sühnung erwirken, um euch zu reinigen: von all euren Sünden werdet ihr rein sein vor dem HERRN...

Es handelt sich hier also u.a. im wörtlichen Sinne um einen „Sündenbock“ der all die Vergehen des Volkes mit sich wegnehmen soll. Näheres über diesen Asasel erfahren wir aus der Schrift nicht. Erst im äthiopischen Henochbuch taucht der Name ein weiteres Mal auf: Er bezeichnet dort einen der gefallenen Engel, der Gegenpartei Gottes, der den Menschen allerlei Künste vermittelt (äthHen 8) wie den Waffengebrauch, Färbemittel und nicht zuletzt die Kunst des Schminkens, und damit alles, was nach der Vorstellung der Verfasser zu der zunehmenden Verderbnis von Welt und Mensch führt. Jedenfalls ginge heute kaum mehr eine Frau durch die Kontrolle. Es handelt sich bei dieser Passage des Henochbuches um einen Text, der an die Büchse der Pandora erinnert:

äthHen 8,1 Asasel lehrte die Menschen Schlachtmesser, Waffen, Schilde und Brustpanzerung verfertigen und zeigte ihnen die Metalle samt ihrer Bearbeitung und die Armspangen und Schmucksachen, den Gebrauch der Augenschminke und das verschönern der Augenlider, die kostbarsten und erlesensten Steine und allerlei Färbemittel. 2 So herrschte viel Gottlosigkeit, und sie trieben Unzucht, gerieten auf Abwege und alle ihre Pfade wurden verderbt. (Kautsch, Apokryphen II, 240 vgl. Uhlig, Henochbuch 520)

In diesem Werk stellt Asasel eine eigene Gestalt dar, ein Engel von der dunklen Seite der Macht. Ob das für das Buch Levitikus auch schon gilt, oder ob Asasel eine Variante von ʿes ʾozel, der Ziege (feminin!) die weggeht (ʾozel ist hebräisches Partizip, maskulin!), lässt sich nicht beantworten.

Vielleicht kann man sich das Ganze bildhaft folgendermaßen vorstellen: Die Verfehlungen Israels liegen wie eine dichte Smogglocke über dem Land, so dass eine Beziehung zu Gott, der darüber wohnt, nicht mehr oder nur noch eingeschränkt möglich ist. Diese Wolke der Sünden muss beseitigt werden und dies geschieht in der Weise, dass sie auf diesen Bock heruntergezogen wird und mit ihm in der Wüste verschwindet. Die Möglichkeit, dass Gott selbst doch mit einem einzigen Wort diese Wolke verschwinden lassen könnte, scheint nicht in Betracht gezogen zu werden.

Grundsätzlich geht es hier jedenfalls nicht darum, einen erzürnten Gott durch Opfer zu beruhigen und ihn damit wieder dem Opfernden bzw. seinem Volk gewogen zu machen.

Gleichwohl finden sich auch Aussagen im AT, die genau diesen Aspekt zum Ausdruck zu bringen scheinen, etwa wenn häufig davon die Rede ist, dass Gott „den Braten riecht“ und sich durch den Duft des Opfers besänftigen lässt. Nach der Sintflut bringt Noah ein Brandopfer dar und so heißt es in Gen 8,21, aber auch an vielen weiteren Stellen in Ex, Lev und Num:

> *Gen 8,21 Und der HERR roch den wohlgefälligen Geruch, und der HERR sprach in seinem Herzen: Nicht noch einmal will ich den Erdboden verfluchen um des Menschen willen; denn das Sinnen des menschlichen Herzens ist böse von seiner Jugend an; und nicht noch einmal will ich alles Lebendige schlagen, wie ich getan habe.*
> *Lev 3,5 Und die Söhne Aarons sollen es auf dem Altar in Rauch aufgehen lassen, auf dem Brandopfer, das auf dem Holz über dem Feuer ist: ein Feueropfer ist es als wohlgefälliger Geruch für den HERRN.*

Hier sieht es dann doch schon so aus, als wenn man diesen Gott durch Opfer besänftigen müsste. Aber selbst wenn dies so sein sollte, kommt für die atl. Überlieferung in keinem Falle ein Menschenopfer in Frage. Ganz gleich wie man etwa die Opferung bzw. eher Nicht-Opferung des Isaak durch seinen Vater Abraham interpretiert – deutlich wird hier, dass Gott gerade kein Menschenopfer einfordert. Entsprechende andere Passagen der Schrift, in denen es gewöhnlich heißt: *Er ließ seinen Sohn/seine Tochter für den Moloch* (diskriminierende Fassung des Wortes mælæk = König, als Bezeichnung eines Gottes) *durch das Feuer gehen*, werden stets mit Abscheu bedacht. Dies erzürnt den Herrn, denn es ist ein Gräuel der Völker:

> *2Kön 23,10 Und er machte das Tofet* [vermutlich Opferplatz] *unrein, das im Tal Ben-Hinnoms lag, damit niemand mehr seinen Sohn oder seine Tochter dem Moloch durchs Feuer gehen ließ.(vgl. 2Kön 16,3; 17,17; 21,6; 2Chr 33,6; Ez16,21; 20,26.31; 23,37)*

Gelegentlich finden sich im AT, v.a. bei den Propheten (z.B. Jes 1,11-13; 66,3; Jer 7,22f u.a.), Aussagen, die unmissverständlich als Opferkritik gesehen werden müssen, dies vor allem dann, wenn das Sozialverhalten im Land nicht den Anforderungen Gottes entspricht. In diesem Kontext gelten Opfer als vergeblich, ja sogar als Perversion. Statt eines Opfers konnte auch Wahrheit und Treue (Spr 16,6), Almosen (Tob 12,9) oder Mitleid (Sir 3,14) eine vergleichbare Wirkung erzielen. Jesus wendet sich ausdrücklich gegen das Korban-Verfahren: Der Erbe übergab sein Vermögen bzw. sein Erbe an den Tempel und wurde damit zu einem „armen" Mann, der nicht in der Lage war, seine alten Eltern zu versorgen. Ähnlich verhält es sich im christlichen Mönchtum: Der einzelne Mönch lebt zwar durchaus in Armut und Bescheidenheit in seiner Zelle, aber das Kloster als Ganzes hat sehr wohl Einkünfte, kann Spenden und Erbschaften annehmen.

Dabei ist die vielleicht etwas zu „moderne" Frage noch nicht einmal angesprochen, ob der Mensch überhaupt seinem Gott Opfer darbringen kann, denn das zu Opfernde, Tiere, Früchte oder was auch immer, ist ja selbst schon Gottes Gabe an den Menschen. Der Mensch kann der Gottheit daher eigentlich nur etwas von dem *zurück*geben, was Gott ihm selbst geschenkt hat bzw. was Gott dem Menschen gelingen ließ. Dieser Opfergedanke findet sich durchaus auch im AT. Immerhin wird dadurch erhellt, warum Menschen immer das Beste der Gaben opfern: Fehlerfreie Opfertiere bzw. besonders deren Fett, denn Fett ist ein Zeichen des Überflusses und der besonderen Fürsorge Gottes: Nur ein besonders fruchtbares (und regenreiches) Jahr wird fette Tiere und besonders große und schmackhafte Früchte hervorbringen.

Es ist dabei allerdings zu berücksichtigen, dass zwar eine Vielzahl von verschiedenen Opfern im AT genannt werden, insgesamt aber über die Darbringung und anderes wenig bis gar nichts erzählt wird:

- Wir wissen nichts über die historischen Wurzeln. Wenn z.B. erzählt wird, dass der Vater Jakob in Bet El einen Altar baute und dort ein Opfer darbrachte, sieht es zwar so aus, als wenn dieser Kultort durch eine Vision bzw. einen Traum des Jakob begründet wird. De facto aber wird mit dieser Erzählung der schon bestehende Kultort lediglich für Israel reklamiert. Bestanden hat dieser Ort Bet El, wie der Name schon sagt, schon vor dem J"-Glauben. Bet El heißt Haus des El (oder auch Tempel des El) und war somit ein Ort für die Verehrung des kanaanäischen Hochgottes El, den Obersten des kanaanäischen Pantheons. Die Opferpraxis ist jedenfalls älter als die Belege des AT und verliert sich in der Geschichte. Vermutlich haben alle Menschen in der Frühzeit der Menschheit damit begonnen, Fremdem und/oder Furchteinflößendem Opfer darzubringen und damit ihre Ängste und Vorstellungen „kanalisiert" und beherrschbar gemacht.
- Häufig findet sich keine oder nur eine rudimentäre Beschreibung der damit verbundenen Riten. Wir erfahren beispielsweise nur ansatzweise, dass auch die Priester vom Opferfleisch aßen und vermutlich auch davon lebten, wie dies in ntl. Zeit auch bei Nichtjuden üblich war. Paulus bietet in seinem 1Kor einige wichtige Informationen anlässlich des Streits um das „Götzenopferfleisch".

Hier erfahren wir, dass das Opferfleisch auch dazu diente, dem Tempel Bareinkünfte zu verschaffen. Dazu wurde das Fleisch, vermutlich anteilig, von der Priesterschaft auf den Markt gebracht und dort ganz regulär verkauft.

- Die Texte enthalten kaum Anhaltspunkte über die Bedeutung der Vollzüge. Heutzutage wird z.B. bei Taufe oder auch Priesterweihe erklärt, was die einzelnen Handlungen des Priesters oder Bischofs bedeuten, etwa die Salbung mit geweihtem Öl, bei der Taufe Taufkleid und Kerze, bei der Priesterweihe das Anziehen des Gewandes, die Übergabe des Kelches, bei beiden Sakramenten die Handauflegung etc.

Derartige Riten werden bei atl. Opfern nur teilweise beschrieben und noch weniger gedeutet. Wir lesen z.B., dass die Innereien eines Tieres zumeist nicht zum Opfer gehören, sondern entsorgt werden. Das Blut wird in der Regel am Fuße des Altares ausgeschüttet oder, wie am Jom Kippurim, teilweise auf die Deckplatte der Lade gesprengt. Warum dies geschieht, wird nicht mitgeteilt.

- Schließlich bieten die Texte keine historisch zuverlässigen Daten zu Zeit und Umfang des Opfers: Wann wurden welche Opfer durchgeführt? Wie häufig geschah das? Wie war in etwa das tägliche/wöchentliche/monatliche Opferaufkommen? In welcher Weise waren Opfer an kalendarische Daten gebunden?

Beim Pascha erfahren wir etwas darüber, bei den anderen Opfern zumeist nicht, zumal der Kalender in alttestamentlicher und frühjüdischer Zeit Wandlungen unterworfen war: Ursprünglich sollte mit dem Monat, in dem das Pascha stattfindet, das Jahr beginnen. Heute dagegen liegt der Neujahrstag im Herbst und wird in der Nähe von Jom Kippur und Sukkot, dem Laubhüttenfest, begangen. Ob der Neujahrsbeginn, Rosh ha shannah, schon immer ein eher besinnliches Fest war oder in früheren Zeiten eher ausgelassen gefeiert wurde, wie dies heute unter Christen der Fall ist, wissen wir nicht. Bekannt ist immerhin, dass auch im Judentum alkoholische Getränke, vorzugsweise Wein, an bestimmten Festen in guten Mengen konsumiert wurden und werden.

Dies alles bildet den Hintergrund für die Interpretation des Kreuzestodes Jesu. Von vorneherein scheidet also aus, dass sich der Zorn Gottes nur durch ein Opfer, und hier besonders durch ein Menschenopfer, besänftigen ließ. Gott hat den Tod Jesu weder gewollt, noch von sich aus betrieben. Es gilt nach wie vor: Der Gott Israels verabscheut Menschenopfer. Entsprechende ntl. Aussagen unterstützen diese Aussagen, wenn es etwa heißt:

> *Röm 8,32 Er, der doch seinen eigenen Sohn nicht verschont, sondern ihn für uns alle hingegeben hat: wie wird er uns mit ihm nicht auch alles schenken?*

Den Gedanken der Sühne spricht Gal 1,4 aus:

> *Gal 1,4 der sich selbst für unsere Sünden hingegeben hat, damit er uns herausreiße aus der gegenwärtigen bösen Welt nach dem Willen unseres Gottes und Vaters...*

Derartige Aussagen lassen deutlich erkennen, dass man sich Gott eben nicht als blutgieriges Monster vorzustellen hat, das durch ein Menschenopfer seines Sohnes beruhigt werden muss. Vielmehr ist er der Gebende, denn er überlässt den Menschen seinen Sohn und lässt damit zu, dass er den grauenvollsten und meist verachteten Tod am Kreuz stirbt. Der Kreuzestod ist ein Skandal. In 1Kor 1,23 heißt es zu Recht: *...predigen wir Christus als gekreuzigt, den Juden ein Ärgernis und den Nationen eine Torheit ...*

Gleichzeitig wird das Handeln der Menschen durch die Hinrichtung des Sohnes auf die Spitze getrieben. Die Sphäre der Schuld, die über den Menschen „schwebt“, wird bis zur Undurchdringlichkeit verdichtet, die Beziehung zu Gott scheinbar unrevidierbar vergiftet. Es bedarf ausdrücklich des Opfers des Sohnes und nicht etwa eines beliebigen anderen Menschen, denn das Opfer muss dem Vergehen entsprechen. Nur eine über den Menschen stehende Macht oder Größe ist in der Lage, die vorhandene Sphäre der Schuld zu beseitigen. Dies geschieht eben jetzt, durch die Dahingabe des Sohnes, durch seinen von Menschen in ungerechter Weise verursachten Tod. Diese Vorstellungen heute noch nachzuvollziehen ist zugegebenermaßen schwierig, wenn nicht gar unmöglich. Denn dabei gilt es zusätzlich zu beachten: Die Kreuzigung Jesu ist keineswegs vorherbestimmt. Es ist auch nicht die einzige Möglichkeit, die Schuldsphäre zu durchtrennen. Dazu hätten auch beliebig viele andere Möglichkeiten zur Verfügung gestanden.

Vielleicht ist deshalb die folgende Aussage viel einleuchtender: Gott hat sich mit den Menschen nicht *wegen* des Kreuzestodes Jesu Christi versöhnt, sondern *trotz* dieses von Menschen verursachten Todes. Im Handeln Gottes leuchtet letzten Endes wieder das Grundthema auf, das Jesus selbst verkündet hat: Gott wendet sich allen Menschen vorbedingungslos und ohne vorausgehende Umkehr zu, Sündern wie Gerechten, und eröffnet durch bzw. trotz Tod und Auferstehung Jesu sein Heil. Nicht die Gesunden bedürfen des Arztes, sondern die Kranken.

Vielen Menschen ist nicht oder nur schwer verständlich zu machen, wieso Jesus für alle Menschen und für alle Sünden gestorben sein soll. War sein Tod nicht bestenfalls ein Heilswirken für seine Zeitgenossen? War seine Hinrichtung nicht eine Tat der Juden? Kurz gesagt, das war sie nicht, und dies aus mehreren Gründen:

- Die jüdischen Machthaber zu dieser Zeit durften Jesus weder verurteilen noch hinrichten. Dass jüdische Instanzen an der Gefangennahme und Verurteilung mitgewirkt haben, ist nach den Evangelien sehr wahrscheinlich. Für die Hinrichtung selbst waren sie jedoch nicht verantwortlich. Die wurde von den Soldaten des Pontius Pilatus vorgenommen, und diese konnten aus den unterschiedlichsten Ecken des römischen Reiches stammen.
- Die Überzeugung, dass der Tod Jesu *allen* Sühne bringt und für *alle* Sünden und Sünder erfolgt, ergibt sich aus der Überlegung, dass der Sühnetod Jesu, der Tod des Sohnes, schlichtweg nicht überbietbar ist, auch nicht in mehr oder weniger ferner Zukunft.

Abb. 23: Das Fresko aus dem Chorakloster in Istanbul zeigt, wie Jesus in den Hades eingebrochen ist und Adam und Eva aus dem Grab zieht. Der Auferstandene steht auf den beiden Flügeltüren. Vor allem auf der linken Seite sieht man Schlösser und Riegel, mit denen die Türen zuvor gesichert waren. Etwas undeutlich erkennt man zu Füßen Jesu eine kleine, mumifizierte Gestalt, die wahrscheinlich den Tod darstellen soll, der jetzt überwunden und gefesselt ist. Links und rechts von Adam und Eva finden sich weitere Menschen, die vor dem Tod und der Auferstehung Jesu gestorben sind und mit den beiden Stammeltern aus dem Hades herausgeführt werden. Hintergrund dieses Themas ist die Vorstellung des unüberbietbaren Heilstodes, der auch rückwirkend gilt. Ihnen wird nun die frohe Botschaft verkündet. Die Menschen aus der Zeit vor Jesus konnten sich noch nicht für ihn entscheiden und hätten somit ohne das Bekenntnis zu Jesus im Hades bleiben müssen. Durch die „Höllenfahrt“ Jesu wird ihnen post mortem die Möglichkeit zum Heil gegeben.

- Aus der Präexistenz des Sohnes, seiner Existenz vor aller Zeit und der allumfassenden Heilsbedeutung seines Todes ergibt sich zwangsläufig, dass dieses Heil *auch* den Verstorbenen der Vergangenheit zugutekommt. Daher beinhaltet das christliche Glaubensbekenntnis auch den Satz: „Hinabgestiegen in das Reich des Todes“ (früher: Hölle; Hölle und Todesreich stehen für den Scheol, die Unterwelt, griechisch: Hades, in dem sich die Verstorbenen aufhalten).

Zusammenfassung

Zusammengefasst kann man sagen, dass das durch Jesus gewirkte Heil für alle Zeiten gilt. Sein Handeln bzw. sein Tod und seine Auferstehung, die Grund des Heils sind, lassen sich nicht überbieten. Der Tod Jesu dient in keiner Weise dazu, einen über die Menschen wütend gewordenen Gott mit Zuckerstückchen zu füttern und damit den Menschen wieder gewogen zu machen. Der Tod Jesu hat die Sphäre des Unheils, die Gott von den Menschen trennt (und umgekehrt) zur „Explosion“ gebracht, zerrissen und damit den neuen Weg zum Heil eröffnet. Dahinter steht nicht das Wirken der Menschen, sondern das Wirken Gottes: Er kommt von sich aus auf den Menschen zu – nicht wegen, sondern trotz des Kreuzestodes Jesu.

37. Christentum als Auslaufmodell? Warum fällt es scheinbar zunehmend schwer, an Jesus Christus zu glauben?

Wenn immer mehr Menschen das Christentum abzulehnen scheinen, ist dies keineswegs ein Zeichen für die Verkommenheit der Welt. Viele suchen sich ja stattdessen andere Religionen oder Vorstellungen, in denen sie Halt zu finden meinen. Manche konvertieren ins Judentum mit seiner Vielfalt von religiösen Festtagen, seiner großen (liberalen) Tradition in der Auslegung des AT und der jüdischen Überlieferung einerseits und den vielen strengen und nicht hinterfragbaren Vorschriften für das tägliche Leben andererseits. Es bietet nicht nur, aber auch Richtlinien, bei denen man weiß, woran man ist. Gleichwohl wird gerade in der Diskussion der Tradition die eigene Überlegung immer wieder eingefordert. Es ist also keineswegs so, dass im Judentum das eigene Nachdenken keine Rolle spielt und man durch Befolgung von Vorschriften auf der sicheren Seite ist. Das ist nur die eine Seite der Medaille.

Andere konvertieren zum Islam, vielleicht weil sie mit der Gestalt Jesu oder auch der Dreifaltigkeit nicht klarkommen oder dort in der Position eines Imam ihre Sicherheit finden. Aber sicher gibt es noch eine ganze Reihe anderer Gründe.

Wieder andere werden Anhänger von Kulten und Sekten wie Scientologen, Mormonen, Zeugen Jehovas und anderen oder wechseln in östliche Religionen wie etwa den angeblich gewaltfreien Buddhismus.

Das abnehmende Interesse am Christentum ist auch kein Zeichen dafür, dass den Menschen nichts mehr an Gott liegt oder sie sich gar in einen Unschuldswahn stürzen, der eine Erlösung überflüssig macht – so lautet bisweilen der Vorwurf aus strengeren Kirchenkreisen. Vielmehr muss sich das Christentum fragen lassen, ob es noch Antworten auf die heutigen Fragen der Menschen geben kann – oder nicht vielmehr Antworten auf Fragen verkündet, die heute gar nicht mehr gestellt werden. Letzteres passiert leider gar zu häufig, weil man der Ansicht ist, dass die Antworten durch Dogmen festgelegt sind. Man übersieht dabei, dass die Dogmen zunächst einmal Antworten auf Fragen geben, die „nur" in einer bestimmten Zeit unter bestimmten zeitgeschichtlichen Verhältnissen aktuell waren. Die Fragen, ob Christus nun primär Gott in einem menschlichen und das heißt auch materiellen, vergänglichen, zweitklassigen Körper ist, oder umgekehrt Mensch, der von Gott adoptiert wurde und sich damit in ein göttliches Gewand kleidet, stellt heute niemand mehr. Das waren Themen der verschiedenen christologisch geprägten Konzilien des 3. bis 5. Jahrhunderts. Trotz einer Lösung zu dieser konkreten Frage geben die Konzilien keine Antwort darauf, wie sich denn nun der wahre Mensch und der wahre Gottessohn in der einen Person zueinander verhalten. Sie sagen aus, was Christus nicht ist: Nicht geschaffen, nicht adoptiert, nicht zeitlich oder sekundär, sondern von Anfang an „da". Es wird indes nicht definiert, ob und wie denn die „göttliche" Seite Jesu mit der „menschlichen" in einer ganz konkreten Situation korrespondiert. Aus dieser – offen gebliebenen – Frage resultiert z.B. das oben angesprochene Missverständnis, der Mensch Jesus von Nazareth hätte seine gesamte Zukunft über Ostern hinaus schon vorher gewusst.

Ein dritter Grund mag von Bedeutung sein: Bis zur Stunde stellt das Christentum den Menschen mehr oder weniger ständig als einen Sünder dar, der erlösungsbedürftig ist. Der Mensch befindet sich in einer Atmosphäre, die ihn deprimiert, ihn niederdrückt. Immer wieder wird ihm gesagt: Du, Mensch, lebst von Geburt an in Schuld und Sünde und deshalb ist es dringend geboten, dass Du erlöst, aus der Sünde befreit wirst.

Dass der Mensch zur Sünde fähig ist, ist kein Betriebsunfall der Schöpfung. Der Mensch ist frei, er kann das Gute wie das Böse wählen, wie aus der Sündenfallgeschichte deutlich wird, und diese Wahlmöglichkeit wird oft auch zur Qual. Gleichzeitig gibt es Möglichkeiten, das Böse zu überwinden. „Die Kirche bietet dazu die erforderlichen Mittel an, also wende dich an sie." Mit dem Bewusstsein, über die richtigen Mittel zu verfügen und diese dem Menschen zur Verfügung stellen zu können, ist natürlich auch die Versuchung verbunden, damit Macht auszuüben – und die Versuchung, diese Macht im eigenen Interesse zu ge- oder zu missbrauchen. Ein Blick auf die Kirchengeschichte zeigt, dass die Kirche dieser Versuchung immer wieder erlegen ist, beispielsweise in dem Anspruch, über der politischen Gewalt zu stehen. So richtig der Gedanke an das keineswegs immer nur „gute" Verhalten des Menschen sein mag – ein Blick in die Welt mit beständigem Krieg, mit Leid und Hungersnot zeigt die Unerlöstheit der Welt auf – , so ist der Mensch doch auch ein stets von Gott angenommener, und zwar von einem Gott, der ursprünglich eine gute Schöpfung gestaltete.

Die Freude darüber, das Befreitsein, kommt jedoch viel zu selten zum Ausdruck, auch und vielleicht gerade im Christentum, das sich doch durch den Tod Jesu als erlöst versteht: „Bessere Lieder müssten sie mir singen, wenn ich an ihren Erlöser glauben lerne: erlöster müßten mir seine Jünger aussehen", sagte einmal der Philosoph und Religionskritiker Friedrich Nietzsche (Werke II 350). Dies ist durchaus eine Haltung, die man Christen abverlangen und an der man sie erkennen sollte. Die Welt ist nicht nur ein elendes Jammertal, das auf dem Weg zum endzeitlichen Heil – leider und notwendigerweise – durchschritten werden muss, um an ein Ziel zu kommen. Sie ist die Welt in die wir von Gott hineingestellt worden sind, in der wir gewollt leben – mit Leid und Unheil, aber eben doch auch mit Freude an und mit Staunen über diese Welt, die uns auch viele schöne Überraschungen bereit hält. Das Leben ist Selbstzweck und nicht nur Durchgangsstation. Vielleicht sollten wir auch öfter mal jene Stelle der Schrift lesen, in der es heißt:

1Petr 2,9 Ihr aber seid ein auserwähltes Geschlecht, ein königliches Priestertum, eine heilige Nation, ein Volk zum Besitztum, damit ihr die Tugenden dessen verkündigt, der euch aus der Finsternis zu seinem wunderbaren Licht berufen hat...

Mit dem häufig kritisierten „Unschuldswahn" des heutigen Menschen, der mitunter nur an der Beichthäufigkeit abgelesen wird, hat dieser Vers sicher nichts zu tun.

Und schließlich müssen wir uns die Frage stellen, ob die Begrifflichkeiten, die wir verwenden, überhaupt noch verstanden werden. Sie zu rezitieren und als Glaubensartikel einzufordern, macht sie nicht automatisch verständlich – Katechismus*wissen* ersetzt den Glauben nicht. Was interessiert es einen Nichtjuden des 21. Jahrhunderts in Europa, der vielleicht sogar einmal irgendwann getauft wurde, ob oder inwieweit Jesus der von seinem Volk erwartete Messias ist? Oder was bedeutet der Ausdruck „Jesu ist der Menschensohn"? Eine Deutung fällt schon manchem Theologen schwer, sofern er kein Bibelwissenschaftler ist. Das ist doch „nur" irgendeine aus dem Judentum kommende endzeitliche Richter- oder Rettergestalt.

Es ist festzuhalten, dass der kulturelle Hintergrund, die Sprache, der Rückbezug auf atl. Vorstellungen, heute weniger denn je präsent sind. So bedarf es z.B. für den Begriff „Opfer" bzw. „Todesopfer" eingehenderer Überlegungen hinsichtlich des Gebrauchs, denn der Opferbegriff der Schrift, Altes wie Neues Testament, ist ein völlig anderer als der heutige. Wir sprechen von Opfern im Kontext von Naturkatastrophen, Unfällen und Attentaten, wobei der Gottesbezug mehr oder weniger außen vor bleibt. Ein verbindendes Element gibt es immerhin: Von einem Opfer ist nur die Rede bei unverschuldetem Tod. Auch wenn wir mit ntl. Terminologie feststellen: „Jesus ist der Herr", so ist dies heute – siehe oben – ebenfalls eine weitgehend sinnentleerte Aussage. An diesem Punkt wird deutlich, wie weit sich Sprache, Kultur und Religion der Hl. Schrift von unserem Denken entfernt haben und umgekehrt – und wie sehr es erforderlich ist, den beschriebenen Graben zu überwinden, so schwer dies auch im Einzelnen fallen mag. Ansätze dazu hat es gegeben, z.B. durch Hans Küng, auch wenn die von ihm gewählten Bezeichnungen keineswegs alle überzeugen können (vgl. Christ sein, bes. 371-386). Oft wird vor dem „bösen" Zeitgeist gewarnt und man sucht Sicherheit und Kontinuität in der Vergangenheit, merkwürdigerweise nur in der Vergangenheit der letzten zwei bis drei Jahrhunderte. Die Alte Kirche und das frühe Christentum werden kaum bemüht. Aber wer in der Vergangenheit bleibt, wird mit der Zeit abgehängt, oder wie ein vor kurzem geäußerter Aphorismus sagt: Wenn die Kirche nicht mit der Zeit geht, geht sie mit der Zeit.

Zusammenfassung

Das Christentum hat Konkurrenz. Es ist nicht die einzige Weltanschauung, die seinen Gläubigen ein Sinnangebot zur Verfügung stellt. Andere Religionen scheinen überzeugender, haben aber auf jeden Fall den „Geschmack" des Neuen, Exklusiven, Außergewöhnlichen.

Das Christentum gerät aber auch deshalb ins Hintertreffen, weil für viele Aussagen die Basis eines Verständnisses fehlt. Das Wissen um das AT ist zurückgegangen, Bezüge werden nicht mehr erkannt. Dazu kommt, dass christologische Aussagen, auch Titel, inzwischen weithin sinnentleert sind bzw. nicht mehr verstanden werden.

38. Was also können wir von Jesus sagen? Der Versuch eines Resümés

Was wir von Jesus sagen können ist, dass in seiner Person und in seiner Botschaft vom Himmelreich Gott selbst in die Welt gekommen ist. Er hat diese Botschaft bis zu seinem Tod derart vermittelt, dass man sagen kann: Er hat Gottes Wort gelebt, in seinem Sein und Wirken wird es gegenwärtig. Er verkündet einen Gott, der sich um uns Menschen kümmert, der es gut mit uns meint, der auf unserer Seite ist. Das ist das Evangelium, die frohe Botschaft, die Jesus mitgeteilt hat im Auftrag dieses Gottes. Diesen Gott und seine Botschaft verkörpert Jesus von Nazareth im wörtlichen Sinne. Johannes sagt daher zu Recht: Das [Gottes] Wort ist Fleisch geworden.

Und so wie es in der hebräischen Sprache nur einen Begriff für „Wort" und „Sache" gibt, so ist die Botschaft Jesu auch nicht nur Lehre, sondern auch Handeln Gottes. Gott macht gesund, er macht frei von Verstrickung und fesselnden Bindungen, er hilft. Der Name Jesus, d.h. Gott hilft und rettet, ist auch sein Programm. Dieses Angebot Gottes geschieht ohne Vorbedingungen, unverdient, freiwillig und universell, allen Menschen.

Mit dieser Botschaft wurde Jesus gefährlich für all jene, die Gottes Liebe nach eigenen Plänen verteilen oder ggf. auch vorenthalten wollten. Er wurde für alle zum Problem, die den Anspruch erhoben, nur sie seien in der Lage und dazu beauftragt, die Beziehungen des Menschen zu Gott zu regeln. Deshalb musste er sterben.

In der Auferstehung Jesu aber geht die Zuwendung Gottes, seine Liebe zu den Menschen über den Tod Jesu, aber auch jedes einzelnen Menschen hinaus. Da Tote nichts davon haben, wenn man sie liebt, muss es in irgendeiner Weise eine Existenz des Menschen bei Gott geben. Wir sprechen daher bildhaft von der „Auferstehung der Toten" oder auch von der „Auferstehung des Leibes", ohne annähernd beschreiben zu können, was „Auferstehung" mit uns macht. Gott nimmt in der Auferweckung Jesu dem Tod die Endgültigkeit und schenkt allen Menschen Hoffnung, nicht allein, aber auch für die Zukunft nach dem Ende des Menschen.

Die Kirchen, die Gemeinden und damit jeder, der sich auf Jesus Christus beruft, nimmt Teil an dieser guten Nachricht, an der Sendung Jesu im Namen Gottes: Wer nicht für mich ist, ist gegen mich, d.h. die Zusage gilt allen Christen. Wir haben den Auftrag, auch andere einzuladen, in dieser Botschaft eine Orientierung für ihr Leben zu finden. Kommt und seht, was Gott an uns Menschen getan hat – in Jesus Christus – und weiterhin an uns tun will und wird. Das Schicksal der nicht an Christus Glaubenden wird bei Paulus zunächst einmal nicht in den Blick genommen. Das Wort aus dem Johannesevangelium: „Niemand kommt zum Vater als durch mich" wurde und wird bis zum heutigen Tag, besonders von römisch-katholischen Christen, in dem Sinne verstanden, dass für alle Nichtglaubenden, aber auch Nichtkatholiken, Gottes Heil nicht zugänglich ist. Im Zuge des Zweiten Vatikanischen Konzils hat man Überlegungen angestellt, die dieses Verständnis zumindest in Frage stellt. Man kann die Frage aber auch im Sinne des jesuanischen Gottesverhältnisses stellen: Kann es sein, dass Gott Milliarden Menschen in dieser Welt das Heil verwehrt? Ist er – nach unserem Verständnis – nicht der Herr aller Menschen und hat nicht das frühe Christentum daran gearbeitet (vgl. Paulus), das Heil in die ganze Welt zu bringen? Wie kann man auch nur ansatzweise von einem guten Gott sprechen, wenn die Mehrheit der Menschen letztlich keine Chance auf Rettung hat? Man wird erwidern: Sie könnten sich ja bekehren. Angesichts des desolaten Zustandes, in dem sich das Christentum immer wieder einmal in aller Öffentlichkeit in dieser Welt präsentiert, ist das wohl doch keine Option, weil es nicht überzeugen kann!

Wie Mt im Gleichnis vom Unkraut unter dem Weizen zeigt, ist es unsere Sache nicht, die Zukunft jener Menschen zu prophezeien oder festzulegen – und damit Gott selbst nach unserem Willen zu vereinnahmen –, die nicht an Jesus, den Christus, glauben oder trotz Glauben nicht in dessen Sinne leben.

Es ist ganz alleine Gottes Sache, in welcher Weise er alle mit allen versöhnt!

Literatur

Meisner, Norbert: Aristeasbrief. Gütersloh 1973 (= Jüdische Schriften aus hellenistisch-römischer Zeit II, Lieferung 1) 35-87

Baigent, Michael/Leigh, Richard: Verschlußsache Jesus. Die Qumranrollen und die Wahrheit über das frühe Christentum. München 1991

Ben Chorin, Schalom: Bruder Jesus. Der Nazarener in jüdischer Sicht. München [7]1984 (1967)

Böcher, Otto: Art. Teufel III, in: TRE XXXIII, 117-121

Bruce, F.F.: Außerbiblische Zeugnisse über Jesus und das frühe Christentum einschließlich des apokryphen Judasevangeliums. Gießen [5]2007

Bussmann, Claus/van der Sluis, Douwe: Die Bibel studieren. München 1982

Deines, Roland: Die Pharisäer und das Volk im Neuen Testament und bei Josephus, in: Böttrich, Christfried u.a. (Hg.): Josephus und das Neue Testament. Tübingen 2007, 147-180 (= WUNT 209)

Dieckmann, Bernhard: Judas als Sündenbock. Eine verhängnisvolle Geschichte von Angst und Vergeltung. München 1991

Flavius Josephus: De Bello Judaico/Der jüdische Krieg. Hrsg. v. Michel, Otto und Bauernfeind, Otto. Bd. I-III. Darmstadt 2013 (1959)

Flavius Josephus: Antiquitates Judaicae/Jüdische Altertümer. Übers. und mit einer Einleitung versehen von Clementz, Heinrich. Wiesbaden [3]2011 (Nachdruck der Ausgabe von 1899)

Günther, Linda-Marie: Herodes der Große. Darmstadt [2]2012

Jacobus, de Voragine: Legenda Aurea I+II. Hrsg.v. Häuptli, Bruno W. Freiburg u.a. 2014 (= Fontes Christiani Sonderbd. I + II)

Käsemann, Ernst: Das Problem des historischen Jesus, in: Exegetische Versuche und Besinnungen 1+2. Göttingen 1970, 187-213 [Bd. 1: 6. Aufl; Bd. 2: 3. Aufl.]

Kautzsch, Emil: Die Apokryphen und Pseudepigraphen des Alten Testaments Bd. 2, Tübingen 1900

Koschorke, Martin: Jesus war nie in Bethlehem. Darmstadt [5]2013 (2007)

Küng, Hans: Christ sein. München 1974

Kuhn, Heinz-Wolfgang: Art. Kreuz II. Neues Testament und frühe Kirche (bis vor Justin), in: TRE XIX, 713-725

Luz, Ulrich: Das Evangelium nach Matthäus. Neukirchen-Vluyn, Teilbd. II, 1990 (= EKK: evangelisch-katholischer Kommentar zum Neuen Testament).

Merk, Otto/Meiser, Martin: Das Leben Adams und Evas. Gütersloh 1998 (= Jüdische Schriften aus hellenistisch-römischer Zeit II, 5)

Nietzsche, Friedrich: Werke in drei Bänden. München 1954 (= Gutenberg.spiegel.de/Buch/-3248/37 (11.12.2017)

Philo von Alexandria: Gesandtschaft an Caligula, in: Die Werke in deutscher Übersetzung Bd. VII, hrsg. v. Leopold Cohn u.a., Berlin 1964

Ratzinger, Josef: Einführung in das Christentum. Freiburg 2014 (= Müller, Gerhard Ludwig u. a. (Hg.): Joseph Ratzinger. Gesammelte Schriften Bd. 4)

Schäfer, Peter: Geschichte der Juden in der Antike. Die Juden Palästinas von Alexander dem Großen bis zur arabischen Eroberung. Tübingen ²2010 (= UTB 3366)

Schäfer, Peter: Jesus im Talmud. Tübingen ²2010 (2007)

Schwankl, Otto: Die Sadduzäerfrage (Mk 12,18-27 parr). Eine exegetisch-theologische Studie zu Auferstehungserwartung. Frankfurt 1997 (= BBB 66)

Schweitzer, Albert: Von Reimarus zu Wrede. Eine Geschichte der Leben-Jesu-Forschung, Tübingen 1906

Stemberger, Günter: Pharisäer, Sadduzäer, Essener. Stuttgart 1991 (= SBS 144)

Stöckl ben Ezra, Daniel: Qumran. Die Texte vom Toten Meer und das antike Judentum. Tübingen 2016 (= UTB 4681)

Tacitus: Annalen. München ³1985 (1978)

Tiwald, Markus: Das Frühjudentum und die Anfänge des Christentums. Ein Studienbuch. Stuttgart 2016 (= BWANT 208)

Trautmann, Maria: Zeichenhafte Handlungen Jesu. Ein Beitrag zur Frage nach dem geschichtlichen Jesu (sic!). Würzburg 1980 (= FzB 37)

Uhlig, Siegbert: Das äthiopische Henochbuch. Gütersloh 1984 (= Jüdische Schriften aus hellenistisch-römischer Zeit V/6)

Vinzent, Markus/Nicklas, Tobias: Das Petrusevangelium, in: Markschies, Christoph/Schröter, Jens (Hg.): Antike christliche Apokryphen in deutscher Übersetzung Bd. I: Evangelien und Verwandtes. Tübingen 2012, 683-695

Weiser, Alfons: Was die Bibel Wunder nennt. Ein Sachbuch zu den Berichten der Evangelien. Stuttgart 1975

Wrembek, Christoph: Quirinius, die Steuer und der Stern. Warum Weihnachten wirklich in Bethlehem war. Kevelaer 2006

Zwickel, Wolfgang: Art. Hoherpriester, in: Neues Biblisches Lexikon. Zürich 1992, 181-183

Weiterführende Literatur

Wissenschaftliche Untersuchungen

Baldensperger, Wilhelm: Das Selbstbewusstsein Jesu im Lichte der messianischen Hoffnungen seiner Zeit. Frankfurt 2016 (1903)
Becker, Jürgen: Jesus von Nazareth. Berlin u.a. 1996
Berger Klaus: Wer war Jesus wirklich? Gütersloh 1999
Berger, Klaus: Jesus. München 2004
Bieritz, Karl-Heinrich: Grundwissen Theologie. Jesus Christus. Gütersloh 1997
Biser, Eugen: Jesus. Sein Lebensweg in neuem Licht. Regensburg 2008
Blank, Josef: Der Prozess gegen Jesus. Historische Rückfrage und theologische Deutung. Freiburg u.a. 1989
Blinzler, Josef: Der Prozess Jesu. Regensburg ^{4}1969 (1955)
Böttrich, Christfried (u.a.): Jesus und Maria in Judentum, Christentum und Islam. Göttingen 2009
Bruce, F.F./Güting, Eberhard (Hg.): Außerbiblische Zeugnisse über Jesus und das frühe Christentum. Gießen ^{5}2007
Broer, Ingo (Hg.): Jesus und das jüdische Gesetz. Stuttgart 1992
Claußen, Carsten (Hg.): Jesus und die Archäologie Galiläas. Neukirchen-Vluyn 2008 (= Biblisch-theologische Studien 87)
Crossan, John Dominic: Jesus. Ein revolutionäres Leben. München 1996
Crossan, John Dominic: Der historische Jesus. München 1994
Crossan, John Dominic: Jesus ausgraben. Zwischen den Steinen – hinter den Texten. Düsseldorf 2003
Demandt, Alexander: Hände in Unschuld. Pontius Pilatus in der Geschichte. Köln-Weimar-Wien 1999
Ebner, Martin: Jesus von Nazareth in seiner Zeit. Sozialgeschichtliche Zugänge. Stuttgart 2003
Ebner, Martin: Jesus von Nazareth. Was wir von ihm wissen können. Stuttgart ^{2}2012
Fenske, Wolfgang: Wie Jesus zum „Arier" wurde. Auswirkungen der Entjudaisierung Christi im 19. und zu Beginn des 20. Jahrhunderts. Darmstadt 2005
Frauenlob, Thomas: Die Gestalt der Zwölf-Apostel im Lukasevangelium. Israel, Jesus und die Zwölf-Apostel im ersten Teil des lukanischen Doppelwerkes. Würzburg 2015 (= FzB 131)
Frey, Jörg (Hg.): Jesus in apokryphen Evangelienüberlieferungen. Beiträge zu außerkanonischen Jesusüberlieferungen aus verschiedenen Sprach- und Kulturtraditionen. Tübingen 2010
Frey, Jörg: Von Jesus zur neutestamentlichen Theologie. Kleine Schriften II. Tübingen 2016

Gordon, Thomas: Das Jesus-Urteil. Hintergründe eines politischen Mordes. Bergisch Gladbach 1989
Häring, Hermann (Hg.): „Jesus von Nazareth" in der wissenschaftlichen Diskussion. Wien 2008 (= Wiss. Paperbacks 30)
Hengel, Walter: Jesus der Christus. Freiburg u.a. 2007 (= Gesammelte Schriften 3)
Hengel, Martin/Schwemer, Anna Maria: Jesus und das Judentum. Tübingen 2007 (= Geschichte des frühen Christentums 1)
Heiligenthal, Roman: Der verfälschte Jesus. Eine Kritik moderner Jesusbilder. Darmstadt [2]1999
Hirschberger, Peter: Jesus von Nazareth. Eine historische Spurensuche. Darmstadt 2004
Hohn-Kemler, Ludger: Jesus von Nazaret. Für wen sollen wir ihn halten? Freiburg u.a. 1997
Hübner, Hans: Das Gesetz in der synoptischen Tradition. Studien zur These einer progressiven Qumranisierung und Judaisierung innerhalb der synoptischen Tradition. Göttingen [2]1986
Jaroš, Karl: Jesus von Nazareth. Ein Leben. Köln 2011
Jesus - Quellen, Gerüchte, Fakten. Neue Forschungen. Was wissen wir wirklich von Jesus? Und durch wen? Was steht in den Apokryphen? Die neue Jesusliteratur. Stuttgart 1998 (= Welt und Umwelt der Bibel 10)
Kaiser, Helga: Jesus der Galiläer. Stuttgart 2002 (= Welt und Umwelt der Bibel 24)
Kasper, Walter: Jesus der Christus. Mainz [11]1992
Kim, Chung-Yeon: Das Gesetzesverständnis Jesu im Lukasevangelium. Wuppertal 2008
Klausnitzer, Wolfgang: Jesus von Nazareth. Lehrer – Messias – Gottessohn. Regensburg 2001
Körtner, Ulrich H.J.: Jesus im 21. Jahrhundert. Bultmanns Jesusbuch und die heutige Jesusforschung. Neukirchen-Vluyn 2002
Kollmann, Bernd: Die Jesus-Mythen. Sensationen und Legenden. Freiburg u.a. 2009
Kümmel, Werner Georg: Vierzig Jahre Jesusforschung (1950-1990) Weinheim [2]1994
Langkau, Thomas: Filmstar Jesus Christus. Die neusten Jesus-Filme als Herausforderung für Theologie und Religionspädagogik. Berlin 2007 (= Literatur – Medien – Religion 19)
Läpple, Alfred: Der andere Jesus. Ketzer und Poeten, Spötter und Philosophen über Jesus. Augsburg 1997
Langenhorst, Georg: Jesus ging nach Hollywood. Die Wiederentdeckung Jesu in Literatur und Film der Gegenwart. Düsseldorf 1998
Laudert-Ruhm, Gerd: Jesus von Nazareth. Das gesicherte Basiswissen. Daten, Fakten, Hintergründe. Stuttgart u.a. 2002

Lohfink, Gerhard: Gegen die Verharmlosung Jesu. Reden über Jesus und die Kirche. Freiburg u.a. 2013
Lüdemann, Gerd: Jesus nach 2000 Jahren. Was er wirklich sagte und tat. Lüneburg 2000
Märtin, Ralf-Peter: Pontius Pilatus. Römer, Ritter, Richter; Biographie. Zürich-München 1999
Marguerat, Daniel: Der Mann aus Nazareth. Was wir heute von Jesus wissen können. Zürich 2004
Merklein, Helmut: Jesus von Nazaret. Wie ihn die Evangelisten sehen. Stuttgart 2008
Merz, Annette: Jesus als historische Gestalt. Beiträge zur Jesusforschung; zum 60. Geburtstag von Gerd Theißen. Göttingen 2003 (= FRLANT 202)
Mußner, Franz: Jesus von Nazareth im Umfeld Israels und der Urkirche. Gesammelte Aufsätze. Tübingen 1999
Oberlinner, Lorenz (Hg.). Jesus im Glaubenszeugnis des Neuen Testaments. Exegetische Reflexion zum 100. Geburtstag von Anton Vögtle. Freiburg 2015 (= HbS 80)
Önuki, Takashi: Jesus. Geschichte und Gegenwart. Neukirchen-Vluyn 2006
Paulus, Christoph G.: Der Prozess Jesu – aus römisch-rechtlicher Perspektive. Berlin 2016 (= Schriftenreihe der Juristischen Gesellschaft zu Berlin 194)
Pokorný, Petr: Jesus in Geschichte und Bekenntnis. Tübingen 2016 (= Wissenschaftliche Untersuchungen zum Neuen Testament 355)
Pellegrini, Silvia: War Jesus tolerant? Antworten aus der frühen Jesusüberlieferung. Stuttgart 2007 (= SBS 212)
Pemsel-Maier, Sabine: Gott und Jesus Christus. Orientierungswissen Christologie. Stuttgart 2016
Pesch, Rudolf: Der Prozeß Jesu geht weiter. Freiburg u.a. 1988
Pilatus und der Prozess Jesu. Stuttgart 2010 (= Welt und Umwelt der Bibel 56)
Rau, Eckhard: Jesus – Freund von Zöllnern und Sündern. Eine methodenkritische Untersuchung. Stuttgart u.a. 2000
Reinbold, Wolfgang: Der Prozess Jesu. Göttingen 2006
Reiser, Marius: Der unbequeme Jesus. Neukirchen-Vluyn, 2011 (= Bibl.-theol. Studien 122)
Reiser, Marius: Kritische Geschichte der Jesusforschung. Von Kelsos und Origines bis heute. Stuttgart 2015 (= SBS 235)
Schenke, Ludger: Jesus von Nazareth – Spuren und Konturen. Stuttgart 2004 (Anton Vögtle (17.12.1910-17.3.1996) in memoriam)
Schmidt, Wolf-Rüdiger: Der Mann aus Galiläa. Suche nach einem Unbekannten. Gütersloh 1990
Schnackenburg, Rudolf: Jesus Christus im Spiegel der vier Evangelien. Freiburg u.a. 1998
Schreiber, Stefan: Die Anfänge der Christologie. Deutungen Jesu im Neuen Testament. Neukirchen-Vluyn 2015

Scornaienchi, Lorenzo: Der umstrittene Jesus und seine Apologie. Die Streitgespräche im Markusevangelium. Göttingen 2016 (= Novum Testamentum et Orbis Antiquus. Studien zur Umwelt des Neuen Testaments 110)
Seewald, Peter: Jesus Christus – die Biografie. München 2009
Siegert, Folker: Das Leben Jesu. Eine Biographie aufgrund der vorkanonischen Überlieferungen. Göttingen 2010
Söding, Thomas: Die Verkündigung Jesu. Ereignis und Erinnerung. Freiburg 2011
Söding, Thomas: Jesus und die Kirche. Was sagt das Neue Testament? Freiburg u.a. 2007
Speidel, Kurt A.: Das Urteil des Pilatus. Bilder und Berichte zur Passion Jesu. Stuttgart ^{3}1988
Stegemann, Wolfgang: Jesus in neuen Kontexten. Stuttgart 2002
Stegemann, Wolfgang: Jesus und seine Zeit. Stuttgart 2010 (= Bibl. Enzyklopädie 10)
Strotmann, Angelika: Der historische Jesus. Eine Einführung. Paderborn 2012 (= UTB 3553)
Theißen, Gerd: Der Schatten des Galiläers. Historische Jesusforschung in erzählender Form. München ^{15}2001 (1986)
Theißen, Gerd/Merz, Anette: Der historische Jesus. Ein Lehrbuch. Göttingen ^{4}2011 (1996)
Theobald, Michael: Jesus, Kirche und das Heil der Anderen. Stuttgart 2013 (= SbA 56)
Thiede, Carsten Peter: Jesus: der Glaube, die Fakten. Augsburg 2003
Türcke, Christoph: Jesu Traum. Psychoanalyse des Neuen Testaments. Springe ^{2}2010 (2009)
Verhoeven, Paul (u.a.): Jesus. Die Geschichte eines Menschen. München 2009
Vögtle, Anton: Die „Gretchenfrage“ des Menschensohnproblems. Bilanz und Perspektive. Freiburg 1994 (= QD 152)
Voigt, Emilio: Die Jesusbewegung. Hintergründe ihrer Entstehung und Ausbreitung – eine historisch-exegetische Untersuchung über die Motive der Jesusnachfolge. Stuttgart 2008 (= BWANT 169)
Wenz, Gunther: Christus. Jesus und die Anfänge der Christologie. Göttingen 2011
Wengst, Klaus: Jesus zwischen Juden und Christen. Stuttgart u.a. 1999
Wolff, Hanna: Jesus der Mann. Die Gestalt Jesu in tiefenpsychologischer Sicht. C.G. Jung zum 100. Geburtstag (1875-1975) Stuttgart ^{10}1990 (1975)
Zager, Werner: Jesus und die frühchristliche Verkündigung. Historische Rückfragen nach den Anfängen. Neukirchen-Vluyn 1999
Zager, Werner (Hg.): Strauß, David Friedrich: Das Leben Jesu, kritisch bearbeitet. Waltrop 2003 (Theol. Studien 15)
Zeller, Dieter: Jesus – Logienquelle – Evangelien. Stuttgart 2012 (= SbA 53)

Jüdische und muslimische Jesusdeutungen

Ahmad, Nasir: Jesus im Qur'ân, Frankfurt 1995
Bauschke, Martin: Jesus im Koran. Köln u.a. 2001
Ben Chorin, Shalom: Bruder Jesus. Der Nazarener in jüdischer Sicht. München 1967
Bischoff, Erich (Hg.): Ein jüdisch-deutsches Leben Jesu. Tholdoth Jeschu hanozri...Geschichte Jesu von Nazareth, geboren im Jahre 3760 seit Erschaffung der Welt. Leipzig 1895
Carmichael, Joel: Leben und Tod des Jesus von Nazareth. München ²1965
Flusser, David: Jesus – Qumran – Urchristentum. Neukirchen-Vluyn 1999
Khalidi, Tarif: Der muslimische Jesus. Aussprüche Jesu in der islamischen Literatur. Düsseldorf 2002
Kohen, Ḥaim: Der Prozeß und Tod Jesu aus jüdischer Sicht. Frankfurt 1997
Küng, Hans: Jesus im Widerstreit. Ein jüdisch-christlicher Dialog. Stuttgart u.a. 1976
Lapide, Pinchas: Der Rabbi von Nazareth, Wandlungen des jüdischen Jesusbildes. Trier 1974
Lapide, Pinchas: Ist das nicht Josephs Sohn? Jesus im heutigen Judentum. Stuttgart 1976
Lapide, Pinchas/Küng, Hans: Der Jude Jesus. Thesen eines Juden, Antworten eines Christen. Zürich 1980
Lapide, Pinchas: Jesus, das Geld und der Weltfrieden. Gütersloh 1991
Magonet, Jonathan: Abraham – Jesus – Mohamed. Interreligiöser Dialog aus jüdischer Perspektive. Gütersloh 2000
Maier, Johann: Jesus von Nazareth in der talmudischen Überlieferung. Darmstadt 1978 (= EdF 82)
Neusner, Jacob: Ein Rabbi spricht mit Jesus. Ein jüdisch-christlicher Dialog. Freiburg u.a. 2007
Schäfer, Peter: Toledot Yeshu („The Life Story of Jesus") revisted. Tübingen 2011 (= Texts and studies in ancient Judaism)

Populärwissenschaftliche und betrachtende Literatur

Alt, Franz: Jesus – der erste neue Mann. München ⁴1990 (1989)
Augstein, Rudolf: Jesus Menschensohn. Hamburg 1999
Guardini, Romano: Der Herr. Betrachtungen über die Person und das Leben Jesu Christi. Würzburg ¹³1964
Holl, Adolf: Jesus in schlechter Gesellschaft. Stuttgart 2000
Holl, Adolf: Der lachende Christus. Wien 2005
Papst Benedikt XVI.: Jesus von Nazareth 1-2; Prolog. Freiburg u.a. 2007-2012
Sölle, Dorothee/Schottroff, Luise: Jesus von Nazareth. München ²2000
Worm, Alfred: Jesus Christus. Fragen an den Menschensohn der Bibel, Düsseldorf 1995

Romane

Berlinghof, Regina: Mirjam. Maria Magdalena und Jesus. Eschborn ²1998
Brod, Max: Der Meister. Gütersloh 1952
Fussenegger, Gertrud: Sie waren Zeitgenossen und sie erkannten ihn nicht. Stuttgart 1995
Gombertz, Rolf: Jesus – mein jüdischer Bruder. Neukirchen-Vluyn 2010
Harlis, Christiane: Meister, Mensch, Messias. Jesus im Roman, Göttingen 2017 (= Themenheft Evangelisches Literaturportal)
Herbert, Frank/Ransom, Bill: Der Jesus-Zwischenfall. Science-Fiktion-Roman. München ³1987
Hurth, Elisabeth: Der literarische Jesus. Studien im Jesusroman. Hildesheim 1993 (Theologische Texte und Studien 3)
Katzantzakis, Nikos: Die letzte Versuchung. Reinbeck 1988
Messadié, Gérald: Ein Mensch namens Jesus, München 1989
Safier, David: Jesus liebt mich. Reinbeck 2008
Saramago, José; Das Evangelium nach Jesus Christus. Reinbeck 1995

Bildquellen

Giotto di Bordone: The Adoration of the Magi, gemeinfrei, https://commons.wikimedia.org/w/index.php?curid=94612

Schrein der drei Könige in Köln, Foto: Arminia, 2004, lizensiert als GNU/CC unter https://commons.wikimedia.org/wiki/File:Dreik%C3%B6nigsschrein_im_Dom1.JPG

Andrea del Sarto: Die Heilige Familie mit Joseph, Maria und dem Jesuskind, um 1528, Galleria Nazionale d'Arte Antica in Rom, gemeinfrei

Claude Bonneau Humarot, Frankreich ©A.L., aus Bussmann/van der Sluis, S. 44

Der Vermählungsbrunnen am Hohen Markt in Wien, Innere Stadt, Foto: Hubertl, lizensiert als GNU/CC unter https://commons.wikimedia.org/wiki/File:AT-20922_-_Verm%C3%A4hlungsbrunnen_Hoher_Markt_-_Wien_03.JPG

Geißelung Jesu, Marienkirche Lemgo http://www.juedische-geschichte-hameln.de/geschichte/amittelalter/ma03.html

Waltensburger Meister: Szene aus dem Passionszyklus, Kirche Waltensburg im Kanton Graubünden, Foto: Adrian Michael, gemeinfrei, https://commons.wikimedia.org/wiki/File:Waltensburg_Geisselung.jpg?uselang=de

Leonardo da Vinci: Die Taufe Christi, Galleria degli Uffizi, Florenz, Livioandronico2013, lizensiert als CC unter https://commons.wikimedia.org/wiki/File:The_Baptism_of_Christ_(Verrocchio_%26_Leonardo).jpg

Wüste im Wadi Rum, Jordanien, mit einer Orobanche, einem parasitären Sommerwurz-Gewächs, Foto: K. Dorn

Michelangelo: Sündenfall und Vertreibung aus dem Paradies, Fresko in der Sixtinischen Kapelle, gemeinfrei

Hieronymus Bosch: Die Hölle, Detail, gemeinfrei

Verbotsschild in Banjas, Galiläa, Foto: K. Dorn

Rembrandt van Rijn: Rückkehr des verlorenen Sohns, ca. 1668, Hermitage Amsterdam, gemeinfrei

Jesus und die Zwölf, Foto: K. Dorn

Karte von Westjordanland und Gazastreifen, Autor: NordNordWest, lizensiert als GNU/CC unter https://commons.wikimedia.org/wiki/File:West_Bank_and_Gaza_Strip_location_map.svg?uselang=fr

Rennbahn in Cäsarea am Meer, Foto: K. Dorn

Museum Petronell – Signum Legio XV, Foto: Wolfgang Sauber, 2011, lizensiert als GNU/CC unter https://commons.wikimedia.org/wiki/File:Museum_Petronell_-_Signum_Legio_XV.jpg

Abb. 16: Judas Iskariot, Studien Leonardo da Vincis zum letzten Abendmahl, gemeinfrei

Ossuaries at Hecht Museum, Haifa University, Israel, Foto: Golf Bravo, lizensiert als GNU/CC unter https://commons.wikimedia.org/wiki/File:Ossuary_Hecht_Museum.jpg

Matthias Grünewald: Isenheimer Altar, zweite Schauseite, rechter Flügel: Auferstehung, 1512-1516, gemeinfrei

Maria von Magdala unterweist die Apostel, englische Buchmalerei aus dem 12. Jahrhundert, heute in der Dombibliothek in Hildesheim, gemeinfrei

Fresko aus dem Chorakloster in Istanbul, Foto: K. Dorn